정직한 삶이 무엇인지 몸소 보여주신

고 강대회 님께

이 책을 바칩니다

번역가 강주헌의 문법 도구 사용법
원서, 읽(힌)다

초판 1쇄 발행 2023년 1월 30일
   2쇄 발행 2024년 3월 15일
지은이 강주헌
발행인 이종원
발행처 (주)도서출판 길벗
출판사 등록일 1990년 12월 24일
주소 서울시 마포구 월드컵로 10길 56(서교동)
대표 전화 02)332-0931 | 팩스·02)323-0586
홈페이지 www.gilbut.co.kr
기획 및 책임편집·김효정(hyo@gilbut.co.kr) | 디자인·신덕호 | 제작·이준호, 손일순, 이진혁 |
마케팅·이수미, 장봉석, 최소영 | 영업관리·김명자, 심선숙 | 독자지원·윤정아, 최희창 |
전산편집·영림인쇄 | CTP 출력 및 인쇄·북솔루션 | 제본·북솔루션

ISBN 979-11-4070-220-6(03740) (길벗도서번호 301114)
ⓒ 길벗
정가 23,000원

독자의 1초를 아껴주는 정성 길벗출판사
길벗 IT실용서, IT/일반 수험서, IT전문서, 경제경영서, 취미실용서, 건강실용서, 자녀교육서
더퀘스트 인문교양서, 비즈니스서
길벗이지톡 어학단행본, 어학수험서
길벗스쿨 국어학습서, 수학학습서, 유아학습서, 어학학습서, 어린이교양서, 교과서
페이스북 www.facebook.com/gilbuteztok
네이버 포스트 http://post.naver.com/gilbuteztok
유튜브 https://www.youtube.com/gilbuteztok

원 서,

강주헌 지음

읽(힌)

번역가 강주헌의 문법도구 사용법

다

현실 문장과
현실 문법으로 알아가는
문법의 효용

길벗
이지:톡

번역가 강주헌의 문법 도구 사용법
원서, 읽(힌)다

머리말
어떤 언어나 문법은 쉽습니다

20세기 최고의 지식인이라는 노암 촘스키가 낯선 도시에 가서, 그 도시 토박이이지만 초등학교 문턱도 넘지 않고 책이라곤 읽어본 적도 없는 미국인에게 길을 묻는다고 해봅시다. 그 둘이 원만히 대화하고, 촘스키는 만족스런 정보를 얻어, 원하는 목적지에 제대로 갈 수 있을까요? 저에게 묻는다면, 저는 그랬을 거라는 데 판돈을 걸 겁니다. 우리의 경우에 대입해도 다를 바가 없습니다. 아버지와 두 살배기 아이 사이에도 대화가 가능합니다. 지적 능력의 엄청난 차이에도 여하튼 대화가 가능한 이유는 무엇일까요? 같은 언어를 쓰기 때문입니다. 더 구체적으로 말하면, 둘의 모국어인 영어를 사용하기 때문입니다. 대체 이 말이 무슨 뜻일까요? 영어를 구사하는 방법이 같다는 뜻입니다. 이때 영어는 영어 단어로 조합된 문장을 뜻합니다. 대화의 기본 단위는 문장이니까요. 문장은 무엇으로 이루어집니까? 눈에 보이는 것과 눈에 보이지 않는 것으로 이루어집니다. 눈에 보이는 것은 단어이고, 눈에 보이지 않는 것은 단어들을 연결하는 방법입니다. 일반적으로 그 방법을 '통사론'(syntax)이라 칭합니다. 넓은 의미에서 문법이 문장의 형성에 관련하는 모든 것을 뜻할 때, 단어를 비롯해 소리, 통사론, 문장 부호 등이 문법에 포함됩니다. 반면에 문법을 좁게 보면, 단어를 결합하는 방법인 통사론만이 문법입니다. 제가 말하는 문법은 통사론에 국한됩니다. 요컨대 촘스키와 무지한 미국인 간의 대화가 가능한 이유는, 둘이 영어를 말할 때 사용하는 문법이 같기 때문입니다. 그 문법이 무엇일까요? 학교 문턱을 넘지 않는 사람도 언어 사용을 통해 터득할 수 있어야 하기 때문에 "문법은 단순하고 쉬워야 할 것"입니다. 세상에서 말하는 대로 문법이 어렵다면, 두 살배기와 어떻게 대화가 가능할 수 있겠습니까?

　　그렇다고 촘스키와 무지한 미국인, 아버지와 두 살배기 아들이나 딸이 똑같은 식으로 말한다는 건 아닙니다. 단어를 조합하는 문법은 같지만, 그들이 사용하는 단어에는 큰 차이가 있습니다. 촘스키가 동료 학자들과 말하는 식으로 말하면, 무지한 토박이는 촘스키의 말을 이해하지 못할 겁니다. 또 아버지가 직장 동료들과 대화할 때 사용하는 단어를 두 살배기 딸에게 사용한다면 둘의 대화는 원만하지 않을 겁니다. 결국 둘의 어법이 다른 이유는 단어 사용에 있는 것이지, 문법 자체에 있는 게 아닙니다. 촘스키나 아버지가 단어 수준을 낮출 때, 지적 수준의 차이에도 불구하고, 대화가 가능해지는 겁니다.

　　다시 말합니다. 문법은 무척 단순하고 쉽습니다. 그런데도 우리가 주변에서 '영포자'라는 단어를 자주 듣는 이유가 어디에 있을까요? 단어를 공부하지 않기 때문입니다. 문법은 쉽기 때문에 별다른 노력을 기울이지 않아도 습득되지만, 단어는 시간과 땀을 투자해 익혀야 합니다. 단어를 그냥 알게 된다는 건 거짓말입니다. 그 말에 속을 때 영포자가 됩니다. 단어는 거저 주어지지 않습니다. 문법이 요리법이라면, 단어는 재료입니다. 요리법만 알면 뭐합니까? 재료 없이 어떻게 요리가 만들어집니까? 단어를 쉽게 배우는 방법이 있을까요? 예, 있기는 합니다. 하지만 어떤 경우에나 기본적인 노력이 필요합니다. 게다가 단어 자체는 여기에서 본격적으로 다루려는 대상도 아닙니다.

기존의 문법책은 어떤 규칙을 제시하고, 그 규칙에 대한 예외를 소개하는 방법으로 구성됩니다. 그러나 이 책은 그렇지 않습니다. 여기에서 제시하는 규칙은 예외를 인정하지 않는다는 게 제1원칙입니다. 어떤 규칙이 정상적으로 적용되는 때와 예외적으로 적용되는 때를 어떻게 구분할 수 있을까요? 이론적으로는 이런 의문이 충분히 제기될 수 있습니다. 화자가 어떤 규칙을 예외적으로 적용한다면, 청자는 그가 그 규칙을 정상적으로 사용했는지, 예외적으로 사용했는지 어떻게 알 수 있을까요? 글의 경우도 마찬가지입니다. 저자가 어떤 규칙을 예외적으로 사용할 때마다, 그 문장은 규칙이 예외적으로 사용된 경우라고 표시할 수야 없지 않습니까? 그렇습니다. 문법 규칙에는 예외가 없다는 게 제가 이 책에서 말하고 싶은 것입니다. '형용사는 명사를 앞에서 수식한다'라는 규칙을 예로 들어 봅시다. 현실에서 우리가 만나는 문장을 보면, 형용사가 명사 뒤에 쓰이는 경우가 적지 않습니다. 저는 이런 문장을 '형용사가 명사를 수식하는 경우'와는 다른 식으로 설명해보일 것입니다. 그리고 그 설명이 '명사 - 형용사' 등의 패턴에 일반적으로 적용될 수 있다는 것도 증명해보일 것입니다. 그럼 예외가 없는 문법이 됩니다. 다른 식으로 말하면, 기존 문법책에서 예외로 설명된 문장들이 여기에는 '정상적인 문장'으로 설명됩니다. 그 문장을 다른 식으로 접근하고, 그 접근법이 일반화될 수 있다는 걸 보여줄 겁니다. 예외를 정상으로 만들어버릴 겁니다. 이런 이유에서 이 책은 기존 문법책과 구성과 접근법이 다를 수밖에 없습니다.

그 때문에 부분적으로 기존 문법학 이론과 충돌하는 부분도 있을 겁니다. 이에 대해 영문법학자들의 비판이나 비난이 있을 수 있겠지만, 그 비판이 합리적이면 얼마든지 토론할 수 있을 겁니다. 그런 비판은 언제나 환영입니다.

이 책의 또 다른 특징이라면, 인용되면 예문이 '생명'을 띤다는 것입니다. 문법 규칙을 설명하기 위해 인위적으로 만든 예문이 아니라, 현실 세계에서 실제로 사용되는 문장입니다. 또 언제라도 서점에서 구입해 읽을 수 있는 책에서 발췌한 예문입니다. 이런 이유에서 '생명'을 가진 문장이라는 것입니다.

단어는 이 책에서 다루는 대상이 아니라고 했습니다. 그러나 단어가 문법에 전혀 영향을 미치지 않는 것은 아닙니다. 예컨대 would는 가정법과 관련성을 갖고, 등위 접속사 and는 조건법과 관계가 있습니다. 이런 경우에는 당연히 단어도 문법 규칙을 설명할 때 언급될 것입니다.

제가 문법을 학문적으로 공부하기 시작한 때는 정확히 1980년입니다. 우연한 기회에 '언어학'이란 단어를 알게 되었고, 엄격히 말해 스승이 없었던 까닭에 '무식'하게 공부했습니다. 그 과정에서 구조 문법을 공부하며 인디언 언어의 문법을 만들어가는 과정을 알게 되었고, 그와 관련된 연습 문제를 풀며 인위적 언어의 문법을 만들어보기도 했습니다. 그러고는 노암 촘스키의 변형·생성 문법을 만났고, 운좋게 프랑스의 분포문법학자 모리스 그로스(Maurice Gross)도 알게 되었습니다. 그 과정에서 항상 궁금한 게 있었습니다. 촘스키와 그로스가 각자의 문법론을 제시한 시기를 고려하면, 그들의 방법론을 적용한 문법책이 나올 법했지만 현실에서는 그렇지 않았습니다. 특히 그로스의 방법으로 예문을 얻고, 촘스키의 방법으로 문법을 설명하는 문법책이 있다면 정말 좋겠다는 생각을 해본 게 한두 번이 아니었습니다. 그러다 개인적인 문제로 학계를 떠났지만, 번역가로 살며 영어는 항상 곁에 있었습니다. 그리고 문법을 공부할 때 꾸었던 꿈을 마침내 실현할 기회를 얻었습니다. 그 결실이 바로 이 책입니다. 촘스키와 그로스의 방법론을 결합한 첫 시도여서 결함이 있을지 모르지만,

그 결함을 메우고 완벽한 문법책을 써보려고 애썼습니다. 그 과정에는 편집자, 김효정 씨의 도움이 컸습니다. 지금까지 많은 머리말을 쓰면서 누군가에게 감사해본 적이 없는 데 이번에는 김효정 씨에게 감사한다는 말을 꼭 남기고 싶습니다.

지금까지 몇 권의 책을 번역했는지 헤아려본 적은 없습니다. 여하튼 누구보다 많은 책을 번역한 것은 분명한 듯합니다. 또 20년 전부터는 한겨레 문화센터에서 번역하는 법을 강의했습니다. 학생들은 항상 이른바 '문법'이란 것을 더 깊이 알고 싶어 했습니다. 그러나 저는 예나 지금이나 '문법은 단순하고 쉬운 것'이라 생각합니다. 앞에서 말했듯이, 저는 '통사론'을 전공했습니다. 통사론으로 석사와 박사 학위를 받았습니다. 남의 논문을 베낀 사람들이 흔히 관례라고 말하는 변명은 저보다 제 집사람을 더욱 화나게 합니다. 제가 어떻게 논문을 썼는지 옆에서 지켜본 사람이기 때문입니다. 또 대학에서 20년가량 언어학 개론과 언어학 연습(통사론)을 가르치기도 했습니다. 대학을 졸업하고 20년가량 줄곧 공부하고 가르치며 얻은 언어에 대한 학문적 지식, 또 20년가량 직접 번역하며 번역 지망생들을 가르치며 얻은 경험, 또 20년 이상 동안 300권이 넘는 책을 면밀히 읽으며 얻은 실질적인 문장을 바탕으로 쓴 책이 바로 이것입니다. 이 책을 통해 많은 사람이 문법을 새로운 관점에서 접근하고, 더 크게는 사고하는 방법까지 덤으로 얻으면 좋겠습니다.

충주에서
강주헌

|서수

원서, 읽(힌)다

수학 책을 보면 자연수에 대해 설명하며, 자연수는 기수와 서수로 쓰인다고 말합니다.

one, two, three …처럼 한 집합에서 원소의 순서를 생각하지 않고 개수를 세는 데 쓰이는 것이 기수(基數, cardinal number)이고, first, second, third …처럼 원소의 차례를 언급하는 데 쓰이는 것이 서수(序數, ordinal number)입니다.

다시 영어로 돌아가면, 서수는 기수에 -th를 더해 만든다고 합니다. 그래서 이 원칙에서 벗어나는 first, second, third는 예외로 취급하는 것이고요. 이 정도는 단어 만드는 방법에서 불규칙이니 충분히 인정할 만합니다.

'기수 + th = 서수'라는 원칙은 단어의 이름에도 반영돼 있습니다. cardinal은 가톨릭 교회에서 핵심적 역할을 하는 '추기경'을 뜻하기도 하지만, 그 자체로도 '가장 중요한, 기본적'이란 뜻도 가지니까요. 한편 ordinal은 '순서'를 뜻하는 order에서 파생된 단어입니다.

이쯤에서 단어 이야기는 끝내고, 쓰임새를 보지요.

기수는 놓아두고 서수만을 생각해봅시다. '한 집합에서 원소의 차례를 언급하는 것'이 서수라고 했습니다. 그럼 정해진 범위 내에서 어떤 것이 차지하는 순서를 말하는 것이므로, 서수 형용사가 쓰인 명사구의 어순은 'the - 서수 형용사 - 명사'라고 생각할 수 있습니다. 실제로 학교 문법에서 그렇게 배우기도 했습니다. 서수 형용사는 정관사 the와 함께 쓰이는 것이 원칙이라고요. 그래서 제1차 세계대전, 제2차 세계대전은 각각 the First World War, the Second World War라고 쓰는 겁니다. 실제로 우리 삶에서 쓰이는 경우도 다를 바가 없습니다. 정해진 범위 내에서, 서수 형용사 뒤에 쓰이는 명사가 차지하는 순서를 뜻합니다.

Becker's theories are in many respects quite subtle - or perhaps 'slippery' would be a better word. Becker's critics have repeatedly portrayed his approach as selfish homo economicus on the rampage. This is a basic misunderstanding. In the third sentence of his Nobel Prize lecture in 1992, Becker denied any assumption of selfishness in his work. On the contrary, he 'tried to pry economists away from narrow assumptions about self-interest'.
– Licence to be Bad, Jonathan Aldred

그러나 베커의 이론은 많은 점에서 규정하기가 상당히 힘들다. 어쩌면 '애매모호'라는 표현이 더 적합할지 모르겠다. 평론가들은 베커의 접근법을 "미친 듯이 날뛰는 이기적인 호모 에코노미쿠스"로 묘사했지만, 이런 비교는 근본적인 오해에서 비롯된 것이다. 1992년 노벨 경제학상 수상 기념 강연의 세 번째 문장에서, 베커가 자신의 저작에서 이기심을 전제한 적이 없다고 부인했기 때문이다. 오히려 베커는 "사리사욕의 추구라는 협소한 가정으로부터 경제학자들을 떼어놓으려고 애썼다."
–『경제학은 어떻게 권력이 되었나』, 조너선 앨드리드 (경제학 일반)

하지만 아쉽게도 항상 그런 것은 아닙니다. 서수 형용사 앞에 부정관사가 쓰이는 경우도 적지 않습니다. 다음의 예를 보지요.

My initial attempts weren't encouraging. I didn't own a sword so used a fishing rod instead, but no matter how many times I stood in front of the bathroom mirror and tried, I'd get as far as an inch and it would get stuck. Eventually, for a second time, I gave up on my dream.
– Factfulness, Hans Rosling

초반의 시도들은 기대에 미치지 못했다. 나는 갖고 있던 칼이 없어, 대신 낚시대를 사용했다. 그러나 욕실 거울 앞에 서서 몇 번을 시도해도 목구멍 안으로 겨우 2.5센티미터 정도 들어가면 막혔다. 결국 ____나는 꿈을 포기해야 했다.
–『팩트풀니스』, 한스 로슬링 (인문/교양)

위의 문장에서는 '부정관사 - 서수 형용사 - 명사'라는 구조로 쓰였습니다. 이때는 왜 부정관사가 쓰인 것일까요? "예외적으로 서수 형용사가 부정관사와 함께 쓰일 수 있다"라고 말하면 그만일 겁니다. 실제로 그렇게 설명하는 선생님들이 과거에도 있었고, 지금도 있을 겁니다. 문법에서는 예외라고 말하는 게 가장 쉬운 해결책이기는 합니다. 그러나 우리는 마땅히 이렇게 물어야 합니다. "어떤 경우에 예외적으로 쓰이는 건가요?"

원서, 읽(힌)다

영어 공부, 특히 문법을 터득하려면 이런 질문을 입에 달고 살아야 합니다. 우리 삶도 이렇게 할 때 진정한 진보가 있지 않겠습니까.

여하튼 예외적으로 부정관사를 앞에 둔 것이라면 의미는 여전히 '두 번째'가 되어야 합니다. 그래서 위의 문장을 "결국 두 번째 시도에서 나는 꿈을 포기했다"라고 번역한다고 해봅시다. 이렇게 번역하면, 이 단락의 첫 구절 My initial attempts가 문제가 됩니다. attempts가 복수로 쓰여, '나는 처음 여러 번 시도했다'라는 뜻이 내포되어 있으니까요. 따라서 '두 번째 시도'라는 번역은 틀렸다고 할 수 있습니다. 이번에는 for the first time(처음으로)과 연관 지어 '두 번째로'라고 번역한다고 해봅시다. 여기에서 의문이 생깁니다. 왜 for the second time이라고 쓰지 않았을까요? 제 기억이 맞다면, 지금껏 많은 영어책을 읽고 보았지만 for the second time이라고 쓰인 경우는 본 적이 없습니다. 적어도 '두 번째로'라는 뜻으로는 본 적이 없습니다.

이제 방향을 전환해봅시다. 학교에서 배운 문법, 'the - 서수 형용사 - 명사'는 절대적인 것이어서, 예외를 인정하지 않는다면 어떻게 되겠습니까? 그럼 문법이 간단해집니다. 동시에 부정관사와 함께 쓰인 '서수 형용사'는 순서를 뜻하는 '서수'가 아니라 일반적인 형용사라고 생각하면 문제가 쉽게 해결됩니다. 실제로 옥스퍼드 학습자 사전을 보면, second가 '(명사 앞에서만) another'라는 뜻을 갖는다고 정의되어 있습니다. another가 순서를 뜻한다고 말할 수는 없겠지요. 그렇다면 이렇게 쓰인 second는 결코 '서수 형용사'가 아닙니다. 그럼 위의 예에서 for a second time은 '또 다시'가 되고, "결국 나는 또 다시 내 꿈을 포기했다"가 됩니다. 이 책을 읽어보면, 실제로 저자가 그 이전에도 포기한 적이 있었다는 고백이 있습니다.

이 원칙을 적용하면 without a second thought가 일종의 숙어처럼 '더 생각할 것도 없이'라고 번역되는 이유를 쉽게 이해할 수 있을 것입니다. 물론 a second thought, second thoughts는 '다시 생각하기, 재고'라는 뜻이 됩니다.

The feeling within him at the thought of losing Tatiana to the very man who'd killed his father was too great to withstand, and as the flames began to wane he dived in after her without <u>a second thought</u>. – Prisoner of Temptation, Zandria Munson	아버지를 죽였던 바로 그 사람에게 타티아나를 잃었다는 생각에 그의 마음은 견디기 힘든 격정에 사로잡혔다. 그 격한 마음이 사그라들기 시작하자, 그는 더 생각할 것도 없이 그녀의 뒤를 따라 물에 뛰어들었다. – 국내 미출간 도서

'부정관사 - 서수 형용사'에 대한 이야기를 더 진행하기 전에 연습 삼아 다음의 두 문장을 구분해 번역해보십시오.

I suspect that much like our worst fears newspapers and personal computers did not materialize, neither will we all become slaves to our devices or end up with attention spans shorter than a goldfish or be unwillingly drafted into <u>a second civil war</u>. – Hivemind, Sarah Rose Cavanagh	신문과 개인용 컴퓨터가 탄생할 때마다 우리가 품었던 최악의 두려움이 결코 구체화되지 않았듯이, 앞으로도 우리는 새로운 테크놀로지의 노예가 되지는 않을 것이고, 주의력을 집중하는 시간이 금붕어보다 짧아지지도 않을 것이며 부지불식간에 제2의 남북전쟁(혹은 남북전쟁과 같은 또 다른 내란)에 휘말려들지도 않을 것이다. –『패거리 심리학』, 세라 로즈 캐버너 (사회학/심리학)

원서, 읽(힌)다

Tensions between Russia and the USA that arose during the second decade of the 21st century are just the latest reincarnation of the longrunning superpower rivalry.
– Numbers Don't Lie, Vaclav Smil

21세기의 두 번째 10년 동안에 있었던 러시아와 미국 간의 갈등은 오랫동안 지속되는 두 초강대국 간의 경쟁 의식이 다시 구체화된 것에 불과하다.

부정관사와 함께 쓰인 second가 서수 형용사가 아니라 일반 형용사라면, 이 원칙을 다른 서수 형용사, 예컨대 a third, a fourth, a fifth 등에도 적용할 수 있을까요? 사전을 보면 second에는 another라는 뜻이 있다고 명기하고 있지만 third, fourth 등에는 그런 뜻이 전혀 언급되어 있지 않습니다. 그럼 second를 제외한 다른 서수 형용사는 앞에 함께 쓰인 관사와 상관없이 언제나 세 번째, 네 번째 … 등으로 번역되어야 할까요?

다음 문장에서 a third wheel의 쓰임새를 생각해보십시오.

I think back to the night before when Beth sidled up next to Dominic. I see her arm brush up against his. "Hey, I don't want to be a third wheel. Thanks for inviting me, but why don't you guys just go?"
"Dude. Whatever. You would not be a third wheel."
"Look, Dominic, just . . . I just don't want to go. Just go with Beth. Okay? I have to talk to Carly anyway."
– Don't Call Me Kit, K. J. Farnham

베스가 도미니크 옆에 쭈빗쭈빗 다가가자 나는 전날 밤이 다시 기억에 떠올린다. 베스의 팔이 도미니크의 팔에 살짝 스치는 게 보인다. "이봐, 나는 방해꾼이 되고 싶지 않아. 나를 초대해줘서 고맙지만 너희끼리만 가는 데 어때?"
"괜찮아, 넌 방해꾼이 아니야."
"도미니크, 그냥 … 나는 가고 싶지 않을 뿐이야. 베스랑만 가, 알았지? 여하튼 나는 칼리하고 할 얘기도 있으니까.
– 국내 미출간 도서

Beth와 Dominic의 사이에 낀 '나'를 a third wheel로 표현하고 있습니다. Beth와 Dominic가 자전거의 앞바퀴와 뒷바퀴라면 나는 제3의 바퀴가 됩니다. 이른바 '낀 존재'입니다. 세 번째 바퀴인 것은 분명하지만, 그렇다고 세 번째 바퀴라고 말하기도 부담스럽습니다. 내가 세 번째 바퀴가 되면, Beth와

Dominic도 순서를 정해야 하기 때문입니다. 누가 첫 번째 바퀴이고, 누가 두 번째 바퀴인가요? 명확히 규정하기 어렵습니다. 이런 경우에 '부정관사 + 서수 형용사'가 쓰입니다. 자동차에 비교하면 a fifth wheel이 됩니다. 이런 이유에서 a third wheel과 a fifth wheel를 '계륵, 불필요한 존재'로 소개하는 사전이 있는 것입니다.

그런데 포스트모더니즘의 영향 때문인지 요즘에는 a third wheel이 반드시 '불필요한 존재'로는 번역되지는 않는 듯합니다. 온라인에서 모자 보건을 주로 다룬 웹사이트 Rewire에서 It seems like everyone's first instinct is to feel sorry for someone perpetually third wheeling, but it's just not necessary. In fact, being a third wheel doesn't have to be bad at all.(누군가 제3의 바퀴가 되는 걸 애처롭게 생각하는 게 모두의 첫 본능적 반응인 듯하다. 하지만 반드시 그렇지는 않다. 제3의 바퀴가 되는 걸 나쁘게 생각할 필요가 없다)라는 글을 본 적이 있습니다. 이때 a third wheel을 '세번째 바퀴'라고 번역하더라도 큰 문제는 없어 보입니다. 하지만 '부정관사 + 서수 형용사 + 명사'에서 서수 형용사를 해당 숫자로 번역하면 '관련된 집합에 속하지 않는 별개의 것'이란 뜻이 명확히 와닿지 않습니다. 따라서 '상징적'인 뜻이 담긴 것으로 번역해야 제대로 이해가 될 것입니다.

여하튼 부정관사 다음에 쓰인 서수 형용사에서 숫자는 어떻게 결정되었던 것일까요? 두발자전거에 빗대면 a third wheel, 자동차에 빗대면 a fifth wheel이 됩니다. 이 점을 염두에 두고 다음 문장을 번역해봅시다.

원서, 읽(힌)다

I will not insult your intelligence by recounting how Reagan brought democracy to Central America by terrorist wars that left hundreds of thousands of corpses and three countries in ruins, a fourth tottering.
– Hopes and Prospects, Noam Chomsky

레이건이 테러와의 전쟁을 통해 중앙 아메리카에 민주주의를 어떻게 전해주었는지에 대해 자세히 설명함으로써 여러분의 지성을 모욕할 생각은 없습니다. 테러와의 전쟁으로 수십만 명이 목숨을 잃었고, 세 나라가 폐허로 변했으며, ＿＿가 위태로운 지경에 빠졌으니까요.
—『촘스키, 희망을 묻다, 전망에 답하다』, 노엄 촘스키 (정치/사회)

여기에서 a fourth는 어떻게 쓰인 것일까요? 뒤에 명사가 없습니다. a fourth를 어떻게 해석할지 갈등이 생깁니다. '4분의 1'로 번역할 수 있을까요? 하지만 분수는 '무엇'의 일부인 데 여기에서 '무엇'에 해당하는 것이 무엇인지 애매합니다. 명확하지 않은 경우를 제외하면 'of + 명사'로 제한을 받아야 적절한 문장이 됩니다. 다음의 두 예문에서 그 차이가 명확히 드러납니다.

The UK's Waste and Resources Action Programme (WRAP) also documented the whys of the process: nearly 30 percent of the waste is due to "not being used in time," a third because of the expiry of "best before" dates, about 15 percent because too much was cooked or served, and the rest is due to other reasons, including personal preferences, fussy eating, and accidents.
– Numbers Don't Lie, Vaclav Smil

영국의 '폐기물 및 자원 행동 프로그램'(Waste and Resources Action Programme, WRAP)은 음식물이 그렇게 많이 버려지는 이유까지 치밀하게 추적했다. 폐기물의 거의 30퍼센트는 "제때에 사용되지 못한" 때문이었고, 3분의 1은 "유통 기한"이 지난 때문이었으며, 약 15퍼센트는 지나치게 많이 요리되고 준비된 경우였고, 나머지는 개인적인 기호, 까다로운 입맛, 사고 등 다양한 이유였다.
—『숫자는 어떻게 진실을 말하는가』, 바츨라프 스밀 (과학/인문/통계)

And fermentation removes progressively more lactose, with fresh cheeses (such as ricotta) retaining less than <u>a third of the lactose present in milk</u>.
– Numbers Don't Lie, Vaclav Smil

발효하면 젖당이 점진적으로 제거된다. 따라서 리코타 치즈 같은 생치즈에는 젖당이 우유에 함유된 양의 3분의 1도 되지 않는다.
–『숫자는 어떻게 진실을 말하는가』, 바츨라프 스밀 (과학/인문/통계)

위의 두 문장에서는 a third가 다른 구조에서 쓰였지만 모두 '3분의 1'로 번역되는 이유는 자명합니다. 앞 문장에서는 'of + 명사'에 해당되는 구절이 충분히 예측되기 때문입니다. 그럼 촘스키의 글에서 a fourth는 어떻게 번역해야 할지 답이 나옵니다. a fourth 뒤에 더해질 만한 'of + 명사'가 명확히 규정되지 않았습니다. 게다가 three countries가 언급되었습니다. 그렇다면 a fourth (country)에서 명사가 생략된 것으로 보는 것이 쉽게 이해됩니다. '네 번째 나라'라고 번역하려면 앞에 언급된 세 나라의 순서가 전제되어야 합니다. 그래야 우리말입니다. 결론적으로 '또 다른 한 나라'라고 번역하는 게 더 낫습니다. 영어로 말하면 another에 가깝습니다. 결과적으로 부정관사와 함께 쓰인 서수 형용사는 숫자와 관련된 일반 형용사로 번역하는 게 낫다는 원칙이 성립합니다.

물론 이때 the fouth는 전혀 불가능하느냐는 의문이 있을 수 있습니다. 요즘 영어를 보면 a third wheel이나 a fifth wheel 대신 the third wheel이나 the fifth wheel이 쓰인 예도 간혹 눈에 띕니다. 글쓴이가 앞에 언급된 둘이나 넷에 어떤 순서를 두었다고 확신할 방법은 없고, 정관사와 쓰일 수 있다고 해서 우리가 세운 원칙, 즉 "부정관사와 함께 쓰인 서수 형용사는 숫자와 관련된 일반 형용사로 번역하는 게 낫다"라는 원칙이 흔들리지는 않습니다.

실제로 동일한 상황에서 a + 서수와 the + 서수가 혼용된 예를 본 적이 있습니다. 기독교 선교를 목적으로 하는 인터넷 웹사이트 Keep Believing Ministries에 실린 글이었습니다. 제

원서, 읽(힌)다

목은 Job's Three Friends and a Fourth이고 첫 문장은 Job's three friends were Eliphaz, Bildad and Zophar. The fourth person who spoke was a young man named Elihu.이었습니다. 본문에 세 친구를 차례로 소개했기 때문에 또 한 명의 친구(a fourth friend)가 네 번째 친구(the fourth friend)가 된 것일까요? 글이 쓰인 순서로 보아 그랬을 것이라 추측할 수밖에 없습니다.

우리가 말하는 원칙이 맞다는 것은 최근에 벨파스트 텔레그래프(Belfast Telegraph)에 실린 기사에서도 확인됩니다.

A Northern Ireland man who caused the deaths of two of his friends and left a third in a wheelchair after a high-speed crash has been jailed.

고속 충돌 사고로 두 친구를 죽음에 내몰고, 한 친구를 휠체어 신세로 만든 북아일랜드인이 구속되었다.

이 기사에서는 휠체어 신세가 된 사람을 일관되게 a third로 표현하고 있습니다. 사망한 두 사람에게는 어떤 순서도 적용하지 않겠다는 기자의 의지가 담긴 표현이라 해석할 수밖에 없습니다.

여기에서 우리는 a fourth (country)와 a third (friend)라고 앞에 쓰인 명사가 생략된 것으로 보았습니다. 그런데 간혹 이런 경우를 '대명사'로 사용된 서수라고 설명하는 문법책이 있습니다. 예컨대 콜린스 어법 사전에서 A second pheasant flew up. Then a third and a fourth.라는 예문을 제시하며 그렇게 설명합니다. 그러나 이런 문법적 설명은 잘못된 것이란 게 제 생각입니다. 콜린스 사전의 예시가 맞더라도, 정확히 말하면 '서수' 자체가 대명사로 쓰인 게 아닙니다. '부정관사 + 서수'가 대명사로 쓰인 것입니다. 하지만 그렇게 된다면 이론적으로 무한대의 대명사가 생기게 될 겁니다. 따라서 '생략'을 다루는 부분에서 다시 말하겠지만, 생략되는 것은 복원 가능해야 하고, 그런 의미에서 a fourth와 a third는 이 조건을 충분히 갖추고 있습니다.(▶ 생략)

ㅣ도치

원서, 읽(힌)다

도치는 문자 그대로 정상적인 어순이 뒤바뀐 경우를 말합니다. 구체적으로 말하면, 주어와 동사가 도치되며 동사가 주어 앞에 놓이는 경우를 가리킵니다. 이 때문에 수사학에서는 '전치법'(hyperbaton)이라 일컫습니다. 그럼 언제 도치가 일어날까요? 이제부터 언급하는 예문은 별도의 표기가 없는 한 재레드 다이아몬드(Jared Diamond)의 The World Until Yesterday(『어제까지의 세계』)에서 인용한 것입니다.

의문문에서의 도치

yes-no 의문문이나 의문사가 사용된 의문문에서 주어와 동사가 도치된다는 것은 영문법의 기초이지요. 여기서는 대표 예문 몇 가지만 나열하는 것으로 그치겠습니다.

> Are these creatures human?
> Were they returning towards the south side and the river people's village?
> Why have they come here?

부정적 의미를 지닌 부사나 부사구가 문장 앞에 놓일 때

일반적으로 영어에서 어떤 것을 강조하려고 할 때 그에 해당하는 표현을 문두에 놓습니다.(▶ 강조) 이때 그 부사(구)가 동사를 부정하면, 주어와 동사가 도치됩니다. '강조'라는 개념이 더해지므로 이런 어순 변화는 당연해 보입니다.

Rarely or never do members of small-scale societies encounter strangers.	소규모 사회에 속한 사람이 이방인을 만날 가능성은 거의 혹은 전혀 없다.
Nowhere else in the world have I seen anything like this wholesale slaughter.	나는 세계 어디에서도 이런 대량학살을 본 적이 없다.

Not until 33 years later did the Gotis feel safe enough to move back to their ancestral lands.	33년이 지난 후에야 고티 마을 사람들은 안심하고 조상의 땅으로 돌아갈 수 있었다.
Only later did the background become known: Goetz had actually been mugged four years earlier by three young men who chased him and beat him severely.	나중에야 그 배경이 밝혀졌다. 괴츠는 4년 전에도 세 젊은이에게 공격당한 적이 있었다. 세 젊은이가 그를 뒤쫓아와 무지막지하게 폭력을 가한 사건이었다.
No sooner had the queen drawn her final breath, then fault lines split, exposing further a world deeply divided over questions of whether the British Empire was a force of good or one of violent subjugation and exploitation. – Time	여왕이 마지막 숨을 거두자마자, 단층선이 갈라지며, 대영 제국이 선한 세력인지 폭력적 정복과 착취 세력인지에 대한 의문에 대해 깊이 분열된 세계가 여실히 드러났다. – 타임(미국 주간지)
Not only were true believers ignoring evidence that was right in front of their noses, but they also were defending lies aimed at children! – Wordcraft, Jack Hart	광신자는 바로 코앞에 있는 증거를 무시할 뿐만 아니라, 어린아이를 목표로 한 거짓말까지 옹호하고 나섰다. – 『퓰리처상 문장 수업』, 잭 하트 (글쓰기)

위의 예문들에서 문두에 놓인 부정적 부사는 모두 '강조'된 것입니다. 물론 이렇게 강조하고 싶지 않으면, Members of small-scale societies rarely or never encounter strangers.와 같이 부사(구)를 원래의 자리에 되돌려 놓으면 그만입니다. 여기에서 do가 사라진 이유는 굳이 설명할 필요는 없을 겁니다.

한정적/부정적 의미를 지닌 부사구가 접속사처럼 쓰인 때에는 주절에서 주어와 동사가 도치됩니다.

Only when a child is around four years old or more does it become capable of walking fast enough to keep up with its parents when they are shifting camp.	아이가 4세 정도가 되어야 무리가 거주지를 이동할 때 혼자서도 부모에게 뒤지지 않게 빨리 걸을 수 있다.

원서, 읽(힌)다

Not until right is founded upon reverence, will it be secure; not until duty is based upon love, will it be complete; not until liberty is based on eternal principles, will it be full, equal, lofty, and universal.
– Sermons, Henry Giles

권리가 존중될 때에야 비로소 확실히 담보될 것이고, 의무가 사랑에 기반할 때에야 비로소 완전해질 것이며, 자유가 불멸의 원칙에 기초할 때에야 충만하고 평등하며 고결하고 보편적이 될 것이다.
– 국내 미출간 도서

강조를 다루는 부분에서 다시 살펴보겠지만, 문두에 위치한 '부정어구 + 절'이 it is ... that ~ 이란 강조구문의 일부가 되면 주절에서 주어-동사의 도치가 일어날 이유가 사라집니다. 앞에서 규정한 대로, it is ... that ~ 의 일부가 되는 '부정어구 + 절'은 구조적으로 주절의 동사를 수식할 수 없기 때문입니다.

→ It is only when a child is around four years old or more that it becomes capable of walking fast enough to keep up with its parents when they are shifting camp.

→ It is not until right is founded upon reverence that it will be secure.

가정법에서의 도치

if절에서 if가 생략되는 경우에도 동사가 주어 앞으로 이동합니다.(▶ 가정법)

Could we know all the vicissitudes of our fortunes, life would be too full of hope and fear, exultation or disappointment, to afford us a single hour of true serenity.
– Twice-Told Tales, Nathaniel Hawthorne

우리가 운명의 변천을 모두 알 수 있다면, 삶은 희망과 두려움, 환희나 실망으로 가득해서 진정한 평정을 한 시간도 누리지 못할 것이다.
– 『두 번 들려준 이야기』, 너새니얼 호손 (소설)

→ If we could know all the vicissitudes of our fortunes, life ...

The natives of Africa are very fond of ostrich eggs, using them for food. In taking the eggs, they exercise great caution for <u>should the</u> <u>birds discover them</u>, they would break all the eggs and leave the nest.
– New National Fourth Reader, Charles
  Joseph Barnes

아프리카 원주민들은 타조알을 무척 좋아하고, 먹거리로 사용한다. 타조알을 취할 때 그들은 무척 조심스레 행동한다. 타조가 그들을 발견하면 알을 깨뜨리고는 둥지를 떠나기 때문이다.
– 국내 미출간 도서

→ If the birds should discover them, ...

장소나 방향을 뜻하는 부사구가 문두에 놓이고,
그 부사가 동사와 관련되는 경우
장소를 뜻하는 부사(구)가 문두에 쓰이는 경우로는 흔히 유도 부사인 there, here가 가장 먼저 떠오릅니다.

For example, <u>there</u> is a positive correlation between Rolls-Royce car ownership and lifespan.

예컨대 롤스로이스 소유자와 수명 사이에는 양(陽)의 상관관계가 있다.

<u>Here</u> is an interview with an Ache Indian named Kuchingi reported by Kim Hill and A. Magdalena Hurtado.

킴 힐과 애너 막달레나 후타도가 쿠칭기라는 아체족을 인터뷰한 내용을 인용해보자.

Here is ~나 There is ~에서는 주어가 be 동사 뒤에 놓여 해당 주어에 맞게 be 동사를 수 일치시킨다는 점은 잘 알고 계실 겁니다.

In any given year <u>there are big differences</u> between yields of different fields, but a peasant can't predict which particular field is going to produce well in any particular year.

어떤 해에나 밭마다 수확량이 크게 다르지만, 어떤 농부도 어느 밭이 어느 해에 수확량이 좋을지 예측할 수 없다.

그런데 here, there라는 유도 부사가 앞에 놓일 때, 동사 뒤의 주어는 '비한정적 한정사'의 수식을 받는다는 것에 주목해야 합니다.(▶ 한정사) 위의 세 예문을 잘 살펴보십시오. 하기야 부사가 앞에 놓이며 '강조'의 뜻을 갖는다면, 주어는 그에 비해 강조되는 게 아니겠지요. 따라서 비한정적 한정사와 함께 쓰인다는 원칙이 타당해 보입니다. 그런데 이상하게도 요즘 들어서는 here is ~, there is ~ 구문에서 주어가 한정적 한정사(the)와 함께 쓰인 경우도 간혹 보게 됩니다.

There is a rather narrow range of correct behavior, beyond which there is the distinct and oft-stated danger of the sudden opening of the ground under one's feet, the falling of a tree as one walks underneath, or the sudden rise of flood waters while one is attempting to cross over the other bank.

올바른 행동의 폭은 상당히 좁다. 그 폭을 넘어서면 발밑의 지표가 갑자기 꺼지고, 나무가 느닷없이 쓰러지면서 자신을 덮치며, 반대편 강둑으로 가려고 강을 건널 때 급격히 강물이 불어나는 식으로 자주 언급되곤 하는 분명한 위험이 있다.

제가 여기에서 집중적으로 인용한 The World Until Yesterday (『어제까지의 세계』)에서는 there be ~ 구문이 정확히 196회 사용되었지만 '한정적 한정사 + 명사'가 주어로 사용된 예는 위에 인용한 단 한 건뿐이었습니다. 물론 구글링하면, 주어가 한정적 한정사와 함께 쓰인 예가 많습니다. 하지만 영어를 제대로 쓰는 작가는 유도 부사 뒤에 쓰이는 주어가 비한정적 한정사의 수식을 받아야 한다는 원칙을 충실히 지키고 있는 듯합니다.

　이번에는 장소나 방향을 뜻하는 부사구가 문두에 쓰인 경우를 봅시다. 물론 이 경우에도 부사(구)는 도치되는 동사를 수식하는 부사(구)로 보아야 할 것이고, 그렇기에 이런 이동도 결국 강조의 일환이라 생각해야 합니다.(▶ 강조)

In a hole in the ground there lived a hobbit.
– The Hobbit, J.R.R. Tolkien

땅속 어느 굴에 한 호빗이 살고 있었다.
–『호빗』, 존 로날드 로웰 톨킨 (소설)

One of the natives from the cove told them that <u>some way</u> down the coast at the <u>anchorage</u> was a British whaling-ship.
– Red, Somerset Maugham

내포에서 온 한 토박이가 그들에게 해안에서 좀 떨어진 정박지에 영국 포경선이 있다고 말했다
–『레드』, 서머싯 몸 단편 소설

부사로 쓰인 nor, neither, so 뒤에서의 도치

Unlike most items exchanged in traditional trade, money has no intrinsic value, <u>nor</u> is it considered a beautiful luxury item like our jewelry …, serving either to be exchanged or to be kept and admired and conferring status.

전통적인 거래에서 교환되던 대부분의 물건과 달리, 돈에는 내재 가치가 없다. 돈은 교환되는데 사용되거나 보관해두고 감탄하며 바라보고 사회적 지위까지 부여하던 보석류나 … 처럼 아름다운 사치품으로도 여겨지지도 않는다.

Are they Hebrews? <u>So am</u> I.
Are they Israelites? <u>So am</u> I.
Are they descendants of Abraham? <u>So am</u> I.
– I Glanced Out the Window and Saw the Edge of the World, Catherine Halsall

그들은 히브리 사람입니까? 나도 히브리 사람입니다.
그들은 이스라엘 사람입니까? 나도 그렇습니다.
그들은 아브라함의 자손들입니까? 나도 그렇습니다.
– 국내 미출간 도서

이른바 'so+(조)동사+주어'의 어순으로, 여기서 so는 '...도 역시, 또한'이란 뜻을 갖습니다. 여기에서 흥미로운 점은 so am I = I am Hebrew, too입니다. 부사 so가 명사 Hebrew를 대신한다니 이상하다는 생각이 듭니다. 하지만 "Hebrew, too"를 대신한다고 생각하면 이렇게 묶는다는 것이 다소 이상해보이긴 하지만 부사 so가 명사 Hebrew를 대신한다고 하는 파격(?)은 피할 수 있습니다.

원서, 읽(힌)다

Gravity is a kind of force. It acts on objects with mass. The apple has mass. <u>So does</u> Earth.
– Space Adventures, John Perritano

중력은 일종의 힘이다. 중력은 질량을 지닌 물체에 작용한다. 사과는 질량을 갖는다. 지구도 마찬가지이다.
– 국내 미출간 도서

여기서 So does Earth. 역시 Earth has mass, too.라는 의미 입니다.

Microscopes and medical imaging technology gave us a direct look at some of the pathogens and rogue cells that were killing us, which helped us dream up new ways of fighting back against them. But <u>so did</u> John Snow's map of the Broad Street outbreak.
– Extra Life, Steven Johnson

현미경과 의료 영상 기술 덕분에 우리를 죽이는 병원균이나 악성 세포를 직접 볼 수 있었고, 따라서 질병의 원인과 싸우는 새로운 방법을 꿈꿀 수도 있게 되었다. 그러나 존 스노가 브로드가(街)에서 발병한 콜레라의 분포를 시각적으로 표현한 지도도 마찬가지였다.
– 『우리는 어떻게 지금까지 살아남았을까』, 스티븐 존슨 (인문/교양)

As a woman with child and about to give birth writhes and cries out in her pain, <u>so have we</u> been in thy sight, O LORD.
– Isaiah 26:17

여호와여, 잉태한 여인이 산기가 임박하여 산고를 겪으며 부르짖음 같이 우리가 주 앞에서 그와 같으니이다.
– 이사야 26:17, 구약 성서

현재완료를 만드는 have도 조동사입니다. 이론적으로는 어떤 조동사나 쓰일 수 있습니다.

Cluttered sentences don't have to be exceptionally long or packed with disparate elements. A living room can be cluttered. <u>So can</u> an alcove.
– Wordcraft, Jack Hart

예외적으로 길거나 이질적인 요소들로 이루어진 문장이라고 항상 어수선하게 느껴지는 것은 아니다. 활기로 가득한 방도 어수선할 수 있다. 알코브도 마찬가지이다.
– 『퓰리처상 문장 수업』, 잭 하트 (글쓰기)

강조를 위해 동사와 관련된 어구가 문두에 쓰일 때

앞에서 언급한 것처럼 장소나 방향을 뜻하는 부사구가 아닌 경우에도 내용의 강조를 위해 전치사구나 부사(구)가 문두로 이동하면, 동사가 주어 앞으로 이동하여 도치됩니다.

Behind each breakthrough lies an inspiring story of cooperative innovation, of brilliant thinkers bolstered by strong systems of public support and collaborative networks, and dedicated activists fighting for meaningful reform.
– Extra Life, Steven Johnson

기대수명의 증가에 관계한 각 혁신의 배경에는 여러 분야의 협력으로 이루어진 혁신들, 대중적 지지와 광범위한 네트워크라는 강력한 시스템의 지원을 받은 뛰어난 사상가들, 유의미한 개혁을 위해 헌신적으로 싸우는 행동주의자들의 흥미진진한 이야기가 있다.

In the background of the Middle East trip is the Obama administration's goal, enunciated most clearly by Senator John Kerry, chair of the Senate Foreign Relations Committee, to forge an alliance of Israel and the "moderate" Arab states against Iran.
– Making the Future, Noam Chomsky

상원 외교관계위원회 의장인 존 케리 상원의원이 명확히 밝혔듯이, 오바마가 중동을 순방한 배경에는 이란에 반대하는 "온건한" 아랍 국가들과 이스라엘이 동맹을 맺도록 유도하는 데 목적이 있다.
–『촘스키, 만들어진 세계 우리가 만들어갈 미래』, 노엄 촘스키 (정치/사회)

Among those taken aback by the violent rebellion that followed was Benjamin Franklin himself.
– A History of the World, Andrew Marr

그 후의 폭력적인 폭동에 놀란 사람 중에는 벤저민 프랭클린도 있었다.
–『세계의 역사』, 앤드류 마 (세계사)

Of such little things are diaries made. I suppose this is the reason why diaries are so rarely kept nowadays.
– Not That It Matters, Alan Alexander Milne

일기는 그런 사소한 것들로 이루어진다. 내 생각에는 그런 이유에서 일기가 오늘날까지 보존되는 경우가 드문 듯하다.
– 국내 미출간 도서

마지막 문장에서는 Diaries are made of such little things가 원래의 문장입니다. 여기에서는 be가 조동사, 동사는 made로 봐야 할 겁니다. 이렇게 분석하면 동사와 관련된 어구가 문두로

원서, 읽(힌)다

이동할 때 주어와 동사가 도치된다는 원칙이 지켜집니다. 오스카 와일드의 『옥중기』에서도 이와 유사한 도치가 확인됩니다.

There are times when sorrow seems to me to be the only truth. Other things may be illusions of the eye or the appetite, made to blind the one and cloy the other, but <u>out of sorrow</u> <u>have the worlds been built</u>.
– De Profundis, Oscar Wilde

슬픔이 나에게 유일한 진리로 보이는 때가 있다. 다른 것은 눈 혹은 욕망의 환상으로, 눈을 멀게 만들고 욕망을 채워주는 것일지 모르지만, 세상은 슬픔으로 만들어진 것이다.
– 『옥중기』, 오스카 와일드 (수필)

여기에서도 the worlds have been built out of sorrow에서 현재완료를 이끄는 have가 조동사라 분석된 예입니다.

또한 다음과 같이 주격 보어로 쓰인 형용사가 강조되며 문두로 이동할 때도 동사가 주어 앞으로 이동하며 도치됩니다. 이때 형용사는 주격 보어로 쓰였기 때문에 당연히 동사와 관계가 있습니다.

<u>Crucially omitted</u> is a third side, the United States, which has played a decisive role in sustaining the conflict.
– Making the Future, Noam Chomsky

제3자, 즉 미국이 빠졌다. 미국이 이 갈등을 지금까지 끌어오는 데 결정적인 역할을 하지 않았던가.
– 『촘스키, 만들어진 세계 우리가 만들어갈 미래』, 노엄 촘스키 (정치/사회)

A CNN headline, reporting Obama's plans for his June 4 address in Cairo, Egypt, reads "Obama looks to reach the soul of the Muslim world." Perhaps that captures his intent, but <u>more significant</u> is the content that the rhetorical stance hides—or more accurately, omits.
– Making the Future, Noam Chomsky

오바마의 카이로 연설 계획에 관련해서 CNN은 온라인판에 "오바마는 무슬림 세계의 영혼을 유혹하려 하다"라는 제목의 뉴스를 실었다. 그 제목은 오바마의 의도를 제대로 짚었지만, 화려한 언변으로 감춘 내용, 더 정확히 말하면 생략한 내용이 훨씬 더 중요하다.
– 『촘스키, 만들어진 세계 우리가 만들어갈 미래』, 노엄 촘스키 (정치/사회)

Blessed are those who hunger and thirst for righteousness.
– Matthew 5:6

옳은 일에 주리고 목마른 사람에게는 축복이 있으리라.
– 마태복음 5:6, 신약성경

흥미롭게도 'S - V - so + 형용사 that ~'에서도 'so + 형용사'가 문두에 쓰이면 주어-동사가 도치될 수 있습니다.

So hungry were these little birds that it kept both parents busy feeding them.
– Norwood, Henry Ward Beecher

그 어린 새들이 몹시 굶주렸기 때문에 부모 새들은 부지런히 들락대며 아기 새들을 먹였다.
– 국내 미출간 도서

위의 경우, 도치가 되지 않았다면 These little birds were so hungry that ...의 어순이었을 겁니다.

So little do I rely on his memory that I put him on his oath before handing the letter to him.
– Forgetting, Robert Lynd

나는 그의 기억에 거의 신뢰하지 않기 때문에 그에게 선서를 받은 뒤에 그 편지를 그에게 전달했다.
– 국내 미출간 도서

'S - V - so + 형용사 that ~'만이 아니라 'S - V - so + 부사 that ~'에서 'so + 부사'가 문두에 쓰일 때도 주어-동사가 도치될 수 있습니다.

the + 비교급 ..., the + 비교급...

the more S + V ..., the more S + V ~ 구문에 도치가 있다고? 맞습니다. 많은 문법책에서 the + 비교급 ..., the + 비교급 ~ 구문을 다루면서 도치를 언급하지 않습니다. 하지만 이 책은 문법 규칙을 먼저 언급하고 그에 합당한 예문을 제시하기보다, 현실에서 쓰이는 문장을 기준으로 문법을 설명하는 이른바 '거꾸로 읽는 문법책'입니다. 특히 이 장의 예문을 발췌한 The World Until Yesterday(『어제까지의 세계』)의 저자, 재레드 다이아몬드(Jared Diamond)는 제가 아는 한 영어를 가장 정확히 쓰는 저자이며, 그렇기에 가장 좋아하는 저자이기도 합니다. 일단 다음 예문을 보십시오.

The greater the distance between the two lineages involved, the more difficult it becomes to settle the feud, and the more likely is the initial killing to escalate to further violence.	관련된 두 혈연가족의 물리적 거리가 멀수록 반목을 해결하기가 어렵고, 최초의 살인이 더 큰 폭력으로 발전할 가능성이 크다.

첫 번째에서는 동사가 보이지 않습니다. 두 번째에서는 it becomes …로 도치가 일어나지 않았습니다. 그런데 마지막 세 번째에서는 the initial killing is to escalate to further violence에서 is가 the initial killing의 앞으로 이동했습니다. 분명히 the + 비교급 …, the + 비교급 ~구문에서도 도치가 일어납니다. 이것을 어떻게 설명해야 할까요? 또 첫 번째에서 생략된 동사는 무엇일까요?

The more useful old people are, the more likely they are to be respected.	노인이 유익한 역할을 할수록 구성원들에게 존중받을 가능성이 크다.

위의 예문은 the + 비교급 …, the + 비교급 ~의 가장 정통적인 예문일 겁니다. 어순도 문법책에 쓰인 그대로이고요. 문법책에서는 위의 예문처럼 항상 be동사를 충실히 쓰기 때문에, the + 비교급이 주격 보어로 쓰이고 동사가 be인 경우에, be가 생략된 예문을 보지 못했을 겁니다. 하지만 실제로는 그런 예를 쉽게 찾을 수 있습니다. 첫 예문의 The greater the distance between the two lineages involved …도 be가 생략된 경우이고 다음 예문도 마찬가지입니다.

The more effective the control exercised by the state, <u>the more limited</u> the non-state violence.	국가가 통치력을 효과적으로 행사할수록 시민의 폭력이 제한적이라는 걸 지적하고 싶을 뿐이다.

그럼 be가 어디에서 생략된 것일까요?

<u>The greater</u> the distance between the two lineages involved (is) ...일까요? 또 The more effective the control exercised by the state (is), the more limited the non-state violence (is)일까요? 제가 이 구문에서 be가 생략된 것이라고 단정짓지 않는 이유는 '주격 보어로 쓰인 형용사가 강조되며 문두로 이동할 때 동사가 주어 앞으로 이동하며 도치'되는 경우가 있기 때문입니다. 특히 주어가 긴 경우는 어김없이 도치되는 경우가 많습니다. 그렇다면 The greater (is) the distance between the two lineages involved ..., The more effective (is) the control exercised by the state, the more limited (is) the non-state violence.와 같이 is가 생략되었다고 보는 게 더 타당할 겁니다. 그렇다고 be의 탈락이 의무적인 것은 아닙니다. 다음과 같이 be 동사가 충실히 쓰이면서 주어-동사가 도치된 사례도 눈에 띕니다.

The more numerous <u>were</u> the scattered locations, the lower <u>was</u> the calculated time-averaged yield, but also the lower <u>was</u> the risk of ever dropping below the starvation yield level.	분산된 곳이 많을수록 시간당 평균 수확량은 낮았지만, 기아선 이하로 수확량이 떨어지는 위험도 낮았다.

결국 첫 예문을 정리하면 이렇게 됩니다. 첫 번째에서는 The greater (is) the distance between the two lineages involved에서와 같이 is의 위치를 복원할 수 있습니다. 두 번째에서는 it become ...이 도치되지 않았지만, 세 번째에서는 the initial killing is to escalate to further violence에서 is가 the initial

원서, 읽(힌)다

killing의 앞으로 이동했습니다. 아마도 두 번째에서 주어-동사가 도치되지 않은 이유는 주어로 쓰인 it가 가주어이기 때문일 겁니다.

다음의 예도 지금까지 설명한 걸 적용하면, 문장이 쉽게 분석될 겁니다.

Studies show that, <u>the older</u> the age of a !Kung child when it is weaned, <u>the more likely</u> is the child to survive to adulthood.	여러 연구에서 밝혀진 바에 따르면, !쿵족 아이는 젖을 떼는 연령이 높을수록 성인까지 살아남는 확률도 높아진다.

정리해봅시다.

the more S + V ..., the more S + V ... 에서 'the 비교급'이 주격 보어로 쓰일 때 주어-동사가 도치될 수 있습니다. 특히 동사가 be인 경우에는 생략되는 경우가 많습니다.(▶ 비교)

주어가 긴 경우에는 '주격 보어로 쓰인 형용사가 강조되며 문두로 이동할 때 동사가 주어 앞으로 이동하며 도치'되는 경우를 일반화해서 생각하면 문법이 더 효율적으로 이해될 겁니다. 생략된 is의 위치가 통일될 테니까요.

또 주어가 일반 명사인 경우에만 도치되고, 대명사의 경우에는 도치가 되지 않습니다. 하기야 대명사이면서 주어가 길수는 없겠지요.

지금까지 도치에 대해 살펴보았습니다. 의문문의 경우를 제외하면, 주어와 동사가 도치되는 경우는 대개의 경우 강조와 밀접한 관계가 있습니다. 그렇다고 '도치는 곧 강조'라 말할 수 있어도, '강조는 곧 도치'라는 말할 수는 없습니다. 수학적으로 표현하자면 도치는 강조의 진부분 집합이라 할 수 있습니다. 이런 관점에서 강조와 도치를 비교하며 공부하는 것도 재밌을 겁니다.

강조

원서, 읽(힌)다

문장의 어떤 요소를 강조하는 방법은 다양합니다. 그중 하나가 도치에서 보았던 것입니다. 부사(구)나 형용사(구)가 강조되며 문두로 이동할 때 주어와 동사가 도치된다고 말했습니다. 이에 대해서는 도치를 다룬 부분을 참조해주기 바랍니다. 다른 방법들에 대해서는 차근차근 살펴보기로 합시다. 여하튼 도치에서 보았듯이, 일반적으로 무언가를 강조하는 경우에는 문두에 놓습니다. 하지만 도치를 사용하지 않으면서 강조를 하려면 어떻게 해야 할까요? 주어 위치에 놓으면 됩니다. '주어'라는 낱말 자체가 '문장에서 주된 말'이지 않습니까. 강조하고 싶은 단어를 주어에 놓는다? 무엇이 생각나십니까? 그렇습니다, 수동구문입니다. 능동구문이 출발점이라면 수동구문이 사용되는 이유는 '행동의 영향을 받는 사람이나 사물'을 강조하기 위한 것입니다. 그럼 수동구문부터 살펴보기로 합시다. 이번에 인용하는 예문은 별도의 표기가 없는 한 조너선 앨드리드(Jonathan Aldred)의 Licence to be Bad(『경제학은 어떻게 권력이 되었는가』)에서 발췌한 것입니다.

수동 구문을 통한 강조

그럼 강조하는 방법으로 수동구문을 가장 먼저 살펴봐야겠지요.

By this accidental route, Ronald Coase ended up studying economics at the London School of Economics in 1929. He learned fast. The ideas for his first academic paper were already written up in a lecture he gave in Dundee three years later, aged-twenty one, and this first paper, 'The Nature of the Firm', was special.

이런 우연의 연속으로 로널드 코스는 결국 1929년 런던 경제대학에 입학해 경제학을 공부하게 되었다. 그는 빠른 속도로 배웠다. 3년 후, 21세에 던디에서 행한 강연에 첫 학술 논문의 핵심 개념이 완전히 담겨 있었다. 그렇게 탄생한 첫 논문 「기업의 본질」은 특별했다.

예문에서는 특정한 행위자가 없지만 누구인지는 짐작할 수 있습니다. 단락의 흐름을 보면, 초점이 코스라는 인물에서 그가 쓴 '첫 학술 논문의 핵심 개념'으로 이동합니다. 이렇게 보면 수동구문이 쓰인 이유가 자연스레 이해됩니다.

능동구문과 수동구문의 차이는 무엇일까요? 우리가 일반적으로 말하는 습관에서 그 차이를 살펴볼 수 있습니다. 대체로 우리는 이미 알고 있는 것으로 문장을 시작하고, 새로운 정보를 뒤에 놓습니다. 이에 대해 더 자세히 설명해보겠습니다.

"알렉산더 그레이엄 벨이 전화를 발명했다"라는 건 누구나 알고 있습니다. 이 문장에는 벨과 전화라는 두 주인공이 등장합니다.

벨에 대해서는 이렇게 설명됩니다. Alexander Graham Bell was a Scottish-born inventor who went to live in Canada, and then the USA. Bell invented the telephone.

한편 전화에 대해서는 이렇게 설명됩니다. A telephone is a telecommunications device that permits two or more users to conduct a conversation when they are too far apart to be heard directly. The telephone was invented by Alexander Graham Bell.

여기서 관심의 초점은 두 설명에서 각각 뒤에 놓인 문장입니다. 두 문장은 궁극적으로 같은 뜻을 지니지만, 주안점이 다릅니다. 주어는 화자가 말하려는 것입니다. 그래서 문장에서 강조하려는 것이 됩니다. 따라서 이미 언급된 정보, 즉 화자가 이미 알고 있는 것이 되어야 합니다. 그것에 새로운 정보를 더해줌으로써 강조하는 것입니다.

재귀대명사로 주어나 목적어를 강조하는 경우

주어나 목적어를 재귀대명사로 강조할 때에는 강조하고 싶은 단어 바로 뒤, 혹은 문장 끝에 놓습니다. 물론 이때의 재귀대명사는 앞의 명사를 강조할 뿐, 문법 구조에서는 어떤 역할도 하지 않습니다. 따라서 삭제되더라도 문법상으로는 문제가 없습니다.

원서, 읽(힌)다

As one recent convert solemnly intoned, 'game theory is a general lexicon that applies to all life forms. Strategic interaction neatly separates living from non-living entities and defines life itself.'

최근에 게임 이론에 뛰어든 학자가 엄숙히 주장한 바에 따르면, "게임 이론은 모든 생명체에 적용되는 일반 이론이다. 전략적 상호관계는 생명체와 비생명체를 구분하는 기준이며, 삶 자체를 규정하는 것이다."

Coase himself had almost nothing to say on the matter, probably because he did not see its practical relevance. But then, he did not anticipate the transformation of his thought experiment in unfettered deal-making into the utopian vision of Chicago law-and-economics.

코스 자신은 이 문제에 대해 거의 언급하지 않았다. 그런 의문 자체가 실질적인 타당성이 없는 것이라 생각한 때문인 듯하다. 그러나 제한이 없는 거래에 대한 그의 사고실험을 시카고 법경제학파의 유토피아적 시각으로 변경하려고도 하지 않았다.

두 예는 재귀대명사가 각각 목적어와 주어 뒤에 더해지며 앞의 명사를 강조한 경우입니다. 하지만 일부 문법책에서 말하듯이 재귀대명사가 주어나 목적어로 쓰인 명사만을 강조하는 것은 아닙니다. 다음의 예처럼 독립된 어구를 강조할 때도 쓰입니다.

And this so-called 'Coase Theorem' in fact suggests the opposite of what Coase argued. Indeed, although the Coase Theorem has been enormously influential, it has been subject to strong and persistent criticism from a notable source: Ronald Coase himself.

엄격히 말하면, '코스 정리'는 내용면에서 코스의 주장과 '정반대'이다. 또 코스 정리가 엄청난 영향력을 발휘했지만, 정작 로널드 코스 자신으로부터는 꾸준히 강력한 비판을 받아왔다.

긍정문에 쓰이는 조동사 do

일반 동사가 쓰인 문장을 의문문이나 부정문으로 바꿀 때 조동사 do가 필요하다고 배웠습니다. 달리 말하면, 조동사는 긍정문에 쓰이지 않습니다. 그런데 조동사 do가 긍정문에 쓰일 때가 있습니다. 이때 do는 동사 바로 앞에 쓰여 동사를 강조하게 됩니다.

… even those sympathetic to trickle-down economics conceded that the cuts had negligible impact on GDP – and certainly not enough to outweigh the negative effect of the cuts on tax revenues. But the Laffer curve did remind economists that a 'revenue-maximizing top tax rate' somewhere between 0 percent and 100 percent must exist.

낙수 경제에 동조하는 학자들도 감세가 GDP에 미친 영향은 미미했고, 감세가 세수에 미친 부정적 영향을 상쇄하기에는 충분하지 않았다고 인정했다. 그러나 래퍼 곡선은 경제학자들에게 "0퍼센트와 100퍼센트 사이에 세수를 극대화할 수 있는 최고 세율이 틀림없이 존재한다"라는 사실을 상기시켜 주었다.

If you received the vaccine as a child, you were much more likely to live long enough to have children yourself. In the long run, those odds won out over the protests of the anti-vaxxers. The British protesters did manage to secure a clause in an 1898 act that allowed parents to receive a "certificate of exemption" if they claimed that vaccination went against their beliefs.
– Extra Life, Steven Johnson

어렸을 때 백신을 맞은 사람은 자녀를 두기에 충분한 연령까지 생존할 가능성이 훨씬 더 높았다. 따라서 결국에는 이런 가능성이 백신 접종 거부자들의 저항을 이겨냈다. 그래도 영국의 저항자들은 1898년의 법에, 백신 접종이 신앙적 믿음에 어긋난다고 확신하는 부모에게 '면제 증명서'를 발급해주어야 하는 조항을 포함시키는 데 성공했다.
– 『우리는 어떻게 지금까지 살아남았을까』, 스티븐 존슨 (과학사/인문/교양)

사족이지만, 두 번째 예문에서 yourself는 주어로 사용된 you를 강조하는 역할을 합니다. 강조로 쓰인 do가 주로 언제 쓰이는가를 보여주려고 예문을 좀 길게 인용했습니다. 곰곰이 읽어보면, 강조의 do가 쓰인 문장과 앞 문장이 어떤 관계에 있는지 찾아낼 수 있을 겁니다. 그렇습니다. 강조의 do는 다른 사람의 믿음, 즉 앞 문장의 내용과 상반되는 것을 표현할 때 주로 사용됩니다.

감정을 강조할 때 사용하는 부사
짜증스런 심정을 표현하고 싶을 때는 부사를 사용할 수 있습니다. 하지만 모든 부사가 그런 것은 아닙니다. always, forever 등으로 진행형 동사를 수식하는 경우 특정 행위에 대한 짜증스런 마음을 강력히 표현할 수 있습니다.

원서, 읽(힌)다

In the fall of 1948 most of the newly arrived postgraduate maths students at Princeton University in New Jersey were cocky, but one was even cockier. Still only nineteen, he was always boasting about his mathematical prowess.

1948년 가을, 뉴저지의 프린스턴대학교 대학원 수학과에 입학한 대부분의 학생이 자신감에 넘쳤지만, 한 학생은 그야말로 자만심으로 가득했다. 19세에 불과했지만 그는 수학적 능력을 (짜증스러울 정도로) 항상 자랑하며 뽐냈다.

A smaller plane, a shorter ride - we had been traveling forever. On a train this time, again we stared numbly past our reflections in a window.
– Cry of the Kalahari, Mark Owens

더 작은 비행기로 더 짧은 거리를 비행했다. 우리는 (지겹도록) 끝없이 여행했다. 이번에는 기차를 타고, 다시 우리는 창에 비친 우리 모습 너머를 멍하니 바라보았다.
—『야생 속으로』, 존 마크 오웬스 (교양/ 과학/동물)

이때 always와 forever에는 '지겹다'는 뜻이 함축되어 있습니다. 그리고 또 하나 주의할 점이 있다면, 거의 언제나 진행형 동사와 함께 사용된다는 것입니다. 그렇습니다. always와 forever가 진행형과 함께 사용되면 무작정 '항상', '영원히'라고 번역하지 말고, '지겹다'는 뜻이 없는지 살펴보십시오.

it ... that ... 강조 구문
마침내 학교에서 배운 it... that... 강조구문이 등장합니다.

It was in this otherworldly setting that Pareto refined the two ideas that have come to dominate how most economists think about inequality today. It is the ghost of Pareto that has done most to shape the mainstream political consensus on inequality in the richer nations of the early twenty-first century, a consensus around the inevitability of substantial inequality and the difficulty of devising policies to reduce it.

이런 별세계 같은 곳에서 파레토가 정교하게 다듬은 두 개념이 오늘날 대부분의 경제학자가 불평등에 대해 생각하는 방향을 지배하게 되었다. 달리 말하면, 21세기 초에 부유한 국가들에서 심화된 불평등에 대한 정치적 합의-상당한 규모의 불평등은 필연적이고, 불평등을 줄이기 위한 정책을 수립하기도 어렵다는 합의-를 이루어내는 데 가장 큰 영향을 미친 학자는 파레토의 유령이다.

첫 번째 it is .. that ~에서는 전치사구 in this otherworldly setting이 강조되고, 두 번째에서는 the ghost of Pareto가 강조되었습니다. 여기에서 it의 정체를 추적해보면, it는 인칭 대명사가 아니라 비인칭 대명사입니다. 첫 번째에서는 it가 비인칭 대명사라는 데 아무런 이의를 제기할 수 없습니다. 그러나 두 번째에서는 단락으로 보지 않고, 문장 자체만을 본다면 it가 인칭 대명사라고 우겨도 반박할 수 없습니다. "그것은 ... 파레토의 유령이다"라고 번역이 가능하기 때문입니다. 이런 이유에서 단문으로 문법을 공부하는 게 위험합니다. 이번에는 시야를 단락으로 확대해봅시다. 두 번째 it을 대신할 명사를 앞에서 찾을 수 있습니까? 없습니다! 따라서 It는 비인칭 대명사이고, the ghost of Pareto가 강조된 것이라 분석하게 됩니다. 그런데 강조되는 게 사람이면 it is ... that ~ 대신 it is ... who ~가 사용될 수 있습니다. 또 who 뒤의 문장이 관계절처럼 강조되며 앞으로 이동한 명사가 부족하다는 점에서 관계절과 헷갈릴 수 있지만, 사물을 대신하는 대명사인 it의 특성상 결코 관계절이 포함된 문장이 될 수 없습니다. It is the ghost of Pareto who has done most to shape the mainstream political consensus on inequality ....

물론 사물 명사가 강조되는 경우에는 it is ... that ~ 대신 it is ... which ~가 사용될 수 있습니다.

When the cattle farmer's cows stray on to the neighbouring arable farmer's crops, which farmer is responsible? There would be no problem, no crop damage, without both farms being present and adjacent. It is the conjunction of the two farms which 'causes' the crop damage, not one farmer alone.

목축업자의 젖소가 이웃한 농부의 경작지를 계속 들락대며 농작물에 피해를 준다면 어느 쪽에게 책임이 있을까? 두 농장이 인접해 존재하지 않는다면 아무런 문제도 없을 것이고, 농작물이 피해를 입지도 않을 것이다. 결국 농작물 피해의 '원인'은 두 농가의 인접성에 있는 것이지, 한 농가에게만 있는 것이 아니다.

원서, 읽(힌)다

As recently as the 1960s surveys regularly showed that ordinary people more or less accepted a view of politics in which politicians and bureaucrats mostly tried to pursue the public interest, and voters 'held power to account'. It is no coincidence that public choice theory emerged from academia at broadly the same time – the late 1970s – as modern cynicism about politics took root.

1960년대에 주기적으로 실시된 조사에 따르면, 보통 사람들은 정치인과 관료가 대체로 공공의 이익을 추구하려고 노력하고, 유권자에게는 "책임을 추궁하는 힘"이 있다는 일반적인 정치관을 받아들이는 것으로 드러났다. 공공선택이론이 당시 학계에서, 현대인의 정치에 대한 냉소주의가 뿌리를 내린 때와 거의 같은 시기, 1970년대 말에 시작된 것은 우연의 일치가 아니다.

이번에는 좀 다른 예를 들어보겠습니다. 위의 예문에서 it는 앞에서 마땅히 대신하는 명사가 없습니다. 그렇다면 앞에서 규정한 강조 구문, it is ... that ~의 조건을 만족시킵니다. 하지만 이 문장은 결코 강조 구문이 아닙니다. 강조된 no coincidence는 명사입니다. 하지만 that 이하 부분에는 no coincidence가 들어갈 빈 곳이 없습니다. 따라서 it가 비인칭 대명사이지만, 강조 구문의 조건을 만족시키지는 못합니다. 이 구문은 이른바 '비인칭 구문'입니다. 비인칭 대명사로 쓰인 it가 가주어, that-절이 진주어로 쓰인 문장입니다.(▶ 비인칭 it)

결론적으로 it is ... that ~에서 ...에 명사가 있는 경우에는 해당 구문이 강조 구문인지, 관계절인지, 비인칭 구문인지 세 가지 가능성을 두고 따져보아야 합니다.

그 밖에 부사나 전치사구가 강조된 예를 들면 다음과 같습니다.

It is in the context of the international consensus that the Arab Peace Initiative calls on Arab states to normalize relations with Israel. – Making the Future, Noam Chomsky

아랍 평화안은 아랍 국가들에게 이스라엘과의 관계 정상화를 촉구했지만, (미국과 이스라엘이 두 국가론이란) 국제 합의를 받아들여야 한다는 전제가 있었다. ―『촘스키, 만들어진 세계 우리가 만들어갈 미래』, 노엄 촘스키 (정치사상사)

강조

I should have thought that <u>it was</u> only very rarely <u>that</u> the fruitful idea which will give rise to a fiction comes to an author, like a falling star, out of the blue. – Ten Novels And Their Authors, W. Somerset Maugham	결국 픽션으로 발전하는 생산적인 아이디어가 푸른 하늘에서 별똥별처럼 작가에게 찾아오는 경우는 극히 드물다고 나는 생각했어야 했다. –『불멸의 작가, 위대한 상상력』, 서머싯 몸 (문학/글쓰기)

it is ... that ~을 번역하면, 관계 대명사 what이 사용된 문장처럼 번역됩니다. 그럼 이 구조도 강조 구문의 일종으로 보아야 하겠지요.

물론 관계 대명사 what은 '선행사 + 관계 대명사'이므로, 명사가 강조된 경우일 겁니다. 따라서 위에서 인용한 강조 구문을 what ~으로 바꾸면 다음과 같이 됩니다. 재밌게도 이 경우에는 강조되는 중요한 정보가 문장 뒤에 쓰입니다. 그 구조를 요약하면, "what + 주어 + 동사 - be ... "가 됩니다.

It is the conjunction of the two farms <u>which</u> 'causes' the crop damage, not one farmer alone.	농작물 피해의 '원인'은 두 농가의 인접성에 있는 것이지, 한 농가에게만 있는 것이 아니다.

→ <u>What 'causes' the crop damage</u> is the conjunction of the two farms, not one farmer alone.

As an influential minister in the UK's Blair government explained, "<u>what governs our approach</u> is a clear desire to place power where it should be …."	영국 블레어 정부에서 영향력있던 한 장관이 말했듯이, "우리 접근법을 지배한 것은 권력을 있어야 할 곳에 두려는 욕망에서 비롯된 것이다."

← <u>It is</u> a clear desire to place power where it should be … <u>that</u> governs out approach.

원서, 읽(힌)다

일반적으로 감정적 반응을 표현하는 동사, 예컨대 adore, dislike, enjoy, hate, like, love, prefer, want 등과 함께 쓰이는 what-절의 경우도 결국에는 궁극적으로는 '명사'가 강조된 것으로 봐야 할 겁니다.

We now need actions rather than words.
→ What we now need are actions rather than words.
→ Actions rather than words are what we now need.

여기에서 강조된 것은 'actions rather than words'(말보다 행동)입니다.

I enjoyed the brilliant music most of all in the Ballet Frankfurt performance.
→ What I enjoyed most in the Ballet Frankfurt performance was the brilliant music.
→ The brilliant music was what I enjoyed most in the Ballet Frankfurt performance.

여기에서 강조된 것은 'the brilliant music'입니다.
　관계 대명사 what을 이용한 강조가 재밌는 것은 it is … that ~ 구문으로 강조할 수 없는 '동사'를 be 동사 뒤에 to v...의 형태를 빌어 강조할 수 있다는 것입니다.

What we did was to sail northward to the capital of the sovereign.
– Middle Egyptian, James P. Allen

우리가 한 것은 군주의 수도를 향해 북쪽으로 항해한 것이 전부였다.
– 국내 미출간 도서

하지만 to-V에서 to가 의무적으로 쓰여야 하는 것은 아닙니다. 적어도 제 경험에 따르면 'what 주어 do - be 동사 to v...'로 쓰이기보다 to v...에서 to가 생략된 형태로 많이 쓰입니다. 일반적인 문법책에서도 역시 이런 점을 소개하고 있지요.

They shared the money equally.→ What they did was share the money equally.

또 what에서 사용되는 주된 동사가 do가 아닌 경우도 있지만, 그래도 동사가 강조되려면 어떤 형태로든 do가 필요한 것은 사실입니다. 예컨대 아래 예문에서는 'make a fresh strart'가 강조된 것으로 봐야 할 겁니다.

I want to make a fresh start. → What I want to do is make a fresh start.

관계 대명사 what을 이용한 강조가 형태로는 '명사구'와 '동사구'로 구분되지만, 강조된 동사구도 기능적인 면에서는 명사라는 점에서 명사구와 다르지 않습니다. 하지만 실제로 사용되는 문장에서는 기능보다 형태가 더 중요하게 여겨지는 듯합니다. 결론적으로, what + 주어 + do - be ...가 쓰이면 뒤에 '동사구'를 기대하고, what + 주어 + 일반동사 - be ...이면 뒤에 '명사구'를 기대하면 됩니다. 이 책을 읽을 때 항상 기억해야 하는 것은 '문법에 맞추어진 예문'이 아니라, '현실에서 쓰이는 문장으로 만들어가는 문법'이라는 겁니다.

He who ...와 Those who ...

관계 대명사 what이 사용된 강조 구문은 it is ... that ~ 구문에서 사물이 강조된 경우입니다. 앞에서 살펴보았던 '파레토의 유령'처럼 사람이 강조되면 관계 대명사 what이 사용된 강조

원서, 읽(힌)다

구문으로 바꿀 수 없습니다. 이럴 때에는 He who ...(단수)와 Those who ...(복수)라는 형태의 관계절을 사용하면 됩니다.

It is the ghost of Pareto who has done most to shape the mainstream political consensus on inequality ....

→ He who has done most to shape the mainstream political consensus on inequality ... is the ghost of Pareto.

외치법(Dislocation)

dislocation을 어떤 용어로 번역해야 적절할지 모르겠지만, 원래의 문장 밖에 쓰인다는 점에서 '외치'가 맞는 것 같습니다. 외치되는 것은 항상 명사구이며, 그렇게 명사를 외치하는 목적은 원래의 문장에 쓰인 대명사에 대한 구체적인 정보를 제공하는 데 있습니다. 솔직히 말해서, 논픽션 자료에서 외치법에 해당하는 예문을 찾는 게 거의 불가능했습니다. 하지만 문법책에는 외치법이 강조법의 하나로 언급되고 있고, 무척 재밌는 방법이기 때문에 외면하기가 어려웠습니다.

외치에는 두 가지 방법이 있습니다. 하나는 원래 문장의 오른쪽에 외치하는 방법입니다. We've been planning this party for ages, my brother and I. 오른쪽 외치, 즉 문장의 오른쪽 밖에 놓인 my brother and I는 대명사 we의 내용을 명확히 하려고 사후에 덧붙여진 경우입니다. 반면에 문두, 즉 원래 문장의 왼쪽에 외치하는 방법도 있습니다. 그런데 왼쪽 외치는 강조법의 하나로 여겨집니다. 주어가 문두에 쓰이듯이, 문장 앞에 덧붙여지기 때문에 왼쪽 외치가 강조로 여겨지는 이유는 합리적인 듯합니다. 예를 들어 설명해보겠습니다. 위키피디아에서 윈스턴 처칠(Winston Churchill)을 "Ideologically an economic liberal and imperialist, he was for most of his career a member of the Conservative Party."(이념적으로 경제 자유주의자이자 제국주의자였던 그는 정계에서 활동하던 대부분의 기간 동안 보수당원이었다)라고 설명합니다. 이 문장의 관심사는 '처칠'보다 '경제 자유주의자이자 제국주의자'라는 정보입니다. 결국 처칠이 그런 사람이었다는 걸 강조한 것입니다.

이런 왼쪽 외치를 보면 as for somebody/something이란 전치사구가 생각납니다. 케임브리지 사전에서 이 구절은 "앞에서 이미 언급된 다른 주제에 대해 말하려고 할 때 사용한다"라고 정의됩니다. 다시 말하면, 어떤 주제를 다루다가 다른 주제로 화제를 돌린다는 뜻입니다. 그런데 여기에서 구절에 주목하는 이유는 as for ...로 인도된 명사가 원래 문장에서 다시 대명사로 쓰인다는 점입니다. 이런 구조에서 왼쪽 외치와 상통하는 것을 엿볼 수 있습니다. 따라서 이 구절도 일종의 강조라 할수 있을 겁니다.

In case you were wondering, the 'commodity' in the last sentence is children. <u>As for women</u> who take paid work outside the home, <u>they</u> are repeatedly labelled 'deviant' by Becker. In a footnote he states 'that "deviant" is used in a statistical, and not a pejorative sense' – although even in 1981 working women were hardly a statistical outlier.

아리송했겠지만, 마지막 문장에서 언급된 '상품'은 자식을 뜻한다. 베커는 집 밖에서 임금 노동자로 일하는 여성을 재삼재사 '일탈한 사람'(deviant)이라 표현했고, 주석에서 "이 표현은 경멸적 의미로 사용한 것이 아니라 통계학적 의미로 사용한 것"이다 설명했다. 하지만 1981년에도 일하는 여성은 통계학적으로도 결코 아웃라이어가 아니었다.

Von Neumann had died two years earlier, so the two founding fathers of game theory were now silent. …… As for <u>Nash himself</u>, by the 1980s many younger game theorists assumed <u>he</u> was dead. Other rumours circulated that he had had a lobotomy or lived in a secure psychiatric hospital.

폰 노이만도 2년 전에 세상을 떠난 터라, 게임 이론의 두 창시자 모두 말이 없었다 … 1980년대쯤 많은 젊은 게임 이론가들은 내시가 이미 죽었다고 생각했다. 내시가 뇌엽절개술을 받았고, 감시가 엄중한 정신병원에서 살고 있다는 소문도 돌았다.

원서, 읽(힌)다

관계절

원서, 읽(힌)다

관계절의 탄생

대체 관계절은 왜 생겼을까요? 관계절의 구조를 뜯어보면 그 답을 짐작할 수 있습니다. 관계절이 포함된 간단한 문장으로 그 기원을 추적해봅시다.

오 헨리의 유명한 단편, 「마지막 잎새」의 앞부분에 쓰인 문장으로 시작해봅시다.

Suppose a painter had some painting materials for which he had not paid. – The Last Leaf, O. Henry	가령 화가가 한 푼도 내지 않은 채 그림 재료를 가질 수 있다고 상상해보라. – 오 헨리, 「마지막 잎새」(소설)

which는 이른바 관계 대명사입니다. 간단히 말하면, 대명사입니다. 그럼 무엇을 대신한 것일까요? 더 정확히 말하면, 위 문장에서 관계 대명사 which는 어떤 명사를 대신하고 있을까요? which가 some painting materials를 대신한다는 것은 누구나 알고 있습니다.

그럼 위의 문장은 다음과 같이 분해됩니다.

    Suppose a painter had some painting materials

+   He had not paid for some painting materials.

그런데 위의 두 문장은 이렇게도 쓰일 수 있습니다. Suppose a painter had some painting materials. He had not paid for them. some painting materials가 인칭 대명사 them으로 쓰였습니다. 그런데 인칭 대명사가 사용된 경우와 관계 대명사가 사용된 경우는 분명한 차이가 있습니다. 인칭 대명사가 사용되면 문장 전체의 숫자는 여전히 둘이지만, 관계 대명사가 사용되면 문장 전체의 숫자가 둘에서 하나로 줄어듭니다. 따라서 문체론적 관점에서는 더 세련된 문장이라 할 수 있습니다. 관계 대명사를 포함하는 관계절이 사용되는 이유를 짐작할 수 있겠지요?

관계 대명사의 형태와 기능

여기에서 관계 대명사의 다양한 형태에 대해, 또 관계 대명사가 관계절에서 목적어로 쓰이면 생략된다는 규칙에 대해서는 자세히 다루고 싶지 않습니다. 별도의 출처 표기가 없는 한, 대표적으로 쓰이는 경우를 앤드루 마(Andrew Marr)의 『세계의 역사(A History of the World)』에서 찾아 제시하는 것으로 그치려 합니다.

The drug was initially intended to combat severe menstrual bleeding, but it would be key to the success of what would soon be called simply 'the Pill'. (주어)

그 약물은 애초에 심각한 월경혈을 제어할 의도에서 개발된 것이었지만, 훗날 단순히 '피임약'이라 불리게 될 약의 탄생을 위한 계기가 되었다.

He told the crowd he was proud of what they'd achieved together. (목적어)

그는 군중들에게 자기들이 힘을 합해 이루어낸 결과가 자랑스럽다고 말했다.

Robert Oppenheimer, father of the atomic bomb, matters more than the very clever physicists of his time who were never at Los Alamos. (사람 주어)

원자폭탄의 아버지, 로버트 오펜하이머는 그 시대에 로스앨러모스에 부름을 받지 못한 다른 유능한 물리학자들보다 역사적으로 더 중요한 인물이다.

Frederick was probably homosexual and he certainly showed no interest in women, including his later wife, whom he banished from his court. (사람, 동사의 목적어)

프리드리히 2세는 동성애자였던 것으로 추정되지만, 여자에게 무관심했던 것만은 확실하다. 나중에는 왕비마저 궁전에서 쫓아냈을 정도였다.

One told Sanger that she had had fifteen children of whom only six were living. (사람, 전치사의 목적어)

특히 한 여자는 자식을 15명이나 낳았지만 6명밖에 살아남지 않았다고 생어에게 하소연했다.

원서, 읽(힌)다

Novgorod had produced a rich ruling class whose conspicuous consumption caused resentment among the ordinary citizens. (사람, 소유격)

노브고로트에서도 부유한 지배계급이 생겨났고, 그들의 호사스러운 소비는 평범한 시민들의 분노를 자아냈다.

'Holland' was in fact only one of the territories in a country which then called itself the United Provinces. (사물, 주어)

'홀란트'는 당시 네덜란드 연방 공화국이라 일컬어지던 나라의 한 주(州)에 불과했다.

Were that all, it would have been a significant contribution to the birth-control movement, which McCormick continued to quietly fund. (사물, 동사의 목적어)

이것만으로도 산아제한 운동에 상당한 기여를 한 셈이었지만, 매코믹은 그 후로도 조용히 산아제한 운동을 계속 지원했다.

In a world of clipped and debased currencies, the Wisselbank offered a basic security on which more adventurous trade could stand. (사물, 전치사의 목적어)

귀퉁이를 찢어 화폐를 훼손하던 세계에서 비셀방크는 위험한 무역이 버팀목으로 삼을 수 있는 기본적인 안전장치를 제공했다.

3. 관계 대명사 that

관계 대명사 that은 무척 흥미롭습니다. 사람과 사물을 구분하지 않고 대신할 수 있고, 주어와 목적어 모두를 대신할 수도 있으니까요.

But by now the conundrums that had briefly united Frederick and Voltaire when they were younger were getting a new kind of answer. (주어)

그러나 프리드리히와 볼테르가 젊었을 때 그들을 잠시나마 하나로 묶어주었던 의문들이 그즈음 차츰 새로운 관점에서 해답을 찾아가고 있었다.

Indeed, this was the most significant period of 'creative destruction' that human societies had ever experienced. (동사의 목적어)

사실 그 시대는 '창조적 파괴'라는 관점에서 인간 사회가 경험한 가장 의미 있는 시기였다.

그러나 관계 대명사 that은 whom이나 which처럼 전치사를 앞에 둘 수는 없습니다. 전치사의 목적어를 대신할 때는 전치사를 관계절에 남겨두어야 합니다.

Was there anything that in particular you were looking for?
– The Sleep-Over Artist, Thomas Beller

당신이 특별히 찾던 게 있었습니까?
– 국내 미출간 도서

위의 예문은 결코 Was there anything for that in particular you were looking?으로 쓰지는 못합니다.

또한 일반적인 문법책에서 관계 대명사 that은 이른바 제한적 용법에서만 쓰이고, 계속적 용법에서는 쓰이지 못한다고 설명합니다.

They had the peace and space to build new canals and roads, to spread fresh ideas about irrigation, to develop weights and measures, laws and money, that were all widely understood. (주어)

그들은 평화기를 맞아 새로운 수로와 도로를 건설했고, 새로운 형태의 관개시설을 개발했으며, 도량형과 법치와 화폐제도를 도입해 폭넓게 정착시켰다.

But within two years of Marco Polo's death in 1329, something occurred on the steppes where he had travelled, and in China's Yangtze valley, that changed everything. (주어)

1329년 마르코 폴로가 세상을 떠나고 2년 후, 그가 여행했던 대초원에서, 또 양쯔강의 계곡에서 중대한 사건이 일어나면서 모든 것이 바뀌었다.

원서, 읽(힌)다

The wisdom of the tribe really matters: it is the accumulated lessons of history, the mistakes as well as the answers, that a polity has gathered up so far. (목적어)

기성 집단의 지혜는 역사에서 축적한 교훈들, 즉 국가가 지금까지 경험한 실수와 그에 대한 해결책이라는 점에서 참으로 중요하다.

그러나 위의 예문에서 보듯이, 이 문법은 제한된 현상에 대한 관찰을 근거로 섣불리 내려진 규칙인 듯합니다. 달리 말하면 관계 대명사 that은 제한적 용법이나 계속적 용법에 제약 없이 사용되지만, 특히 목적어를 대신할 경우에 계속적 용법에서는 whom이나 which, 제한적 용법에서는 that을 사용하는 게 일반적인 현상이 된 듯합니다. 따라서 목적어로 쓰인 관계 대명사는 생략된다고 하지만, 이 원칙도 제한적 용법에서만 적용됩니다. 요컨대 계속적 용법에서는 목적어로 쓰인 관계 대명사가 생략되지 않습니다. 그 때문에 목적어로 쓰인 관계 대명사 that은 생략될 수 있다는 말이 생겨난 것이 아닐까 싶습니다.

분리 관계절

'선행사 + 관계 대명사(혹은 관계 부사) + 관계절'이 기본적인 형태이지만, 선행사와 관계절이 분리되는 경우도 적지 않습니다.

There is not a single wretched man in this wretched place along with me who does not stand in symbolic relation to the very secret of life.
– De Profundis, Oscar Wilde

이 참혹한 곳에서 나와 더불어, 삶의 비밀 자체와 상징적 관계에 있지 않은 참혹한 사람은 단 한 명도 없다.
–『옥중기』, 오스카 와일드 (수필)

이 예문에서 관계 대명사는 who입니다. 그래서 자칫하면 me를 선행사로 섣불리 생각할 수 있지만, 관계절의 동사가 does입니다. 다시 말하면 who가 3인칭 단수 사람을 대신하는 대명사라는 뜻입니다. 따라서 위 문장을 분석하면 There is not a single wretched man (in this wretched place along with

me) who does not stand ...가 됩니다. 괄호로 묶인 구절이
선행사와 관계 대명사 사이에 끼어들었습니다. 개인적인 경험
에 따르면, 이런 경우에는 괄호로 묶인 부분을 먼저 번역하고,
관계절 → 선행사로 번역하는 게 좋습니다.

이번에는 약간 다른 형식의 분리 관계절을 예로 들어봅시다.

Popular outrage made it impossible for the council to avoid real action, and by 1862, legislation had been passed that put an end to the swill milk era. – Extra Life, Steven Johnson	시민의 분노에 시의회는 실질적인 조치를 취할 수밖에 없었다. 그리하여 1862년, 찌꺼기 우유 시대에 종언을 고하는 법안이 통과되었다. –『우리는 어떻게 지금까지 살아남았을까』, 스티븐 존슨 (과학사/인문/교양)

이 경우는 이른바 '머리가 무거운 문장'(top-heavy sentence)
에서, 선행사와 관계절이 분리된 것입니다.

> legislation that put an end to the swill milk era had
> been passed.
> → legislation had been passed that put an end to the swill
> milk era.

관계 부사

관계 대명사가 관계절에서 대명사 역할을 하듯이, 관계 부사
는 관계절에서 부사 역할을 합니다. 이번에도 오 헨리의 「마지
막 잎새」에서 인용한 문장으로 설명해봅시다.

And that afternoon Sue came to the bed where Johnsy lay. – The Last Leaf, O. Henry	그날 오후, 수는 존시가 누워 있는 침대에 다가갔다. - 오 헨리, 「마지막 잎새」 (소설)

위 문장은 And that afternoon Sue came to the bed. + Johnsy lay in the bed.가 결합한 것입니다.

영어에서 반복되는 단어는 대용어구로 바꾸어 쓰는 게 원칙입니다. 따라서 이 원칙을 여기에 적용해보면,

And that afternoon Sue came to the bed. + Johnsy lay there. (장소 부사 there)
→ And that afternoon Sue came to the bed in which Johnsy lay. (전치사 in + 관계 대명사 which)
→ And that afternoon Sue came to the bed where Johnsy lay. (관계 부사 where)

따라서 관계 부사 where는 in which를 대신한다고 말할 수 있습니다. '전치사 + 명사'는 명사를 수식하는 형용사적 기능, 동사를 수식하는 부사적 기능을 하지 않습니까. 결국 관계 부사는 부사적 기능을 하는 '전치사 + 관계 대명사'를 압축한 형태라 말할 수 있을 것입니다. 관계 부사의 다른 형태인 when, how, why도 다를 바가 없습니다.

'Drift' makes better sense when we recall that this is a period when the overall human population is barely increasing, and when life expectancy is very short.

전체 인구수가 거의 증가하지 않았던 시기이고, 기대수명이 무척 짧았던 시기였던 것을 고려하면 '표류'라는 표현이 더욱 합당하게 와 닿는다.

첫 번째 when은 종속 접속사로 쓰인 것이고, 두 번째와 세 번째 when은 선행사로 a period를 취하는 관계 부사입니다. when이 접속사로 쓰였는지, 관계 부사로 쓰였는지를 구분하는 방법은 그다지 어렵지 않습니다. 그 차이를 알면 됩니다. 접속사 when이 쓰인 문장은 부사 역할을 하지만, 관계 부사

when이 쓰인 문장은 선행사를 수식하는 형용사적 역할을 합니다.(▶ 아래의 계속적 용법과 제한적 용법) 또한 관계 부사 when은 선행사를 취하기 때문에 종속 접속사로 쓰인 when과 쉽게 구분됩니다. 하지만 관계 부사의 선행사는 아래와 같이 그 뜻이 제한적입니다.

'장소'를 뜻하는 선행사 + where + 관계절
'시간'을 뜻하는 선행사 + when + 관계절
'이유'를 뜻하는 선행사 + why + 관계절
'방법'을 뜻하는 선행사 + how + 관계절

따라서 영어에서 '선행사 + 관계 부사'는 둘 중 하나가 생략될 수 있습니다. 선행사가 the place이면 관계 부사가 where, 선행사가 the time이면 관계 부사가 when, 선행사가 the reason 이면 관계 부사가 why, 선행사가 the way이면 관계 부사가 how인 게 자명하니까요.

No clearer warning of the attacks to be launched on Poland, the Ukraine and Russia herself could have been given. It was all there, in black and white, from the day Mein Kampf was first published.

폴란드와 우크라이나 및 러시아를 공격할 거라는 더할 나위 없이 분명한 경고였다. 『나의 투쟁』이 처음 출간된 날부터 그런 징후는 곳곳에서 분명히 드러났다.

The reason the colonists did not want to pay even the lower tea taxes was because they suspected they would be giving up a principle.

식민지 주민들이 차에 부과된 훨씬 낮은 세금조차 납부하기를 거부한 이유는, 원칙을 포기하게 될지도 모른다고 의심한 때문이었다.

원서, 읽(힌)다

Voltaire admired the freedom of English public life and <u>the way</u> the English honoured artists.	볼테르는 영국인들이 자유롭게 누리는 공적 생활과 예술가를 공경하는 태도에 감탄하지 않을 수 없었다.
We do not know <u>why</u> the great palaces of the Greek Bronze Age were deserted and <u>how</u> those people lost the art of writing.	그리스 청동기 시대의 웅장한 왕궁들이 버려진 이유는 무엇이고, 그들이 기록의 기술을 어떻게 상실했는지를 우리는 전혀 모른다.

앞의 세 예문에서 보았듯이, 관계 부사가 생략된 경우에는 별다른 문제가 없습니다. 선행사만으로 관련된 관계 부사를 충분히 짐작할 수 있습니다. 그런데 선행사가 생략될 때 문제가 생깁니다. 선행사는 명사입니다. 반면에 관계 부사는 이름 그대로 부사이고, 앞에서 '관계 부사 + 관계절'은 선행사를 수식하는 형용사적 역할을 한다고 말했습니다. 그럼 위의 예문에서 why the great palaces of the Greek Bronze Age were deserted and <u>how</u> those people lost the art of writing 은 형용사일까요? 형용사라면 어떻게 know의 목적어로 쓰일 수 있을까요? 앞의 예에서 this is a period when the overall human population is barely increasing → this is when the overall human population is barely increasing(선행사 a period가 생략)인 경우도 마찬가지입니다. 관계 부사절은 '한정적 형용사'로 기능하는 데 여기에서는 '서술적 형용사'로 둔갑했다고 말해야 선행사의 생략이 설명됩니다. 이 문제를 해결하는 힌트는 희한하게도 영어에서 의문사와 관계사의 형태가 똑같다는 데 있습니다.

의문사와 관계사

영어를 공부하면서 참 흥미롭게 생각한 것은 의문사와 관계사의 형태가 같다는 것입니다. 그래서 똑같은 형태의 단어를 기능과 뜻이 다른 의문사와 관계사로 나누어 쓰는 이유가 궁금하기도 합니다. 여기에는 나름대로 합리적인 이유가 있겠지만, 제 능력으로 그 역사까지 추적할 여력은 없습니다. 여하튼 의문사가 의문절에서, 관계사가 관계절에서 취하는 문법적 기능이 똑같다는 것은 분명합니다.

아래의 예에서 보듯이, who와 whom과 whose, which와 what은 관계사만이 아니라 의문사로도 사용됩니다. 또 그 둘을 구분하는 것도 그다지 어려운 문제는 아닙니다. 의문사를 포함하는 간접 의문절은 항상 명사 역할을 하지만, 관계절은 앞에 쓰인 선행사를 수식하는 형용사 역할을 하기 때문이다. 하지만 선행사를 포함하는 '관계사 what + 관계절'은 명사 역할을 하므로, 구조적으로는 의문사 what과 큰 차이가 없습니다. 그러나 의미론적으로 어렵지 않게 둘을 구분할 수 있을 겁니다.

Knossos had been discovered by a local Greek antiquarian, who had started to dig in the 1870s. (관계사)

크노소스 궁전은 크레타 섬에 살던 그리스 골동품 수집가에 의해 발견되어 1870년대에 발굴이 시작되었다.

Britain and Japan were similarly sized island archipelagos off a much bigger mainland, with whom they had had an uneasy relationship. (관계사)

영국과 일본은 훨씬 큰 대륙에서 멀리 떨어진 비슷한 크기의 섬나라여서, 대륙과 불안한 관계를 유지할 수밖에 없었다.

Most of the spadework has been done over a span of fifty thousand years by people whose names we will never know. (관계사)

대부분의 기초작업이 지금은 이름조차 전해지지 않는 사람들에 의해서 5만 년이란 시간 동안 행해졌다.

원서, 읽(힌)다

I came along and I go as a stranger. I do not know <u>who</u> I am, nor <u>what</u> I have been doing. (의문사)	나는 홀로 왔다가 이방인으로 떠난다. 내가 누구인지 모르겠고 무엇을 했는지도 모르겠다.
We arrived by helicopter and the hostess asked <u>whose</u> birthday it was and my parents pointed towards me and said, "Hayden is four years old." (의문사) – A Gift from God, James A. Gauthier	우리는 헬리콥터로 도착했다. 여자 진행자가 누구의 생일이냐고 물었고, 부모님들은 나를 가리키며 "헤이든이 네 살이 됩니다."라고 대답했다. – 국내 미출간 도서
Did he tell you from <u>whom</u> he had received this information? (의문사)	그가 증인에게 이 정보를 누구에게 받은 것이라 말했습니까? - 연방 통신 위원회 청문회 기록, 1943
In 500 there had been an El Niño weather event <u>which</u> dramatically worsened the coastal Pacific climate and also caused flooding and crop failure. (관계사)	500년에는 엘니뇨에 따른 기상이변으로 환태평양지대의 기후가 악화하였고, 홍수와 흉작이 잇달았다.
His knights and courtiers, seeing <u>which</u> way the wind was blowing, now engaged in mass baptisms in the local rivers. (의문사)	그를 기사들과 조신들도 정세의 흐름을 재빨리 파악하고, 지역의 강들에서 서둘러 세례를 받았다.
The discovery of <u>what</u> seems to be a Longshan-culture capital city, at Erlitou, has changed minds. (관계사)	룽산 문화의 중심지였던 곳으로 추정되는 유적이 얼리터우(二里頭)에서 발견되면서 생각이 바뀌었다.

A foreman called Paneb was eventually tried by the pharaoh's vizier and removed from his job, though we do not know <u>what</u> eventually happened to him.(의문사)

파넵이란 공사 감독은 결국 파라오의 대신에게 심판을 받아 감독직에서 쫓겨났지만, 그에게 궁극적으로 어떤 처벌이 내려졌는지는 모른다.

앞에 쓰인 여러 예문에서 보았듯이, 관계 대명사 whom은 거의 언제나 전치사와 함께 쓰입니다. 곰곰이 생각하면 그 이유를 짐작할 수 있습니다. whom은 관계절에서 사람 목적어를 대신하는 관계사입니다. 앞에서 말했듯이, 관계사 that은 사람과 사물을 구분하지 않고 대신할 수 있고, 주어와 목적어 모두를 대신할 수도 있습니다. 그런데 관계절에서 목적어를 대신하는 관계사 that 앞에는 전치사가 쓰이지 않습니다. 전치사는 whom과 함께 쓰일 수밖에 없는 거죠. 내친김에 더 나가보면, 목적어를 대신해 쓰인 관계사는 생략할 수 있습니다. 이때 생략되는 관계사는 제한적 용법으로 쓰인 관계절에서의 관계사 that이라고 보는 편이 나을 겁니다. 마이클 스완이 말했듯이, 관계사 whom은 제한적 용법에 잘 쓰이지 않고, 거의 언제나 계속적 용법에 쓰입니다. 계속적 용법으로 쓰인 관계절에서는 어떤 관계사도 생략되지 않습니다.

when, where, why, how는
관계 부사? 의문사?
앞에서 다룬 예문으로 다시 돌아갑시다.

We do not know <u>why</u> the great palaces of the Greek Bronze Age were deserted and <u>how</u> those people lost the art of writing.

이 예문에서 why와 how는 두 가지로 해석될 수 있습니다. 첫째는 의문사로 해석하는 것입니다. 그럼 'why the great palaces of the Greek Bronze Age were deserted'와 'how those people

원서, 읽(힌)다

lost the art of writing'은 간접 의문절이자, know의 목적어로 쓰인 것이라고 보는 것이지요. 둘째는 선행사가 생략된 관계 부사로 해석하는 것입니다. 그럼 두 관계 부사절 앞에는 각각 the reason과 the way가 생략되었다고 볼 수 있습니다. 이렇게 보면, 까다로운 문제가 발생합니다. 관계 부사절은 선행사 the reason이나 the way를 수식하는 형용사입니다. 그런데 일반적인 문법책에서, 선행사와 관계 부사는 밀접한 관계가 있다고 둘 중 하나가 자유롭게 생략될 수 있다고 설명합니다. 그럼 외형상, 위의 예문은 '형용사'가 know의 목적어로 사용된 셈입니다. 이런 문법적 관계는 불가능합니다. 목적어는 항상 명사이어야 하니까요. 이 딜레마를 벗어나려면, 이 구조에도 '보이지 않는 명사'가 있다고 전제해야 합니다. 이런 전제도 문제가 있습니다. '선행사 + 관계 부사절'은 명사구이고, 그 이유는 선행사가 명사이기 때문입니다. 그런데 명사구라는 이름 자체를 존재하게 해주는 '명사'가 생략되어야 위의 예문이 가능해집니다. 이런 생략이 가능한가요? 이 생략을 가능하게 하려면, 관계 부사절의 수식을 받는 선행사가 생략되면 관계 부사절 자체가 명사구로 여겨져야 한다고 하는 문법을 따로 만들어야 합니다. 문법을 굳이 이렇게 복잡하게 생각할 필요가 있을까요? 관계 부사는 관계 부사절에서 부사 기능을 하고, 부사는 언제든 생략됩니다. 관계 부사의 생략은 이렇게 설명하면 충분합니다. 한편 위의 예문에서 why와 how는 의문사로 해석하면, 예외적 규칙을 고려할 필요가 사라집니다.

He had turned right onto Park Avenue. She wasn't sure <u>where</u> he was going but she followed him nevertheless.
– To Whom It May Concern: The Night Walker, D. F. Les Pierre-Luke

그는 파크 애비뉴로 방향을 꺾었다. 그녀는 그가 어디로 가는지 확신하지 못했지만 그를 뒤쫓았다.
– 국내 미출간 도서

위 예문의 where도 의문사로 해석하면 됩니다.

I was poor and from a lowly station; that is why I am skillful in many menial things.

나는 어려서 가난했고 미천한 신분에서 태어났다. 그래서 많은 잡다한 일에 능통하다.

Sightseers already half in love with this hot, rosemary-scented island idyll learn that it was destroyed in the aftermath of a terrible earthquake at Santorini. The words 'lost civilization of Atlantis' are muttered. This is how many modern Europeans like to think of their earlier selves a story that is half-Eden and half the Titanic. But it is almost all bull.

관광객들은 뜨겁고 로즈메리 향으로 가득한 목가적인 섬과 이미 반쯤 사랑에 빠진 후에야 크노소스 궁전이 산토리니 섬에 닥친 엄청난 지진의 여파로 무너졌다는 걸 알게 되고, '아틀란티스의 사라진 문명'이란 말을 중얼거리게 된다. 이런 이유에서 많은 유럽인이 지금도 과거의 자아를 반쯤은 에덴이었고 반쯤은 '타이타닉'과 같은 운명이었다고 생각하고 싶어하지만, 우스꽝스럽기 그지없는 생각이다.

it is why/how ~에서도 why와 how는 의문사로 해석하는 게 문법적으로 자연스럽습니다. 하지만 번역에서는 선행사가 생략된 관계 부사절로 번역하는 게 자연스럽습니다. 그렇다고 that is why ~에서 선행사가 생략된 형태라고 회귀하고 싶지는 않습니다. 케임브리지 사전의 정의대로 why = for what reason으로 보면 충분합니다.

　　that is why ~와 that is how ~에서 that은 관계 대명사로 나타나기도 합니다. 또한, 이때 that is why ~와 that is how ~에서 that은 관계 대명사 which로 나타나는 경우도 있습니다. 관계 대명사 which가 사용되는 이유는 이때의 선행사가 '앞 문장 전체'가 되기 때문입니다. 이에 대해서는 다음 항목을 참조하십시오.

By the 1880s capitalism had drawn in countries all around the world in a dash for modernisation. The imminent First World War would be not only the war of empires, but the first war between well matched capitalist enemies – <u>which is why</u> it would be so horrific.

1880년대가 되자 자본주의는 근대화의 바람을 타고 세계 전역으로 확대되었다. 그 후에 닥친 1차 세계대전은 제국 간의 전쟁이기도 했지만, 맞수 관계에 있던 자본주의 국가 간에 벌어진 최초의 전쟁이기도 했다. 이런 이유에서 1차 세계대전은 소름 끼치도록 끔찍할 수밖에 없었다.

앞 문장 전체가 선행사
일단 예문들을 먼저 보십시오.

Eventually they chopped down all the forests to the point where all the tree species were extinct, <u>which meant</u> that they ran out of canoes, they could no longer erect statues.
– Collapse, Jared Diamond

결국 그들은 숲 전체를 베어내 모든 수종(樹種)을 절멸시키는 지경에 이르렀다. 달리 말하면 더는 카누를 만들 수도, 석상을 세울 수도 없었다.
–『문명의 붕괴』, 재러드 다이아몬드 (문명사)

I greeted him with a furtive glance, and he made no reply. I felt his eyes bearing down on me, <u>which</u> spelled terror into my heart.
– Jesus Among Other Gods, Ravi Zacharias

나는 아버지를 슬쩍 쳐다보며 인사를 건넸다. 하지만 아버지는 아무런 반응을 보이지 않았다. 그래도 아버지의 눈빛이 내게 향해있는 것을 느낄 수 있었다. 갑자기 두려움이 밀려왔다.
–『오직 예수』, 라비 재커라이어스 (종교)

Our ancestors had better endurance than the animals they hunted for food, <u>which</u> allowed them to run down rich sources of protein that provided the fuel for our brains to develop.
– What sweat, wine, and electricity can teach us about humanity, GatesNote (The Blog of Bill Gates)

우리 조상은 먹잇감을 위해 사냥하던 짐승들보다 끈질겼다. 그래서 우리 뇌가 발달하는 데 필요한 연료를 공급하는 풍부한 단백질원을 추적해 잡을 수 있었다.
– 빌 게이츠 블로그 게시글

Columbus may well have known he was exaggerating, <u>which</u> makes the courage of simply setting off into the unknown even more remarkable.	콜럼버스는 자신이 과장해서 말하고 있다는 걸 알았을 것이다. 그래야 미지의 땅을 찾아 떠나려는 용기가 더욱 돋보였을 테니까!

공통점을 찾아냈습니까? 예, 그렇습니다. 모든 예문에서 관계사로 which가 사용되었고, 관계절에서 주어이며, 계속적 용법으로 사용되었다는 겁니다. 관계사로 which가 사용된 이유는 자명합니다. 선행사인 앞 문장을 사람이 아니라 사물로 취급하기 때문입니다. 또 계속적 용법으로 사용된 이유도 자명합니다. 제한적 용법이라면 선행사를 수식해야 할 텐데, 앞 문장 전체를 수식한다는 게 불가능하기 때문입니다. 이렇게 차근차근 생각해보면, 앞 문장 전체를 선행사로 취하는 관계절이 관계사 which를 써서 계속적 용법으로 쓰이는 이유를 어렵지 않게 찾을 수 있습니다. 물론 관계사 which가 관계절에서 항상 주어일 수밖에 없는 이유도 차분히 생각해보면 답이 보일 것입니다.

유사 관계 대명사

유사 관계 대명사는 그 이름이 암시하듯이, 관계 대명사가 쓰인 관계절과 유사한 것입니다. 그럼, 무엇이 유사하다는 것일까요? 구조가 관계절과 같지만, 관계사로 지금까지 언급된 who, which가 아니라 as, than, but을 씁니다. 그럼 언제 일반 관계 대명사가 아니라 유사 관계 대명사가 쓰일까요? 선행사의 모양에서 결정됩니다. 실제 예를 보며 설명해봅시다. 먼저 as부터 알아봅니다.

The failures were to be located inside <u>the same</u> democratic-representative structures that were supposed to be the trump card of the West.	결국 실패의 요인은 서구 세계의 자랑거리로 여겨졌던 대의 민주주의라는 구조에 있었다.

원서, 읽(힌)다

The Nazca survived and thrived for some seven hundred years – about the same time as elapsed between the rise of the Roman republic in its early encounters with Carthage and the death of the Western Empire.

나스카 문화는 700년 동안 지속하며 번성한 것으로 여겨진다. 로마에 공화정이 시작되며 카르타고를 처음 만난 때부터, 로마가 서유럽 제국이 멸망한 때까지의 시기였다.

위의 예는 as가 관계 대명사로 사용된 예입니다. 그런데 선행사가 똑같이 'the same + 명사'이지만, 관계 대명사는 각각 that과 as이며 관계절에서 주어 역할을 하고 있습니다. 둘은 어떤 차이가 있는 것일까요? 쉬운 예를 들어 설명해보겠습니다.

(1) This is the same watch <u>that</u> I lost a week ago.
(2) This is the same watch <u>as</u> I lost a week ago.

두 문장 모두 번역하면 "이 시계는 내가 일주일 전에 잃어버린 것과 같은 시계이다"라는 의미입니다. 하지만 그 속을 들여다보면 완전히 다릅니다. (1)은 "내가 잃어버린 바로 그 시계"이고 (2)는 "내가 잃어버린 시계와 같은 종류의 것"입니다. 이 차이를 위의 예문에 적용해봅시다. 서구의 자랑거리와 실패 요인은 똑같은 '대의 민주주의'인 반면에, 700년이란 시간에 다른 두 사건이 일어났다는 걸 말하고 있습니다.

선행사가 'such/as + (형용사 +) 명사'인 경우에도 관계 대명사 as가 쓰입니다. 이때 such와 as는 쓰임새가 다릅니다. 이 구조에서 such는 형용사나 부사로 쓰이지만, as는 부사로만 쓰인다고 보는 게 좋습니다. 한정사를 다룬 곳에서 보았듯이, 명사구의 내적 구조는 '관사 - 부사 - 형용사 - 명사'입니다. 그런데 이상하게도 여기에서 부사가 such나 as가 쓰이면 'such - 관사 - 형용사 - 명사', 'as - 형용사 - 관사 - 명사'라는 순서로 바뀝니다.

| Choose <u>such</u> friends <u>as</u> will benefit you. | 당신에게 유익한 그런 친구를 선택하라 |

| You need <u>such</u> a friend <u>as</u> will help you in a crisis. | 위기에 빠진 당신에게 도움을 주는 그런 친구가 필요하다 |

이 구문은 대체로 꽤나 오래 전인 19세기나 20세기 초에 쓰인 것입니다. 물론 문법책에는 빠지지 않고 언급됩니다. 여하튼 위의 문장에서 as가 관계 대명사로 쓰인 것은 분명하며, 관계 절에서 주어 역할을 합니다. 위의 예와 Choose friends who will benefit your soul의 차이를 분명히 구분할 수 있기를 바랍니다. 힌트를 드리자면, 역시 선행사에 such가 있느냐는 것입니다.

물론 관계 대명사로 쓰인 as가 관계절에서 항상 주어 역할을 하는 것은 아닙니다. 위의 (1)과 (2)의 차이에서도 보았지만 다른 예도 많습니다.

| The Indus River serves <u>the same</u> function <u>as</u> does the Nile in Egypt.
– History of Indo-Pakistan, Mohammad Arshad | 인더스강은 나일강이 이집트에서 하는 것과 같은 기능을 한다.
– 국내 미출간 도서 |

지금까지 인용된 예문들은 모두 제한적 용법입니다. 그렇다고 유사 관계 대명사 as가 제한적 용법에만 쓰이는 것은 아닙니다.

| If this is a conservative or even a reactionary message, <u>as</u> is often said, then Kongzi's conservatism is a kindly alternative to violent and abusive power. | 보수적인 가르침이고, 흔히 말해지듯이 반동적인 가르침이지만, 공자의 보수주의는 폭력적이고 억압적인 권력에 인의로 대항하는 철학이다. |

원서, 읽(힌)다

사전을 보면 as is often said는 마치 숙어처럼 '흔히 말하듯이'라고 번역되어 소개됩니다. 그런데 여기에서 as는 대체 무엇일까요? 뒤에 동사가 포함된 절이 쓰이므로 접속사인 것은 분명합니다. 그런데 주어가 생략되었습니다. 생략을 다룬 곳에서 말했듯이, 생략된 곳은 복원 가능해야 합니다. 앞 문장에서 특별히 선택할 만한 단어가 없습니다. 사전의 정의에 따르면, 앞 문장 전체가 주어로 쓰이는 게 맞습니다. 그렇다면 앞에서 보았던 관계 대명사 which의 용법, 즉 앞 문장 전체를 선행사로 취하는 경우와 비슷합니다. 이렇게 설명할 때, as is often the case(흔히 있는 일이지만)와 as is one's custom(여느 때처럼)처럼 사전에 등록되지 않은 표현이 쓰일 때도 'as + (주어 생략) + 동사 …'라는 구조가 이해됩니다.

이번에는 아래 문장을 보십시오. 여기에서 as was the Holy Roman Empire는 일반 문법책에서 도치로 설명됩니다. 물론 주어-동사인 the Holy Roman Empire와 was가 도치된 겁니다. 일단 그렇다고 해둡시다. 그럼 이때의 as는 무엇일까요? 제가 이렇게 물을 때마다 듣는 대답은 항상 모호합니다. 부사절을 나타내는 접속사랍니다. 그럼 두 가지 의문이 생깁니다. 첫째, was는 '존재하다'라는 뜻이 되므로, 앞 문장과 도무지 연결이 되지 않습니다. 둘째, as 앞에 쉼표가 반드시 필요하지는 않게 됩니다. 그렇지만 쉼표 없이 이렇게 쓰인 경우는 못 보았습니다. 그렇다고 해결책이 없는 건 아닙니다. 이때의 as도 관계 대명사로 보면 골칫거리가 깨끗이 사라집니다. 더구나 부사로 기능하는 계속적 용법이니, 모든 게 맞아떨어집니다.

The original promise of Zheng, the First Emperor, of an unchanging central state, which had been pursued with skill by the Han, now remained only a dream, an aspiration, as was the Holy Roman Empire.

진나라 시황제의 꿈, 즉 영원한 중원 국가를 세우겠다는 꿈은 한나라 때부터 추구하던 것이었지만 당시에도 그 꿈은 여전히 헛된 망상이나 희망이었다. 신성 로마 제국이 그랬듯이.

관계절

다음으로는 유사 관계 대명사로 쓰이는 than을 살펴보겠습니다.

Thérèse's encouragement has meant more to me than I can ever communicate.
– Not Born Yesterday, Hugo Mercier

테레즈의 격려는 나에게 말로는 다 표현할 수 없는 것을 의미한다.
–『대중은 멍청한가』, 위고 메르시에 (인문/교양)

물론 than은 비교의 대상을 나타내는 접속사입니다. 예문은 '테레즈의 격려가 나에게 의미하는 것'과 '나는 표현할 수 있는 것'을 비교하고 있습니다. 따라서 위의 예문을 정확히 번역하면 "내가 전달할 수 있는 것보다 (더 많은 것을 의미한다)"입니다. 그럼 than = than + what이 되어야 합니다. what이 앞에 쓰인 more에 포함된 것의 일부로, 중복되므로 생략되었습니다. 따라서 than은 관계 대명사로 쓰인 게 됩니다.

물론 관계 대명사 than이 쓰이려면 선행사가 비교급이어야 한다는 점에서 비교 구문과 유사하지만, than 이하에서 선행사와 관련된 명사가 생략되어 나타난다는 점에서 단순한 비교와 구분됩니다.(▶ 비교) 다음의 경우는 than이 주격 관계 대명사로 쓰인 예입니다.

There are more things in heaven and earth, Horatio, than are dreamt of in your philosophy.
– Hamlet, Shakespeare

호레이쇼, 천지간에는 자네의 철학으로 상상하는 것보다 많은 것이 있다네.
–『햄릿』, 셰익스피어 (희곡)

여기에서는 동사 일치 때문에 than = than what이란 등식이 곧이곧대로 성립하지는 않습니다. 하지만 than = than + what라는 원칙에 담긴 의도를 안다면, 일치 문제로 이 원칙에 트집을 잡지는 않겠지요?

원서, 읽(힌)다

끝으로 but이 관계 대명사처럼 쓰일 때가 있습니다. 이때 but은 부정적인 의미를 지녀, but = that … not이 됩니다. 우리가 이 책에서 추구하는 원칙과는 배치되지만, There is no rule but has exceptions. (예외 없는 규칙은 없다)라는 문장에서 관계 대명사 but이 쓰입니다. 문법책에서는 There is no one but hopes to be rich(부자가 되기를 바라지 않는 사람은 없다)라며 but이 관계 대명사로 사용된 예를 소개하지만, 요즘에는 현학적으로 보이고 싶어하는 작가가 아니라면 누구나 There is no one who does not hope to be rich라고 쓸 것입니다. 글쓰기 책에서도 이렇게 쓰라고 가르치고 있으니까요.

유사 관계 부사는 정말 없을까?

유사 관계절이란 말은 거의 사용되지 않습니다. 실제로 문법책을 보면 한결같이 '유사 관계 대명사'라고 말하지 유사 관계절이라 말하지는 않습니다. 그럼 유사 관계 부사는 없는 것일까요? 그렇지는 않습니다. than과 but은 구조적으로 관계 부사로 사용되지 못하지만 as는 관계 부사로 사용될 수 있습니다.

At about the same time as Judah was defeated by the Babylonians, the small kingdom of Rome was defeated by its neighbouring power, the Etruscans.	유다 왕국이 바빌로니아와의 전쟁에서 패했을 때, 로마라는 조그만 왕국도 인근의 강대국, 에트루리아에게 패했다.
A gentleman was not born but crafted. He had to work on himself in the same way as a sculptor shaped a rough stone and made it a thing of beauty.	군자는 태어나는 것이 아니라 공들여 만들어지는 것이었다. 조각가가 울퉁불퉁한 돌을 다듬어서 아름다운 작품으로 만들어내듯이 군자는 그와 같은 마음가짐으로 자신을 다듬어가야 했다.

Trading posts and fortified towns began to appear along the Dnieper and the Volga and their tributaries, in much the same way that towns in the central states of the USA are clustered around autoroutes and railroads.

드네프르 강과 볼가 강과 그 지류들을 따라 교역소와 요새화된 도시가 형성되었다. 미국 중부에서 고속도로와 철로 주변에 도시들이 집중적으로 형성된 과정과 다를 바가 없었다.

관계 부사가 쓰인 관계절은 관계 부사를 제외하더라도 문장이 문법적으로 완전해야 합니다. 처음 두 예문에서 as는 관계 대명사가 아니라 관계 부사로 쓰인 게 분명합니다. 덧붙여 제시된 예문에서 the same way that ...에서 that도 관계 부사로 사용된 예입니다. 이때 as와 that의 차이도 굳이 구분하자면, 앞에서 설명한 차이 정도로 이해하면 될 겁니다.

제한적 용법과 계속적 용법

관계절에 속한 관계사 앞에 '쉼표'가 있느냐 없느냐로 제한적 용법과 계속적 용법으로 나눈다는 건 영문법에서 상식입니다. 여기에서 이 둘의 구문론적 차이까지 시시콜콜 다루고 싶지는 않습니다. 다만 관계절이 제한적 용법으로 나타나면 선행사를 뒤에서 수식하는 형용사 역할을 하고, 계속적 용법으로 쓰인 관계절은 선행사에 대한 설명을 덧붙이는 부사적 기능을 한다고 말하는 일반 문법책의 정의를 인정하는 범위 내에서, 두 용법의 의미적 차이를 집중적으로 다루어볼 생각입니다.

학교에서 배운 바에 따르면, '선행사 + 제한적 관계절'은 관계절이 선행사를 수식하는 형식으로 번역하고, '선행사 + 계속적 관계절'은 이른바 부사적 용법의 결과로 번역해야 합니다.

(1) Medina was where the craftsmen who worked for the priests and the pharaohs lived with their families.

메디나는 성직자와 파라오를 위해 노동력을 바쳤던 장인(匠人)들이 가족과 함께 살던 곳이었다.

원서, 읽(힌)다

(2) Organized under two overseers, <u>who lived</u> in the village, they celebrated the death of a pharaoh because it meant more work for them in the years to come.

그들은 그 마을에서 살았던 두 감독관의 관리를 받았고, 파라오가 죽으면 은근히 즐거워했다. 그들에게 수년 동안의 일거리가 생겼다는 뜻이었기 때문이다.

위의 두 예문은 우리말로 번역할 때는 아무런 차이가 없습니다. 그런데 '쉼표'에 유의하여 읽으면 그 차이가 확연히 느껴집니다. (1)에서는 모든 장인이 아니라 '성직자와 파라오를 위해 노동력을 바쳤던 장인'들이 가족과 함께 살았다는 걸 말하고 있습니다. (2)에서는 그들은 두 감독관의 관리를 받았고, 그들을 관리하는 감독관이 되려면 그 마을에서 살아야 한다는 조건으로 계속적 용법이 덧붙여진 것으로 이해되어야 합니다. 그래서 계속적 용법 = 부사적 용법이라는 것입니다. 위의 예는 이런 차이가 뚜렷이 드러나게 우리말로 번역하기 힘들지만, 그 차이를 극명하게 보여주는 예를 들어봅시다.

The Essay on Milk was a damning indictment of the entire dairy industry, but for some reason it failed to sway popular opinion or inspire government intervention. Part of that is because the government lacked suitable regulatory bodies to deal with the swill milk crisis, <u>most of which</u> would not be invented until the twentieth century.
– Extra Life, Steven Johnson

『우유에 대한 연구』는 낙동 산업 전체에 대한 신랄한 고발이었지만, 어떤 이유였는지는 몰라도 여론을 흔들거나 정부의 간섭을 자극하는 데는 실패했다. 부분적으로는 정부에 찌꺼기 우유 문제를 전담할 적절한 규제 부서가 없었던 것도 부분적인 이유였다. 대부분의 규제 부서는 20세기에야 만들어졌기 때문이다.
－『우리는 어떻게 지금까지 살아남았을까』, 스티븐 존슨 (과학사/인문/교양)

But refrigeration also had a critical impact on vaccines, <u>many of which</u> lose their potency if they are not maintained in a narrow band of temperatures just above freezing.
– Extra Life, Steven Johnson

그러나 냉장은 백신에도 중대한 영향을 주었다. 대다수의 백신이 빙점 약간 위의 온도로 유지되지 않으면 효능을 상실하기 때문이다.
－『우리는 어떻게 지금까지 살아남았을까』, 스티븐 존슨 (과학사/인문/교양)

기존의 문법책에서는 계속적 용법으로 쓰인 관계절을 '결과'로 해석하라고 가르쳤습니다. 이른바 '내려 해석'하라는 겁니다. 이에 따르면 "대부분의 규제 부서는 20세기에야 만들어졌다." "대다수의 백신이 빙점 약간 위의 온도로 유지되지 않으면 효능을 상실한다."가 되어야 합니다. 하지만 이렇게 번역하면 무척 어색합니다. "그러나 냉장은 백신에도 중대한 영향을 주었다. 대다수의 백신이 빙점 약간 위의 온도로 유지되지 않으면 효능을 상실한다." 이상하지 않습니까? 냉장이 백신에 중대한 영향을 준 이유가 덧붙여지는 식으로 번역하는 게 자연스럽지 않습니까? 그래서 계속적 용법이 필요한 것입니다. 요컨대 계속적 용법으로 쓰인 관계절은 because를 쓰지 않고도 앞에 쓰인 문장에 대한 이유를 압축적으로 표현한 것이라 할 수 있습니다.

계속적 용법이 이유나 목적으로 쓰였다는 걸 알아내는 단서로는 시제도 눈여겨봐야 합니다.

Although effective communication is arguably more important than ever, it was also critical for our ancestors, who needed to communicate with each other in order to hunt and gather, to raise their children, to form alliances, and to pass on technical knowledge.
– Not Born Yesterday, Hugo Mercier

효과적인 커뮤니케이션이 한층 더 중요해진 요즘 세상이지만, 과거에도 사냥하고 채집하려면, 또 자식들을 키우고 연대를 맺고, 기술적인 지식을 후세에 전달하려면 대화가 필요했을 것이기 때문에 우리 조상에게도 효율적인 커뮤니케이션이 무척 중요했다.
–『대중은 명청한가』, (인문/교양)

현재와 과거를 비교하고 있습니다. 지금 시대는 효과적인 커뮤니케이션이 여느 때보다 중요합니다. 하지만 커뮤니케이션은 우리 조상에게도 중요했습니다. 여기에 덧붙이는 말로 어떤 것이 자연스럽겠습니까? 그렇습니다. 우리 조상에게도 커뮤니케이션이 중요했던 이유가 덧붙여져야 할 겁니다. 따라서 위의 예에서도 계속적 용법이 쓰인 이유가 설명됩니다.

원서, 읽(힌)다

| | They put little sticks in the ground each time they heard noises, <u>which</u> would give them a general idea of where the armadillo was.
– Noble Savages, Napoleon A. Chagnon | 작은 소리가 들릴 때마다 작은 막대기를 땅바닥에 꽂았다. 그 소리가 그들에게 아르마딜로가 있는 곳이라 추정되는 곳을 알려주었기 때문이다.
–『고결한 야만인』, 나폴리언 섀그넌 (역사/인류학) |

여기에서도 계속적 용법이 원인이나 이유로 번역됩니다. 개인적인 경험에 따르면, 계속적 용법은 이처럼 이유나 원인으로 번역되는 경우가 대부분입니다. 물론 학교에서 배운 대로 '결과'로 번역해야 자연스런 경우도 많습니다.

| Fleming was part of a wider network, <u>which</u> meant that his work was likely to attract the attention of other researchers with other kinds of skills.
– Extra Life, Steven Johnson | 플레밍은 큰 네트워크의 한 부분이었다. 달리 말하면, 그의 연구가 다른 종류의 능력을 지닌 다른 연구자들의 관심을 끌었을 가능성이 컸다는 뜻이다.
–『우리는 어떻게 지금까지 살아남았을까』, 스티븐 존슨 (과학사/인문/교양) |

여기에서 which의 선행사는 앞 문장 전체이고, 계속적 용법은 '결과'로 번역하는 게 좋을 겁니다.

영어에는 흥미로운 점이 있습니다. to-V, V-ing, 관계절이 문장 내에서 행하는 역할이 대칭을 이룬다는 것입니다. 구체적으로 말하면, 셋 모두 명사적 용법, 형용사적 용법, 부사적 용법으로 쓰인다는 겁니다. 또 부사적 용법이 목적, 이유, 결과로 쓰인다면, 세 경우에서 모두 그렇게 기능한다는 것입니다. 도표로 정리하면 이렇게 될 겁니다.

	to-V	V-ing	관계절
명사적 용법	주어, 목적어	주어, 목적어	선행사를 포함하는 관계사 what
형용사적 용법	명사 수식	명사 수식	제한적 용법
부사적 용법	목적, 이유, 결과	분사구문	계속적 용법

to-부정사

영어에서 명사가 연속해서 쓰이지 않듯이 동사도 연속적으로 쓰이지 않습니다. 중간에 무엇인가가 끼어들어야 합니다. 그것이 바로 to입니다. 이때 to의 품사는 오리무중입니다. 적어도 전치사는 아닙니다. 그 이유는 전치사 뒤에는 무조건 '명사'가 쓰여야 하기 때문입니다. 따라서 쉽게 생각해서, '부정사'를 유도하는 표지라고 합시다. 그럼 '부정사'(infinitive)가 대체 무엇일까요? 단어를 분석하면 in-finite가 됩니다. finite는 '한정된다'는 뜻의 finite에 부정형 접두어 in-이 덧붙여진 것이므로, infinite는 '한정되지 않는다'는 뜻입니다. 문법적으로 말하면, 수와 인칭에 제약을 받지 않는다는 것입니다. 따라서 to-부정사에서 동사는 항상 '원형'으로 쓰입니다.

to-부정사의 주어

동사가 어떤 경우에도 연속적으로 쓰이지 않는다는 것을 전제로, 두 동사가 사용되는 기본적인 문형을 도식화하면 이렇게 될 겁니다.

1) N_1 - V_1 - to V_2

2) N_1 - V_1 - N_2 - to V_2

여기에서 V_1의 주어는 언제나 N_1입니다. 그럼 V_2의 주어는 무엇일까요? 이 질문에 답하려면 다음과 같은 분석이 필요합니다.

(1)에서 to-부정사, 즉 to V_2는 동사 V_1과 밀접한 관계가 있습니다. 쉽게 말하면, V_1의 목적어 역할을 합니다. 명사만이 목적어로 쓰일 수 있으므로, (1)에서 to V_2는 명사적 용법으로 쓰인 to-부정사가 됩니다. 다른 식으로 표현하면, 명사의 대용어구로 쓰인 to-부정사입니다.

그럼 (2)는 어떻게 분석해야 할까요? 복잡하게 생각하지 말고, N_1 - V_1 - [N_2 - to V_2]로 분석하면 됩니다. [N_2 - to V_2]가 V_1의 목적어로 쓰였고, N_2와 to V_2는 '주어 - 술어' 관계라는 뜻입니다.

이제 V₂의 주어에 대해 대답할 수 있습니다. 두 문형을 구분해 따로따로 답하지 않고, 일반화해서 말하면 'to-부정사가 명사 대용어구로 쓰일 때 그 주어는 가까이 있는 명사'가 됩니다. 이것이 명사적 용법으로 쓰인 to-부정사의 주어를 찾는 법칙입니다.

이 법칙을 따르면 다음 문장에서 to-부정사의 주어를 찾는 것이 어렵지 않습니다.

Natural selection causes new species to form and life to evolve with time. – Darwin's Lost World, Martin Brasier	자연 선택에 의해 시간이 지남에 따라 새로운 종이 생겨나고 생명체가 진화한다. –『다윈의 잃어버린 세계』, 마틴 브레이저 (자연과학/생물)

하지만 영어가 항상 이렇게 호락호락하지만은 않습니다.

"Ah, so you shall be sure to be misunderstood."—Is it so bad, then, to be misunderstood? Pythagoras was misunderstood, and Socrates, and Jesus, and Luther, and Copernicus, and Galileo, and Newton, and every pure and wise spirit that ever took flesh. To be great is to be misunderstood. – Self-reliance, Ralph Waldo Emerson	"아, 그럼 남들에게 틀림없이 오해받겠지?" 하지만 오해받는 게 그렇게 나쁜 것인가? 피타고라스도 오해를 받았다. 소크라테스, 예수와 루터, 코페르니쿠스와 갈릴레오, 뉴턴도 오해를 받았다. 세상의 모든 순수하고 현명한 영혼이 오해를 받았다. 위대한 사람은 오해받기 마련이다. –『자기 신뢰』, 랄프 왈도 에머슨 (자기 계발)

물론 첫 번째 to be misunderstood의 주어는 법칙에 따라 you입니다. 그러나 그 뒤의 to-부정사—to be misunderstood, to be great, to be misunderstood—앞에는 마땅한 명사가 없습니다. 이런 경우에는 어떻게 주어를 찾아야 할까요? 이럴 경우 억지로 you를 끼워 넣어 번역할 필요는 없습니다. 그냥 수동 구문의 경우처럼 일반적인 존재를 뜻하는 주어가 생략된 것으

원서, 읽(힌)다

로 볼 수 있으니까요. 게다가 you만이 아니라 '모두'가 '오해를 받을 수 있다'라고 생각하는 게 더 낫습니다. 물론 Is it so bad to be misunderstood?에서 주어를 굳이 you로 한정하고 싶다면, 이른바 '의미상 주어'를 넣어주면 됩니다. Is it so bad for you to be misunderstood?가 되겠지요.(▶ '비인칭 주어'를 참조) 물론 To be great is to be misunderstood도 For you to be great is to be misunderstood가 될 겁니다. 여기에서 사람의 성격을 뜻하는 형용사가 쓰인 경우에는 for 대신 of가 의미상 주어를 이끈다는 것까지 말할 필요는 없겠지요.

물론 V₁이 사역동사나 지각동사인 경우에도 [N₂ - V₂]로 분석될 수 있지만 V₂ 앞에 to가 쓰이지 않는다는 것까지 여기에서 굳이 언급할 필요는 없을 듯합니다. 이런 것까지 자질구레하게 언급하면, '서수'를 다룬 장에서 인용한 촘스키의 글처럼 여러분의 지성을 모욕하는 게 될 수도 있지 않겠습니까.

하지만 안타깝게도 to-부정사의 주어를 찾는 원칙, 즉 'to-부정사의 주어는 가까이 있는 명사'라는 법칙에 어긋나는 경우가 있습니다. 이때 V₁에 해당하는 동사는 아주 유명합니다. 왜냐고요? 영어의 무수히 많은 동사 중 유일하게 이 원칙에서 벗어나기 때문입니다. 그 동사가 바로 promise입니다.

많은 문법책에서 N₁ - promise - N₂ - to V₂라는 구조에 맞추어 예문을 제시하며, 이 경우에는 to V₂의 주어가 N₁이며, 일반적인 to-부정사의 주어를 결정하는 법칙에서 벗어나는 예외라고 설명합니다. 맞습니다. 예외인 것은 분명합니다.

"Johnsy, dear," said Sue, bending over her, "will you promise me to keep your eyes closed, and not look out the window until I am done working? I must hand those drawings in by tomorrow."
– The Last Leaf, O. Henry

수는 잔시에게 허리를 굽히며 말했다. "잔시, 내가 그림을 다 그릴 때까지 눈을 꼭 감고 창밖을 내다보지 않겠다고 약속해주겠니? 이 그림들을 내일까지 넘겨줘야 하거든."
—『마지막 잎새』, 오 헨리 (소설)

위의 예문에서 보듯이 to keep your eyes closed의 주어는 N2(me)가 아니라 N1(you)인 게 분명합니다. 그럼 이 책의 전체적인 원칙 '문법에는 예외가 없다'가 흔들립니다. promise가 이런 구문으로 자주 쓰이면 우리 원칙은 무너질 수밖에 없습니다. 그런데 비겁하지만 핑계가 없지는 않습니다. 다음 문장을 보십시오.

Jesus calls Zacchaeus down from his self-sufficiency to join the people, and Zacchaeus promises to put his wealth at the service of others.
— Let Us Dream, Pope Francis

예수님은 그를 교만에서 끌어내리며 사람들과 함께하라고 명령하고, 자캐오는 재산의 절반을 가난한 사람들에게 주겠다고 약속합니다.
—『렛 어스 드림: 더 나은 미래로 가는 길』, 프란치스코 교황 (종교/가톨릭)

이 예문에서 promise는 N1 - V1 - to V2의 형태로 쓰였습니다. 분명히 N1 - V1 - N2 - to V2라는 형태로 쓰일 수 있었습니다 (Zacchaeus promises Jesus to put his wealth at the service of others.) 하지만 N2가 누구인지 명확하기 때문에 N2를 굳이 명시하지 않았습니다. 그렇습니다. 대부분의 경우, promise의 대상은 명확합니다. 달리 말하면, promise는 인위적으로 만들어낸 예문에서는 N1 - V1 - N2 - to V2라는 구조가 분명히 가능하지만, 실제로 사용되는 영어에는 이 구조가 무척 드물게 쓰입니다. 같은 책에서 프란체스코 교황은 God promises to walk with His people, to be near to them. (하느님은 이스라엘 백성을 가까이에서 지켜보며 그들과 함께 걷겠다고 약속합니다.)라고 말했습니다.

이런 핑계가 억지스럽다고 생각할 사람도 있을 것입니다. 인정합니다. 그러나 문법책에서 가끔 언급되는 다음 예문을 보십시오. I promise you to do my best to make your wish come true.(나는 당신의 바람을 실현시키기 의해서 최선을 다하겠다고 당신에게 약속한다) 부사적 용법으로 쓰인 to make

원서, 읽(힌)다

your wish come true 때문에 약속의 대상이 you라는 게 분명합니다. 따라서 이 예문은 I promise to do my best to make your wish come true.라고 쓰더라도 달라지는 게 없습니다. 여하튼 promise가 N₁ - V₁ - N₂ - to V₂라는 구조로 못 쓰이는 게 아니므로, 우리 법칙에 예외인 것은 분명합니다. 거듭 말하지만, 영어의 많은 동사 중 유일하게 우리 법칙을 위배하는 동사입니다. 이 때문에 지금도 많은 학자가 그 이유를 밝혀보려고 애쓰지만, 적어도 내가 알기에는 아직 그 답을 찾지 못했습니다.

promise가 현실 세계에서 N₁ - V₁ - N₂ - to V₂로 쓰이는 경우는 거의 없고, 거의 언제나 N₁ - V₁ - to V₂로 쓰이는 게 다행이라면 다행이겠지요. 현역 최고의 대중적 역사 작가라 할 수 있는 스티븐 존슨(Steven Johnson)의 글에서도 이런 사실은 확인됩니다. 그의 글에서는 promise가 N₁ - V₁ - N₂ - to V₂라는 구조로 쓰인 예가 단 한 문장도 없고, N₁ - V₁ - to V₂로 쓰인 사례만이 보입니다.

The governor listened patiently to the long list of grievances, but declined to pass judgment. He did, however, promise to convey the facts of the case to Aurangzeb, and deliver whatever punishment the Grand Mughal considered appropriate.
– Enemy of All Mankind, Steven Johnson

총독은 시위자들이 끝없이 나열하는 불만을 끈기 있게 경청했지만, 판결을 내리지 않았다. 하지만 그 사건의 진상을 아우랑제브 황제에게 전달하고, 황제가 어떤 처벌을 내리든 간에 그대로 시행하겠다고 약속했다.
–『인류 모두의 적』, 스티븐 존슨 (역사/ 세계사)

to-부정사의 품사

유대인 속담에 Not to have felt pain is not to have been human라는 문장이 있습니다. "고통을 느껴본 적이 없다는 것은 인간인 적이 없었다는 뜻이다"라고 번역될 겁니다. 유대인이 겪은 역사가 머릿속에 그려지는 듯한 속담입니다. 앞의

Not to have felt pain은 주어로 쓰였으니 당연히 명사 대용어구, 즉 명사적 용법으로 쓰인 to-부정사일 것입니다. 그럼 to have been human은 어떤 품사를 대신한 것일까요? 이 to-부정사가 이른바 be 동사의 '보어'로 쓰인 것은 분명합니다. 그런데 be 동사의 보어로는 명사와 형용사 모두 쓰일 수 있습니다.(▶ 목적격 보어에 대해서는 '비인칭 주어' 참고)

Adam was the first lucky man as he had no mother-in-law.	아담은 최초의 행운아였다. 장모가 없었으니까. – 유대인 속담
Your own soul is nourished when you are kind; it is destroyed when you are cruel.	인자한 자는 자기의 영혼을 이롭게 하고 잔인한 자는 자기의 몸을 해롭게 하느니라. – 구약성경 잠언 11장 17절

위의 예에서처럼 보어 위치에 명사와 형용사가 모두 쓰일 수 있으니 두 품사 중 무엇을 대신해 쓰였다고 단정하기 힘듭니다. 그래도 이런 경우에는 문법의 단순화를 위해 명사적 용법으로 쓰였다고 말하는 편이 나을지도 모르겠습니다. 하지만 to-부정사가 어떤 품사를 대신하느냐를 따지는 것은 문법에서 그다지 중요하지 않은 것 같습니다. 더 중요한 것은, 문장의 주된 동사, 즉 V_1으로 어떤 동사가 쓰였느냐는 것이니까요.

한편 seem은 보어로 극히 드물게 명사를 취하지만 대체로는 형용사가 쓰입니다. 예컨대 케임브리지 사전에서 제공하는 문법에서는 seem이 드물게 명사를 보어로 취하는 연결 동사로 설명하며 다음과 같은 예문을 제시합니다.

Buying a new car seems a complete waste of money to me. A used one would be just as good.	내가 보기에 신차를 구입하는 것은 완전한 돈 낭비인 듯하다. 중고차도 신차 못지않게 좋기 때문이다.

원서, 읽(힌)다

그러나 문법책이 아니라, 현실에서도 'seem + 명사'가 얼마나 자주 쓰이는지는 의문입니다. 실제로 아래에서 인용한 이선 크로스(Ethan Kross)의 Chatter(『채터, 당신 안의 훼방꾼』)에서는 물론이고, 레자 아슬란(Reza Aslan)의 God(『인간화된 신』)과 찰스 두히그(Charles Duhigg)의 The Power of Habit(『습관의 힘』)에서 명사가 seem의 보어로 사용된 예는 단 한 건도 없었습니다. 따라서 일반화하기는 어렵겠지만 seem 뒤에 보어가 쓰일 때는 주로 형용사라고 말해도 크게 잘못된 말은 아닌 듯합니다. 그런 이유로 다음 경우에는 to-부정사가 형용사적 용법, 즉 형용사의 대용어구라 말할 수 있겠습니다.

Meredith seemed to be working through bad news rather than drowning in it.	메러디스는 나쁜 소식에 빠져들지 않고 어떻게든 이겨내려고 노력하는 듯했다.
At first glance, her repetitive use of the second-person "you" and "your" might seem odd. – Chatter, Ethan Kross	얼핏 보면, 이인칭 대명사 '당신'의 반복된 사용은 특이하게 보일 수 있다. —『채터, 당신 안의 훼방꾼』, 이선 크로스 (교양/심리)

한편 문법책에서는 seem이 명사를 보어로 취할 때는 주로 'seem to be + 명사'라는 구조를 띤다고 설명합니다. 이때 to be는 거의 생략되지 않지만, 명사가 '주관적 감정'을 강하게 표현하는 경우에는 생략된다고도 덧붙입니다. 케임브리지 사전에서 인용한 문장을 보면, 문법책의 설명이 맞다는 생각이 듭니다. 하지만 저는 개인적으로 '주관적 감정'이란 게 어느 정도인지를 잘 모르겠습니다. 게다가 'seem + 명사'도 그렇지만 'seem to be + 명사'라는 구조도 실제로 쓰인 경우를 많이 보지 못했습니다. 제가 번역한 대여섯 권에서도 이 구조는 딱 한 번 외엔 찾지를 못했으니까요.

… when there doesn't seem to be enough time for all you hope to accomplish, must you give things up (sleep, income, a clean house)? – Daily Ritual, Mason Currey	모든 것을 멋지게 끝내기에 충분한 시간이 없는 듯하면 잠이나 소득, 집청소 같은 걸 포기해야만 할까? –『리추얼』, 메이슨 커리 (인문/교양)

오히려 seem 뒤에 명사가 쓰일 때는 거의 언제나 'seem like + 명사'의 형태로 쓰이는 경우가 더 많았습니다.

The house didn't seem like the kind of place with smelly problems. There weren't any pets. No one smoked. – The Power of Habit, Charles Duhigg	그 집은 어디를 둘러봐도 냄새가 날 만한 곳이 없었다. 애완동물을 키우지도 않았고, 담배를 피는 사람도 없었다. –『습관의 힘』, 찰스 두히그 (자기 계발/심리)
… this seems like an editorial attempt to connect Moses to Abraham and should not be taken at face value. – God, Reza Aslan	… 모세를 아브라함과 연결시킨 것은 편집자의 의도인 듯하므로, 액면 그대로 받아들여서는 안 된다. –『인간화된 신』, 레자 아슬란 (종교/인문)

그러나 to-부정사의 대표적인 형용사적 용법은 앞에 쓰인 명사를 수식하는 경우라고 할 수 있습니다. (……) N + to V (……) 에서 N을 수식하는 to V는 결국 형용사로 쓰인 셈입니다.

Some things should be read quickly and effortlessly, and some should be read slowly and even laboriously. The sign of intelligence in reading is the ability to read different things differently according to their worth. – How to Mark a Book, Mortimer J. Adler (The Saturday Review of Literature, July 6, 1941에 게재)	어떤 책은 힘들이지 않고 술술 읽어도 되지만 천천히 공들여 읽어야 하는 책도 있다. 독서에 있어 지적 능력의 증거는 책의 가치에 따라 다른 것을 다른 식으로 읽어내는 능력이다.

이 경우의 to-부정사는 보어로 쓰인 to-부정사와 똑같이 형용사적 용법으로 쓰인 예라 하더라도, 두 경우의 성격은 무척 다

원서, 읽(힌)다

릅니다. 보어로 쓰인 to-부정사는 문장에서 반드시 존재해야 하는 요소이지만, 명사를 수식하는 to-부정사는 그렇지 않습니다. 명사를 꾸미는 형용사가 그렇듯이 이때의 to-부정사도 선택적입니다. 극단적으로 말하면, The sign of intelligence in reading is the ability로도 충분합니다.

특히 간접화법으로 쓰인 문장에서 의문사 이후에 쓰인 to-부정사도 의문사를 수식하는 형용사적 용법으로 쓰인 것입니다.

They were a bit terrified at me, and I was a little apprehensive about them, in view of the rumors of the previous year that they intended to kill me. It was a very unusual welcome— it seemed as if they didn't quite know what to do with us. For a while there were no men to greet us.
– Noble Savage, Napoleon A. Chagnon

그들은 나를 약간 무서워하는 듯했지만, 그들이 나를 죽이려 한다는 소문이 작년에 나돌았던 탓에 나도 그들의 반응이 우려스럽기는 했다. 약간은 어색한 분위기가 흘렀다. 그들은 우리를 어떻게 대해야 할지를 모르는 것 같았다. 한동안 우리를 반기는 사람조차 없었다.
–『고결한 야만인』, 나폴리언 섀그넌 (역사/인류학)

여기에서 what은 부정사로 쓰인 do의 목적어인 게 분명합니다. 결국 to do with는 의문사 what을 수식하며 형용사적으로 쓰인 to-부정사입니다. 물론 to greet us도 형용사적으로 쓰인 to-부정사입니다. there were no men to greet us가 결국 there were no men who were greeting us와 같다고 보면 to greet us가 형용사적으로 쓰인 게 금방 이해될 것입니다.(▶ 관계절)

위의 예문을 인용한 책에는 to-부정사가 다른 의문사와 함께 쓰인 경우도 적지 않고, 그 용법은 항상 to-부정사가 의문사를 수식하는 것으로 보는 게 편합니다.

The man didn't know how to use the zipper on his trousers, so he cut a large hole in the crotch of his pants.
– Noble Savage, Napoleon A. Chagnon

남자는 바지의 지퍼를 사용하는 법을 몰랐던지, 바지 가랑이에 커다란 구멍을 뚫어 놓았다.
–『고결한 야만인』, 나폴리언 섀그넌 (역사/인류학)

The knot told them where to start digging into the dense clay.
– Noble Savage, Napoleon A. Chagnon

매듭은 어디에서부터 단단한 진흙땅을 파기 시작해야 하는지를 말해주었다.
–『고결한 야만인』, 나폴리언 섀그넌 (역사/인류학)

부사적 용법으로 쓰인 to-부정사

to-부정사는 부사 대용어구로도 쓰입니다. 부사(副司)라는 품사는 문장에서 있으면 좋고, 없어도 상관없는 단어를 가리킵니다. 부사적 용법으로 쓰인 to-부정사의 쓰임새는 '목적', '원인', '결과'로 요약할 수 있습니다. 먼저 가장 명확하게 쓰이는 '원인'부터 살펴봅시다.

"I'm glad to hear you say so," Nixon said, "because I've talked to eighteen other people and told them to meet in your church tonight."
– The Power of Habit, Charles Duhigg

닉슨이 말했다. "목사님이 그렇게 말씀하시니 반갑습니다. 지금까지 18명에게 전화를 걸어 오늘 밤 목사님 교회에서 만나자고 이미 말했거든요."
–『습관의 힘』, 찰스 두히그 (심리학/자기계발)

When I got there I was surprised to find that a show of paintings had been organized around the theme of our little book club.
– 101 Letters to a Prime Minister, Yann Martel

그곳에 도착해서 저는 깜짝 놀랐습니다. 수상님과 저만의 작은 북클럽을 주제로 한 그림들이 전시되어 있었거든요.
–『각하, 문학을 읽으십시오』, 얀 마텔 (문학/에세이)

기존의 문법책에서 말하듯이, 감정을 나타내는 형용사 뒤에 쓰인 to-부정사는 '원인'을 뜻하는 부사적 용법입니다. 일단

원서, 읽(힌)다

위의 예에서 밑줄친 부분은 문장에서 반드시 필요한 부분이 아닙니다. I'am glad. I was surprised로 충분합니다. 뒤에 더해진 to-부정사는 '내가 고마운 이유', '내가 놀란 이유'를 말합니다. 결국 Why are you glad? What were you surprised?라는 질문에 대한 대답입니다.

to-부정사와 함께 쓰이는 감정 형용사로 어떤 것이 있는지 나열하는 것은 의미가 없을 듯합니다. 어떤 문법책에나 쓰여 있으니까요. 하지만 '원인'을 뜻하는 부사적 용법의 to-부정사가 항상 형용사만 쓰이는 것은 아니라는 것만 지적해두려 합니다.

He usually found time during the day to pick up the mail, so I had no complaints. <u>What a fool I was to have trusted him.</u> But no more! That night, I slip the key from his key chain while he is asleep and hide it in an obscure place. – The Revenge of the Goddess, Revati Kapur	그는 보통 낮에 시간을 내어 우편물을 챙겼다. 그래서 나는 불평할 게 없었다. 그를 믿었던 내가 바보였다. 하지만 더는 속지 않겠어! 그날 밤, 나는 그가 잠든 사이 열쇠 고리에서 그 열쇠를 꺼내 어둑한 곳에 감추었다. – 국내 미출간 도서

to have trusted him은 '내가 바보인 이유'입니다. what a fool 은 분명히 명사입니다. 물론 how foolish로 바꿔 쓰일 수 있습니다. 하지만 이 문장에서는 분명히 명사이고, to-부정사는 원인을 나타내는 부사적 용법입니다. (▶ 비인칭 구문)
　　결국 '원인'으로 사용된 to-부정사의 부사적 용법을 판단하는 기준은 'why - 주어 - 술어'로 이루어진 질문에 to-부정사로만 적절한 대답을 할 수 있느냐는 것입니다.

'목적'과 '결과'는 대체로 혼용이 가능합니다. 하지만 반드시 '결과'로만 번역하는 게 자연스런 경우가 있습니다. '결과'로 사용되었다는 표지가 있는데, '쉼표 never to-부정사'와 'only to-부정사'가 대표적인 예입니다.

to-부정사

Vibrio cholerae had arrived in 1832, after a long march across Europe. For a decade or two it threatened to become a killer on the order of smallpox or tuberculosis. And then it was gone. For London at least, cholera had been excised from the catalogue of evils, never to return.
– Extra Life, Steven Johnson

'비브리오 콜레라' 균은 유럽을 오랫동안 종횡으로 가로질렀고, 런던에는 1832년에야 상륙했다. 그러고는 10-20년 동안 천연두나 결핵에 버금가는 살인적인 전염병이 될 것처럼 위협적이었지만, 그 이후로 사라졌다. 적어도 런던에서 콜레라는 악의 목록에서 삭제되었고, 다시는 돌아오지 못했다.
–『우리는 어떻게 지금까지 살아남았을까』, 스티븐 존슨 (과학사/인문/교양)

School was not working for me, I tried hard only to fail miserably, and I didn't want to fail so I joined music where I was sure I couldn't fail.
– Reaching, Adina Araptai

학교는 나에게 맞지 않았다. 나는 열심히 노력했지만 비참하게 실패했다. 나는 다시 실패하고 싶지 않아, 실패하지 않을 것이라 확신한 음악 클럽에 가입했다.
– 국내 미출간 도서

또 live, grow up, awake 등의 뒤에 쓰이는 to-부정사도 '결과'로 쓰였을 가능성이 높습니다. 먼저 유대인 속담에서 그 예를 찾을 수 있습니다. He that can't endure the bad, will not live to see the good.는 "나쁜 것을 견디지 못하는 사람은 살아생전에 좋은 것을 보지 못할 것이다"로 번역하면 자연스럽습니다. 요컨대 live를 먼저 번역하고 그 뒤에 to see the good을 번역합니다. 하지만 He lived to be eighty eight years of age and died in 1862.(Enthusiasm, Ronald Knox)는 He lived until he was eighty-eight.(Invitation to Learning Reader, George Crothers)로도 쓰이며 "그는 88세까지 살았다"라고 번역하는 게 낫습니다. 이 문장을 '목적'(... 위하여)으로 번역해도 전혀 어울리지 않지만, '결과'로 번역하는 것도 적절하지 않기는 마찬가지입니다. 요컨대 문법책에 단어를 구체적으로 언급하며 반드시 어떤 용법, 어떤 뜻으로 쓰인다고 규정하는 것은 마땅하지 않습니다. 항상 융통성을 발휘하며 적절하게 번역할 수 있어야 합니다.

원서, 읽(힌)다

다음의 예로 연습을 해봅시다.

Occasionally I demonstrate this ancient Indian art at the end of one of my lectures on global development. I step up onto a table and rip off my professorial checked shirt to reveal a black vest top decorated with a gold sequined lightning bolt. I call for complete silence. – Factfulness, Hans Rosling	나는 세계 발전을 주제로 한 강연을 끝낼 때 간혹 이 고대 인도의 묘기를 선보인다. 먼저 탁자 위에 올라가 교수한테 어울리는 체크무늬 와이셔츠를 찢고, 번개가 금색 반짝이로 그려진 검은색 조끼를 드러내 보인다. 그러고는 절대적인 침묵을 요구한다. –『팩트풀니스』, 한스 로슬링 외 (인문/교양)

'결과'는 쉽게 말해서 동사구를 순서대로 번역하는 것입니다. 밑줄 친 문장에서 to reveal ……는 없어도 상관없으므로, 부사 대용어구, 즉 to-부정사의 부사적 용법인 게 분명합니다. 그럼 번역을 어떻게 해야 할까요? "번개가 금색 반짝이로 그려진 검은색 조끼를 드러내려고" 탁자에 올라가 셔츠를 찢는다는 번역은 너무 우스꽝스럽습니다. 따라서 step up → rip off → reveal의 순서로 번역하는 게 더 낫습니다.

물론 '목적'과 '결과', 어떤 것으로 번역하든 그다지 무리 없는 경우도 있습니다.

It is the moment of truth for the gazelle, the cheetah, still at full speed, reaches forward a clublike paw to destroy the balance of its prey. – Cry of the Kalahari, Mark Owens	가젤에는 절체절명의 순간이다. 치타는 여전히 전속력으로 질주하며 곤봉 같은 앞발을 쭉 뻗어 먹잇감의 균형을 무너뜨린다. –『야생 속으로』, 마크 오웬스 (과학/교양)

예문의 번역에서는 '결과'로 번역했습니다. 하지만 "치타는 여전히 전속력으로 질주하며, 먹잇감의 균형을 무너뜨리려고 곤봉 같은 앞발을 쭉 뻗었다"라며 '목적'으로 번역하더라도 문장 지체는 전혀 어색하지 않습니다. 그럼 무엇이 답일까요? 영어는 단락(paragraph)으로 읽어야 한다고 말했습니다. 달리

말하면, 뒤에 어떤 글이 오느냐에 따라 달라집니다. 이 경우에는 The antelope cuts sharply, and what was ultimate form is suddenly perverted.가 뒤에 이어집니다. 가젤이 방향을 홱 꺾는 바람에 일반적인 예상이 완전히 뒤집어진다는 뜻입니다. '결과'로 번역하면 가젤은 치타의 발에 얻어맞아 쓰러져야 합니다. 하지만 쓰러진 가젤이 어떻게 방향을 꺾겠습니까? 따라서 위의 문장은 '목적'으로 번역해야 마땅합니다.

이와 반대로, 항상 '결과'로 번역하는 게 나은 경우가 있듯이, 항상 '목적'으로 번역해야 하는 경우도 있습니다.

To attain this I sought the help of the press, and it is due to its ever ready cooperation that my work and its results have been made known and broadcast. – Extra Life, Steven Johnson	그 목적을 이루기 위해 나는 언론의 도움을 구했다. 언론의 준비된 협조 덕분에 내 노력과 그 결과가 알려지고 방송되었다. –『우리는 어떻게 지금까지 살아남았을까』, 스티븐 존슨 (과학사/인문/교양)

이처럼 to-부정사가 문두에 부사구처럼 쓰인 경우입니다. 하기야 '결과'는 앞에서 언급한 것의 '결과'인 데 앞에 쓰이면서 '결과'를 뜻할 수는 없겠지요. 이처럼 영어에서는 의미를 결정하는 데 어순이 때로는 무척 중요합니다.(▶ V-ing).

stop + V-ing와 stop to do의 차이는 영어를 배우기 시작할 때부터 귀에 딱지가 앉을 정도로 들었을 겁니다. stop + V-ing는 V-ing를 공부하는 곳으로 넘기고(▶ V-ing), stop to do가 쓰인 문장으로 to-부정사가 부사로서 어떤 뜻으로 쓰였는지 살펴보겠습니다.

원서, 읽(힌)다

After a minute, Darwin stops to pick up a fossil trilobite from the mantle shelf. It is one of the oldest animal fossils known from the geological record. …… Darwin turns this offending fossil over and over, as though searching for something. He then lets out three words, with a hint of genteel exaspera-tion: 'Inexplicable … absolutely inexplicable.' With that, he sits down to write this phrase on his notepad.
– Darwin's Lost World, Martin Brasier

잠시 뒤에 걸음을 멈춘 다윈이 벽난로 선반에서 삼엽충 화석을 집어 든다. 알려진 지질 기록 중에서 가장 오래된 동물 화석이다. …… 다윈이 무언가를 찾는 듯 삼엽충 화석을 이리저리 돌려본다. 그러다 분을 억누르는 듯한 목소리로 "설명이 안 돼. …… 도무지 설명이 안 돼."라고 말하며 자리에 앉아 공책에 이렇게 쓴다.
– 『다윈의 잃어버린 세계』, 마틴 브레이져
(자연과학/생물)

to write는 '결과'로 번역하는 게 더 낫습니다. 앉아야 this phrase를 쓸 수 있을 테니까요. 실제로 원문에서도 뒤에 this phrase에 해당하는 구절이 소개됩니다. 그럼 stop to pick up은 어떻게 번역하는 게 나을까요? '삼엽충 화석을 집어들기 위해 걸음을 멈춘다'(목적)와 '걸음을 멈추고 삼엽충 화석을 집어든다'(결과)가 경합을 벌입니다. 이 경우에는 이어지는 글로 판단하는 게 나을 겁니다. 다윈이 화석을 이리저리 돌려봅니다. 그렇다면 시점은 화석을 이미 집어든 뒤가 되어야 할 겁니다.

결국 '목적'과 '결과'에는 실현 여부의 차이가 있습니다. '결과'는 실현된 것이고, '목적'은 실현되기를 바라는 것입니다. 이 차이를 염두에 두고 to-부정사를 번역하면 도움이 될 겁니다.

영어에서는 동사가 연속해 쓰일 수 없다고 했습니다. 그 사이에 뭔가가 들어가야 합니다. 사역동사나 지각동사인 경우에는 N₂가 있어야 하고, 일반 동사인 경우에는 to가 끼어들어 to-부정사가 됩니다. 따라서 동사가 연속으로 쓰인 문장이 있으면 그 사이에 뭔가가 생략되거나 이동한 것으로 보아야 마땅합니다.

Like Farr and Snow's original forays into vital statistics, the innovations in data analysis that Du Bois introduced continue to play an essential role in our battle against twenty-first-century health threats.

– Extra Life, Steven Johnson

윌리엄 파와 존 스노가 인구 동태 통계에 처음 시도했던 방법들처럼, 듀보이스가 데이터 분석에 도입한 혁신적 방법들도 21세기에 건강을 위협하는 문제들과 싸우는 데 핵심적인 역할을 계속하고 있다.

–『우리는 어떻게 지금까지 살아남았을까』, 스티븐 존슨 (과학사/인문/교양)

introduce - continue - play, 이렇게 세 동사가 연속으로 쓰였습니다. 다행히 continue to play이므로 문제될 것이 없습니다. 그럼 introduce - continue는 어떻게 된 것일까요? 그렇습니다. the innovations in data analysis that Du Bois introduced / continue to play …입니다. that Du Bois introduced가 관계절로 쓰인 것이지요.(▶ 관계절)

결론적으로, 영어에서는 문장의 성분으로 명사가 연속적으로 쓰이지 못합니다(수여동사인 경우는 제외). 동사도 연속적으로 쓰이지 못합니다. 이런 경우를 보면 명사와 명사 사이, 동사와 동사 사이에 무엇인가가 생략되거나 이동한 것으로 보아야 합니다.

원서, 읽(힌)다

|V-ing

원서, 읽(힌)다

V-ing는 이른바 '현재분사'와 '동명사'로 불리는 동사의 변형입니다. 우리가 영어 문법에서 V-ing를 가장 먼저 만난 때는 아마도 진행형을 공부할 때였을 겁니다. 그러고 나서 명사를 수식하는 형용사로, 분사구문으로, 동명사로 V-ing를 계속 만나게 되었을 겁니다.

여기에서는 기초 문법 사항인 진행형까지는 살펴보지 않겠습니다. 우선 분사구문으로 쓰이는 V-ing부터 살펴본 후에 형용사와 명사로 쓰이는 V-ing에 대해서 알아보기로 하겠습니다.

분사구문

문법적으로는 '(부사절을 이끄는) 접속사 - S_1 - V_1 ..., S_2 - V_2 ...'에서 S_1 = S_2일 때 접속사와 S_1을 생략한 후에 V_1을 V_1-ing로 바꾸어 남겨놓는 형태가 분사구문입니다. 이론상으로는 접속사가 무엇이든 S_1 = S_2라는 조건이 갖추어지면 분사구문으로 바뀔 수 있습니다. 그래서 문법책에서는 '때'(when, while 등), '원인'(because, as 등), '양보'(though, even if 등), '조건'(if 등)을 나타내는 접속사가 이끄는 문장이 분사구문으로 바뀌는 예를 제시합니다. 그러나 제 경험상 실제로 쓰이는 글에서 '때'를 나타내는 경우 이외에 분사구문이 사용되는 것은 거의 볼 수 없습니다. 특히 V-ing가 주절의 뒤에 나오는 경우에는 '때'를 나타내며, 사건의 순서에 있어서도 주절의 동사보다 나중이거나 동시입니다. 아참, 문법책에는 '결과'를 뜻하는 분사구문이 있습니다. 이 경우도 언제나 주절의 뒤에 쓰입니다. 그런데 '결과'라는 개념을 생각해보십시오. '결과'는 어떤 행위나 사건의 결과일 것이기 때문에 '시간'이 개입되기 마련입니다. 따라서 '결과'를 뜻하는 분사구문은 시간을 뜻하는 분사구문의 일부로 보아도 무방할 것입니다. 이렇게 문법 용어를 줄여가면, 결국 문법이 간단해지는 효과를 기대할 수 있지 않겠습니까.

The pilot program generated encouraging results, and so the Bangladeshi government replicated it on a national scale, employing thousands of fieldworkers.
– Extra Life, Steven Johnson

이 시범 프로그램의 결과는 고무적이었다. 그래서 방글라데시 정부는 이 프로그램을 전국적 규모로 확대하며 수천 명의 현장 요원을 고용했다.
–『우리는 어떻게 지금까지 살아남았을까』, 스티븐 존슨 (과학사/인문/교양)

Electronic listening device could be hidden anywhere, silently monitoring our activities and a eavesdropping on our conversations.
– Visions, Michio Kaku

전자 도청 장치는 어디에나 몰래 설치되어 소리 없이 우리의 활동을 감시하고 우리의 대화를 엿들을 수 있다.
–『비전 2003』, 미치오 카쿠 (경제 경영)

첫째 예문은 V-ing가 시간 순서상 주절의 동사와 동시일 수 있지만, 둘째 예문은 그렇지 않습니다. 도청 장치가 설치된 후에야 우리 활동을 감시하고 대화를 엿들을 수 있지 않겠습니까? 첫째 예문도 좀 더 깊이 생각해보겠습니다. 현장 요원을 대거 고용하는 동시에 조사를 전국적 규모로 확대할 수 있겠지만, 먼저 프로그램 규모를 확대하고 나서 관련된 인원을 고용하는 게 더 합리적이지 않을까요? 그렇다면 첫째 예문에서도 V-ing가 주절 뒤에 쓰인 이유가 있을 겁니다. 거듭 말하지만, 영어에서 같은 시제로 쓰인 동사들은 문장 내에서 등장하는 순서가 곧 시간의 순서라 할 수 있습니다.

이번에는 V-ing가 문두에 나오는 경우를 살펴볼까요?

원서, 읽(힌)다

At one time, <u>seeking</u> to reconcile my agnostic feelings with Christianity, I argued that the theory of incarnation, of God becoming man, really meant that 'godness', whatever that was, was inside us, <u>waiting</u> to be found and made to work.
– 21 Letters on Life and Its Challenges, Charles Handy

한때 불가지론적 감성을 기독교 신앙과 융합할 방법을 모색할 때 나는 하느님이 인간이 되었다는 성육신 이론을 나름대로 재해석했다. 구체적으로 말하면, '신성'이 무엇이든 간에 우리 안에 존재하며 발견되고 일하게 되기를 기다린다는 뜻으로 해석했다.
–『삶이 던지는 질문은 언제나 같다』, 찰스 핸디 (교양 / 철학)

여기에서도 seeking to …는 when I sought to …로 보는 것이 적절합니다. 다른 뜻을 지닌 접속사는 어울리지 않습니다. 물론 waiting은 위에서 설명한 것처럼 시간 순서대로 쓰인 경우로 보면 됩니다.

다음의 예문도 마찬가지로 이해할 수 있습니다.

<u>Responding</u> to the recent book The Age of Wonder, in which Richard Holmes describes how the first Romantic Age was centered on chemistry and poetry, Dyson pointed out that today a new "Age of Wonder" has arrived that is dominated by computational biology.
– Culture, John Brockman

리처드 홈스가 첫 낭만주의 시대에 어떻게 화학과 시학에 집중하게 되었는지 써 내려간 『경이의 시대』를 언급하며, 다이슨은 이제 전산생물학이 지배하는 '새로운 경이의 시대'가 도래했다고 말했다.
–『컬처 쇼크』, 존 브록만 (인문 / 교양)

문두에 V-ing를 쓸 때는 의미의 모호함을 피하기 위해 접속사 when을 생략하지 않고 앞에 남겨두는 경우도 많습니다.

When <u>looking for</u> the most revealing measures of human quality of life, economists—ever ready to reduce everything to money—prefer to rely on per capita values of gross domestic product (GDP) or disposable income.
– Numbers Don't Lie, Vaclav Smil

삶의 질을 가장 명확히 보여주는 기준을 찾을 때, 모든 것을 돈으로 환산하려는 경제학자들은 국내 총생산이나 가처분 소득을 일인당으로 환산한 가치를 신뢰하는 경향을 띤다.
–『숫자는 어떻게 진실을 말하는가』, 바츨라프 스밀 (과학 / 인문 / 통계)

V-ing

결론적으로 말하면, 문두에 쓰인 V-ing는 when이나 while 등의 접속사가 생략된 것으로 간주하고, 주절 뒤에 쓰인 V-ing는 and then이 생략된 것으로 간주하면 번역하는 데 무리가 없습니다.

부사절의 위치

이쯤에서 부사절의 위치에 대해 생각해보겠습니다. when-절은 주절의 앞에 나올 수도 있고 뒤에 나올 수도 있는데, 그 차이는 무엇일까요? 이 질문에 답하기 전에 '분사구문'이 무엇인지 상기해봅시다. 문법적 정의에 따르면, 주절의 주어와 종속절의 주어가 같을 때 종속절에서 접속사와 주어를 없애는 동시에 종속절의 동사를 V-ing로 바꾸는 것이 분사구문입니다. 그렇다면 주절 - 종속절로 쓰이느냐, 종속절 - 주절로 쓰이느냐에 따라 시간의 순서가 달라진다고 보는 것이 적절하겠습니다. 예를 들어보겠습니다.

From behind, the diesel rumbled and the car couplings clanged as the train pulled away. – Cry of the Kalahari, Mark Owens	뒤에서 기관차가 우르렁거렸고, 차량 연결장치들이 쨍그랑거리며 기차가 멀어져 갔다. –『야생 속으로』, 마크 오웬스 (교양/과학)

차량 연결장치가 쨍그랑거리며 기차가 역에서 빠져나가는 것일까요, 기차가 역에서 빠져나갈 때 차량 연결장치가 쨍그랑거리는 것일까요? 기관차가 우르렁거렸다는 사실과 연결해 생각해보십시오. 합리적으로 생각해야지, 온갖 기발한 가능성을 고려할 필요는 없습니다. 그런 가능성을 염두에 두면 불가능한 것이 없어집니다. 언어는 합리적이어야 합니다. 그래야 같은 언어를 사용하는 사람들끼리는 말이 통할 테니까요. 적어도 제가 판단하기에는 예문의 번역에서 나타난 순서가 합리적인 듯합니다.

원서, 읽(힌)다

접속사가 항상 '때'를 나타내는 경우에만 이런 시간적 순서가
적용되는 것은 아닙니다.

Their study became something of a classic among public health scholars, <u>though</u> in recent years, attempts to replicate their data suggest that the impact on overall mortality was not as dramatic, in part because pasteurization played such an important role as well.
– Extra Life, Steven Johnson

그들의 연구는 공중위생을 연구하는 학자들에게 고전이 되었지만, 최근에 그들의 연구 결과를 재확인하려는 시도에서 보듯이 염소 소독이 전체적인 사망률에 미친 영향은 생각만큼 대단하지는 않았던 것으로 보인다. 저온 살균도 염소 소득만큼이나 중요한 역할을 했기 때문일 것이다.
–『우리는 어떻게 지금까지 살아남았을까』, 스티븐 존슨 (과학사/인문/교양)

이른바 '양보'를 나타내는 though-절이 주절 뒤에 쓰였습니다. 여기에서 their(they)는 염소 소독이 사망률에 미치는 영향을 연구하는 학자들입니다. 위의 예에서 though-절을 습관적으로 먼저 번역할 필요가 있는지 모르겠습니다. 저자가 though-절을 뒤에 쓴 이유가 있습니다. 실제로 이 책에서는 예문의 앞에 they의 연구에 대한 칭찬이 있습니다. 따라서 어순대로 번역하면 이야기의 흐름이 '(they의 연구에 대한 칭찬) → they의 연구에 대한 칭찬 → they의 연구에 대한 의혹 → 의혹에 대한 이유'가 됩니다. 그러나 though-절을 먼저 번역하게 되면, 순서가 '(they의 연구에 대한 칭찬) → they의 연구에 대한 의혹 → they의 연구에 대한 칭찬 → 의혹에 대한 이유'가 되므로 이야기의 흐름이 뒤틀려 매끄럽지 않게 됩니다.

결론적으로, 영문을 읽을 때는 어순대로 읽는 게 좋습니다. to-V를 설명할 때도 '목적'과 '결과', 어느 쪽으로든 번역이 가능할 때는 항상 전체의 맥락을 고려해야 한다고 했습니다. 수능시험의 수준에서는 무작정 '목적'의 의미로 번역하더라도

V-ing

별다른 문제가 없겠지만 문장의 뜻을 정확히 읽어내려면 항상 양쪽의 가능성을 따져봐야 합니다. 한편 V-ing(분사구문)가 주절 뒤에 쓰이면 거의 언제나 and then이 앞에 생략된 것으로 간주하라고 했습니다. 또 접속사가 나올 때도 주절 뒤에 쓰이면 그 이유를 생각해보라고 했습니다. 다시 말하면 시간의 순서를 고려해 접속사절을 먼저 번역할 것인지, 아니면 어순대로 번역할 것인지 고민해보아야 한다는 것입니다. 그만큼 영어에서는 어순이 중요합니다.

형용사 역할을 하는 V-ing

지금까지 V-ing가 분사구문, 즉 부사를 대신해 쓰이는 경우를 보았습니다. V-ing는 to-V와 마찬가지로 명사, 형용사, 부사를 대신하는 역할을 합니다. 이번에는 형용사를 대신하는 경우를 살펴봅시다.

Many people sitting in the pews and reading the newspapers knew Rosa Parks personally and were willing to boycott because of their friendships with her. – The Power of Habit, Charles Duhigg	교회 신도석에 앉아 있던 사람들, 신문을 읽은 사람들은 로사 파크스를 개인적으로 알아, 그녀와의 우정 때문에라도 보이콧에 기꺼이 참여했다. –『습관의 힘』, 찰스 두히그 (자기 계발/심리)

예문에서 sitting과 reading은 앞의 Many people을 수식하는 V-ing로 보는 수밖에 없습니다. 달리 말하면 명사를 수식하는 형용사 역할을 하는 V-ing라는 것입니다. to-부정사가 똑같은 구조에서 앞의 명사를 수식하는 형용사적 용법으로 쓰이는 것과 같습니다.

그런데 영어 문장에서 다른 기능을 하며 V-ing 형태를 띠는 경우가 있습니다. 아래의 예문에서 V-ing로 쓰인 단어의 기능이 무엇인지 생각해보십시오.

원서, 읽(힌)다

It was clear to Squire that Eugene was absorbing new information. But where inside his brain was that information residing? ...... How were new behavioral patterns forming inside Eugene's damaged brain?
– The Power of Habit, Charles Duhigg

스콰이어의 생각에는 유진이 새로운 정보를 받아들이는 게 분명했다. 하지만 그 정보를 그의 뇌에서 어디에 저장되는 것일까? ...... 유진의 손상된 뇌에서 새로운 패턴이 어떻게 형성되고 있었던 것일까?
—『습관의 힘』, 찰스 두히그 (자기 계발/심리)

그렇습니다. 모두 이른바 '진행형'으로 쓰인 것입니다. '명사 + V-ing'가 분사구문이나 진행형으로 쓰인 경우와 다른 점이 있다면, 항상 '명사 + (관계대명사 - be) + V-ing'의 생략형으로 볼 수 있다는 것입니다. 따라서 첫 예문은 Many people (who were) sitting in the pews and reading the newspapers knew Rosa Parks personally ...가 생략된 것으로 볼 수 있습니다.

일반적으로 문법책에서는 V-ing가 명사 앞에 쓰인 것도 현재 분사의 형용사적 용법으로 설명합니다.

We can articulate persuasive biological arguments to the effect that certain imaginable species are unlikely in the extreme—flying horses, unicorns, talking trees, carnivorous cows, spiders the size of whales—but neither Wilson nor anybody else to my knowledge has yet offered parallel grounds for believing that there are similar obstacles to trajectories in imaginable cultural design space.
– The Evolution of Culture, Daniel C. Dennet

우리는 어떤 상상의 종—날아다니는 말, 유니콘, 말하는 나무, 육식성 젖소, 고래 만한 거미 등등—이 극단적인 경우에도 있을 것 같지 않다는 취지의 생물학적 논증을 설득력 있게 전개할 수 있다. 그러나 내가 아는 한, 윌슨을 비롯해 어느 누구도 문화적으로 상상 가능한 설계 공간에 극단적인 진화 과정을 억제하는 장애물이 있다고 믿을 만한 근거를 제시한 적이 없다.
—『컬처 쇼크』-「문화의 진화」, 대니얼 데닛 (인문/교양)

위의 예에서 flying이나 talking을 굳이 현재분사의 형용사적 용법이라고 규정할 필요는 없을 것 같습니다. 단순한 형용사

V-ing

로 본다고 해서 달라질 게 전혀 없으니까요. 괜스레 문법을 복잡하게 만들 필요는 없지 않습니까? 요컨대 V-ing가 명사 앞에 쓰이면 단순 형용사로, 명사 뒤에 쓰이면 분사의 형용사적 용법이나 '관계대명사 + be'가 생략된 형태로 보면 간단명료해집니다. 문법은 원래 간단한 것이고, 간단한 것이어야 합니다.

명사 역할을 하는 V-ing

마지막으로 V-ing가 명사를 대신해 쓰이는 경우를 살펴보겠습니다.

As Eugene aged and his bones became more brittle, the doctors said he needed to be more careful walking around. In his mind, however, Eugene was twenty years younger. He never remembered to step carefully. – The Power of Habit, Charles Duhigg	유진은 노령이어서 뼈가 나날이 약해졌기 때문에 의사들은 유진에게 걸을 때도 조심하라고 당부했다. 하지만 유진의 생각에 자신은 실제보다 스무 살은 더 어렸다. 게다가 조심해서 걸으라고 한 의사의 당부를 전혀 기억하지 못했다. –『습관의 힘』, 찰스 두히그 (자기 계발/심리)
When Squire asked if he remembered getting sick, Eugene said he had no recollection of his illness or the hospital stay. – The Power of Habit, Charles Duhigg	스콰이어가 유진에게 아팠던 때를 기억해보라고 요구했을 때도 유진은 병 자체를 기억하지 못했고, 병원에서 지낸 시기에 대해서도 전혀 기억하지 못했다. –『습관의 힘』, 찰스 두히그 (자기 계발/심리)

위의 두 예문에서 remember라는 동사는 목적어로 to-V와 V-ing, 양쪽 모두를 취할 수 있는 것처럼 보입니다. 하지만 목적어로 to-V가 오느냐, V-ing가 오느냐에 따라 의미가 달라집니다. remember V-ing는 과거의 일을 기억하는 것이고, remember to-V는 미래에 할 일을 기억하는 것입니다.

물론 모든 동사가 to-V와 V-ing, 양쪽 모두를 목적어로 취할 수 있는 것도 아니고, 양쪽 모두를 취하는 경우에도 항상 의미 차이를 만들어내는 것은 아닙니다. 이렇게 목적어 형태에 따라 의미가 달라지는 주절의 동사에 대해서는 일반적인 문법책을 참조하시기 바랍니다.

여하튼 여기에서 V-ing는 주된 동사의 목적어로 기능하며 명사를 대신해 쓰인 것이 분명합니다. 물론 주어와 보어로도 쓰입니다.

Working to make strangers rich is either quixotically philanthropic or just idiotic.
– 21 Letters on Life and Its Challenges, Charles Handy

생면부지를 부자로 만들어주려고 일한다는 것은 비현실적이고 박애주의적 행위이거나, 아니면 멍청한 짓에 불과하다.
–『삶이 던지는 질문은 언제나 같다』, 찰스 핸디 (교양/철학)

Culture is knowing the best that has been thought and said in the world; in other words, culture means reading, not idle and casual reading, but reading that is controlled and directed by a definite purpose.
– Memoirs of a Superfluous Man, Albert Jay Nock

문화는 세상에서 지금까지 생각되고 말해진 최상의 것을 아는 것이다. 달리 말하면, 문화는 책읽기를 뜻한다. 가볍게 아무런 목적 없이 읽는 게 아니라, 확고한 목적에 따라 방향이 정해지고 관리되는 책읽기이다.
– 국내 미출간 도서

V-ing가 주어로 쓰인 경우를 알아내는 것은 별로 어렵지 않습니다. 하지만 보어로 쓰인 경우는 거의 언제나 be동사 다음에 쓰여 '진행형'과 같은 형태를 띠기 때문에 신중히 구별해야 합니다. 위의 예문에서 knowing ...이 be동사의 보어로 쓰인 것을 주어가 Culture인 것으로도 알 수 있을 것입니다. 은유로 사용되지 않는 한, '문화'가 무엇인가를 알 수는 없을 테니까요. 문제는 reading입니다. 나중에 쓰인 두 reading은 V-ing가 아닌 것 같습니다. 명사적 용법으로 쓰인 V-ing는 '동명사'입니다. 그런데 동명사를 형용사나 관계절로 수식하지는 않습니다. 형용사는 '명사'를 수식하고, 관계절은 '명사'를 선행사로 취할 뿐입니다.(▶ 관계절) 따라서 나중에 쓰인 두 reading은 명사로 보아야 타당할 것입니다. 그럼 맨 앞의 reading은 무엇으로 쓰인 것일까요?

Often this(= doing ethics) simply means living by the rules.
– Doing Ethics In A Diverse World, Robert Traer

윤리적으로 행동한다는 것은 규칙을 준수하며 산다는 뜻이다.
– 국내 미출간 도서

여기에서는 동명사, 즉 명사적 용법의 V-ing로 쓰인 게 분명합니다. mean doing something으로 쓰이면 '필연적으로 something을 수반하다'라는 뜻으로 해석하기도 하지만 굳이 그렇게 번역할 것은 없습니다. 우리가 잘 아는 대로 '뜻하다'라고 번역해도 충분합니다. 그렇다면 위의 예문에서도 reading은 뒤의 reading과 달리 동명사로 보는 게 나을 것입니다. 참고로 mean to do something은 intend to do something의 뜻으로 쓰입니다. 다시 말해, mean도 앞에서 보았던 remember처럼 목적어로 V-ing를 취하느냐 to-V를 취하느냐에 따라 뜻이 달라진다는 것입니다.

지금까지 살펴본 것을 바탕으로 V-ing와 to-V의 쓰임새를 정리하면 다음과 같습니다.

	to-V	V-ing
명사적 용법	주어, 목적어, 보어	주어, 목적어, 보어
형용사적 용법	명사 + to-V	V-ing + 명사 / 명사 + V-ing
부사적 용법	목적, 원인, 결과	분사구문

이렇게 보면 V-ing와 to-V는 쓰임새가 똑같습니다. 특히 주어나 보어로 사용될 때는 이 둘은 서로 교체 가능합니다.

Working to make strangers rich is either quixotically philanthropic or just idiotic.

= To Work to make strangers rich is either quixotically philanthropic or just idiotic.

원서, 읽(힌)다

Culture is <u>knowing</u> the best that has been thought and
said in the world

= Culture is <u>to know</u> the best that has been thought and
said in the world.

그러나 명사적 용법에서, 특히 동사의 목적어로 사용되는 경우에 V-ing와 to-V는 확연히 다릅니다. 앞에서 살펴보았듯이, 양쪽 모두를 목적어로 취하는 동사도 있지만 대부분의 동사는 한쪽만을 목적어로 취합니다.

그런데 우리는 '전치사의 목적어'라는 것도 알고 있습니다. 쉽게 말하면, 전치사 뒤에 오는 명사(구)를 가리킵니다. 이때의 목적어로는 오직 V-ing만이 쓰입니다. to-V는 전치사의 목적어로 올 수 없습니다. '전치사 + to-부정사'가 불가능한 이유가 무엇일까요? 명사가 연속으로 쓰이지 못하고 동사가 연속으로 쓰이지 못하듯이, 전치사도 연속으로 쓰일 수 없기 때문일까요? 그러니까 to-V의 to가 전치사이기 때문일까요?

그렇지는 않을 겁니다. 여기에서 to가 전치사라면 V ...가 명사가 되어야 하기 때문입니다. 전치사는 반드시 뒤에 명사(구)를 취해야 하니까요. 그럼 to-V는 전치사구가 되어야 합니다. 그렇다면 어떻게 전치사구가 명사 대용어구, 형용사 대용어구로 쓰일 수 있겠습니까? '전치사 + to-부정사'가 불가능한 이유를 설명하려다가 to-V의 기초를 무너뜨릴 뻔했습니다. V-ing가 명사적 용법으로 쓰일 때 '동명사'라는 명칭을 따로 취하듯이, 그냥 V-ing가 to-V보다 명사적 특성이 더 강하다고 말해두는 편이 좋을지도 모르겠습니다.(▶ 동명사)

In 1974, Kurt Mendelssohn, a German-born British physicist, put the labor force at 70,000 seasonal workers and up to 10,000 permanent masons. But these are large overestimates, and we can come close to the real number by resorting to inescapable physics.
− Numbers Don't Lie, Vaclav Smil

1974년 독일 태생의 영국인 물리학자 커트 멘델스존(Kurt Mendelssohn, 1906-1980)이 [피라미드 건설에] 계절별로 7만 명의 노동자가 투입되었고, 1만 명의 석공이 상주했을 것이라 주장했다. 그러나 이 숫자는 지나치게 과장된 것이다. 철저히 물리학적으로 계산하면 실제의 숫자에 가까이 접근할 수 있다.
−『숫자는 어떻게 진실을 말하는가』, 바츨라프 스밀 (과학/인문/통계)

Between 1909 and 1937, eight Western expeditions contacted and briefly visited outlying Dani groups or their neighbors without entering the valley itself.
− The World Until Yesterday, Jared Diamond

1909년부터 1937년까지 서구의 8개 탐사팀이 외곽 지역의 다니족 무리와 그들의 이웃을 접촉하고 그들의 마을에도 잠시 방문했지만 계곡까지 들어가지는 않았다.
−『어제까지의 세계』, 재레드 다이아몬드 (역사/세계/문화사)

위의 두 예문에서는 V-ing, 정확히 말하면 V-ing ...이 각각 전치사 by와 without의 목적어로 쓰였습니다. 이 경우에 V-ing는 결코 to-V로 대체되지 않습니다. 물론 '전치사 + V-ing'가 잘 다듬어진 문어에서만 쓰이는 것도 아닙니다. 미국 공영 라디오 방송국(National Public Radio, NPR)에서 I think a lot of information can be gained from reading poems out loud.(시를 소리 내어 읽으면 많은 정보를 얻을 수 있다고 생각한다)라는 말을 들었습니다. 달리 말하면, '전치사 + V-ing'의 형태가 문어에만 국한되지 않는다는 것입니다. V-ing의 명사적 용법은 '동명사'를 다루는 장에서 더 자세히 살펴보기로 하겠습니다.

끝으로 다음의 문장에서 V-ing가 어떻게 쓰이고 있는지 생각해보십시오.

원서, 읽(힌)다

At first, we see Darwin <u>sitting</u> in his easy chair, <u>scratching</u> away eagerly upon a board <u>resting</u> on his knee. We expect him to look engrossed and satisfied, and for a while he does. But suddenly, he looks up and scowls and then starts to pace nervously around the room, <u>tapping</u> the palm of his hand with a pen.

– Darwin's Lost World, Martin Brasier

다윈은 안락의자에 앉은 채 무릎 위에 올려놓은 서판에 무언가를 휘갈겨 쓰고 있다. 골똘하고 흡족한 표정을 짓고 있겠지, 하고 쳐다보니 잠깐은 정말 그런 표정이다. 하지만 문득 고개를 들고 면상을 찌푸리더니 펜으로 손바닥을 두드리며 방 안을 초조하게 돌아다니기 시작한다.

—『다윈의 잃어버린 세계』, 마틴 브레이져
(교양/과학)

위의 예문에서 첫 문장은 At first, we see Darwin <u>sitting</u> in his easy chair, and <u>scratching</u> away eagerly upon a board <u>resting</u> on his knee.로 써야 문법적으로 더 타당할 것 같습니다. 여하튼 sitting과 scratching은 지각동사 see의 목적격 보어로 보고, resting은 a board를 뒤에서 수식하는 형용사적 용법(혹은 a board (which is) resting on his knee)으로 보아야 할 겁니다. 끝으로 tapping은 분사구문으로 쓰인 것입니다.

특히 예문에서는 마지막 문장이 "하지만 문득 고개를 들고 면상을 찌푸리더니 펜으로 손바닥을 두드리며 방 안을 초조하게 돌아다니기 시작한다."고 번역되었지만, 우리가 앞에서 논의했듯이 어순대로 "하지만 문득 고개를 들고 면상을 찌푸리더니 방 안을 초조하게 돌아다니기 시작하며 펜으로 손바닥을 두드렸다."라고 번역해도 전혀 이상하지 않습니다.

V-ing

Ⅰ동명사

원서, 읽(힌)다

동명사(Gerund)는 V-ing 형태로 동사와 명사의 기능을 겸하고 있습니다. 그렇다면 동명사는 동사 형태를 띤 명사일까요? 명사 형태를 띤 동사일까요? 우리말로도 번역된 『실용 어법 사전』(Practical English Usage)을 쓴 마이클 스완(Michael Swan)은 V-ing가 명사처럼 쓰일 때 '동명사'라 칭한다고 정의합니다. 그래서인지 우리나라 일부 문법책에서도 동명사는 '동사적 성질을 띤 명사'로서 동사와 명사의 기능을 동시에 갖는다고 설명합니다. 아마도 '동사'보다는 '명사'에 방점을 두는 듯합니다. 하지만 저는 동명사를 '명사 형태를 띤 동사'로 정의하고 싶습니다. 그래야 '명사는 연속해 쓰이지 못한다'라는 원칙을 유지할 수 있으니까요.

동명사와 동명사절

우선 문법 개념을 더 정확히 규정해두고 싶습니다. V-ing는 동명사이고, V-ing ...는 동명사절이라고 구분하고 싶습니다. 우선 '동명사절'이라는 표현에 의아함을 느끼실 독자분이 계실지도 모르겠습니다. 학자에 따라 구의 범위를 어디까지 보느냐에 따라 그 정의에 대한 의견도 분분한데, 굳이 어색(?)하지만 '동명사절'이라고 칭하는 건, 그 안에 S+V의 속성을 포함하는 부분을 일컫기 위함입니다. 구의 범위를 좁게 보는 경우에는 단어와 단어의 대등한 등위 결합까지를 구로 보는 경우도 있어서, 실제 문장에서 형태상으로는 동명사(구)이지만 의미상 S+V를 암시하는 경우를 '동명사절'이라고 칭해서 정리를 해보겠습니다. 아래 예문을 보십시오.

[Drake] was capable of enslaving black people while seeing other black men as his comrades-in-arms.
– Enemy of All Mankind, Steven Johnson

드레이크는 흑인들을 노예로 팔면서도 다른 흑인들을 동료로 삼았다.
–『인류 모두의 적』, 스티븐 존슨 (역사/세계사)

위 예문에서 전치사 of의 목적어는 enslaving black people(동명사절)이지, enslaving(동명사)이 아닙니다. 더 나아가 분사구문은 <u>seeing</u> other black men as his comrades-in-arms이지 seeing만이 분사구문은 아닙니다. 이렇게 생각하면 동명사는 명사 형태를 한 동사이므로 자유롭게 목적어를 취할 수 있습니다(위의 예문에서는 black people).

to-V를 다루는 장에서 to-V의 주어를 찾는 방법을 두 가지로 구분해 살펴보았습니다.

(1) N₁ - V₁ - to V₂
(2) N₁ - V₁ - N₂ - to V₂

두 구조 모두에서 to V₂는 명사적 용법으로 사용된 경우이며, to V₂의 (의미상) 주어는 '가까이 있는 명사'입니다. 한편 to-V가 부사적 용법으로 쓰일 때 문맥상 to-V의 주어가 모호한 경우가 있습니다. 이런 경우에는 to-V 앞에 'for + 명사'를 넣어 to-V의 주어를 명확히 해줄 수 있습니다.

Every would have been able to calculate at first sight of the treasure that it was not enough <u>for him to retire</u> from the game altogether.
– Enemy of All Mankind, Steven Johnson

에브리였다면, 그 보물을 얼핏 보고도 해적 행위에서 완전히 은퇴하기에는 충분하지 않다는 계산을 해낼 수 있었을 것이다.
–『인류 모두의 적』, 스티븐 존슨 (역사/세계사)

위의 예문에서는 for him이 없더라도 to retire from the game altogether의 주체가 Every라는 것을 어느 정도 짐작할 수 있습니다. 그런데도 주어를 명시할 목적으로 for him을 넣어주었다고 할 수 있습니다.

원서, 읽(힌)다

동명사절의 의미상 주어

V-ing의 경우도 마찬가지입니다. 일단 분사구문으로 쓰인 V-ing는 '종속절의 주어가 주절의 주어와 같을 때 생략되고 종속절의 동사가 V-ing로 바뀐 것'이므로, 그 주어가 무엇인지를 굳이 밝힐 필요가 없을 겁니다. 이 장의 맨 처음 예문의 while seeing other black men as his comrades-in-arms에서도 seeing 이하가 분사구문이므로 그 주어는 자연스레 주절의 주어, Drake가 될 것입니다. 아래의 예도 다를 바가 없습니다.

Taking the necessary precautions, they sought to offer others support and consolation. – Let Us Dream, Pope Francis	그들은 필요한 예방 조치를 취하며, 다른 사람들에게 지원과 위안을 아끼지 않았습니다. –『렛 어스 드림』, 프란치스코 교황 (종교)

물론 V-ing가 형용사적 용법으로 쓰였을 때는 '명사 - (관계대명사 + be) - V-ing'의 형태로 보자고 했으므로 이 경우에도 주어에 대해서는 새삼스레 언급할 필요가 없을 겁니다.(▶ V-ing)

문제는 명사적 용법, 즉 동명사절로 사용된 경우입니다. 물론 동사의 목적어로 사용된 V-ing의 주어는 (1) N_1 - V_1 - to V_2와 다를 바가 없습니다.

As the crew finished unloading their goods, Henry Every rowed ashore in the longboat and was greeted by Nicholas Trott. – Enemy of All Mankind, Steven Johnson	선원들이 각자의 짐을 모두 내린 후에야 헨리 에브리는 롱보트를 타고 해안에 들어가 니컬러스 트롯의 환영을 받았다. –『인류 모두의 적』, 스티븐 존슨 (역사/세계사)

여기에서 unloading의 주어는 당연히 the crew입니다. 따라서 이 관계를 도식화하면 N_1 - V_1 - V_2-ing ...에서 V_2-ing의 주어는 N_1이 됩니다.

이 장의 맨 처음 예문의 [Drake] was capable of enslaving

black people은 'N₁ - be - 형용사 - 전치사 - V₂-ing ...'라는 형식을 띱니다. 이 구문에서도 V₂-ing의 주어는 N₁이 됩니다. 따라서 이 예문에서 전치사 of의 목적어로 쓰인 enslaving black people의 주어는 N₁인 Drake가 됩니다. 이때 동사로 be만 가능한 것은 아닙니다. 일반화해서 말하면 'N₁ - V₁ - (형용사) - 전치사 - V₂-ing ...'에서도 동명사절의 주어를 결정하는 원칙은 적용됩니다.

I feel guilty about <u>wasting the years and gifts</u> that God has given me by living a lukewarm kind of life. – Why Do I Always Feel Guilty?, Mary　Whelchel	나는 미지근한 삶을 살며 하느님이 나에게 주신 시간과 재능을 낭비한 데 죄책감을 느낀다. – 국내 미출간 도서

지금까지는 살펴본 예는 V-ing가 동사(V₁)의 뒤에 쓰인 것입니다. 이 경우에 V-ing의 주어를 찾는 문제는 별로 어려운 것이 아니므로 어쩌면 당연한 이야기를 장황하게 늘어놓은 것일 수도 있습니다. 이번에는 V-ing ... 즉, 동명사절이 주어로 사용된 경우를 보겠습니다.

We need to proclaim that <u>being kind, having faith, and working for the common good</u> are great life goals that need courage and vigor. – Let Us Dream, Pope Francis	친절하게 행동하고 믿음을 견지하며 공동선을 위해 일하는 것이 원대한 삶의 목적이며, 그런 삶을 위해서는 용기와 기백이 필요하다고 주장할 필요가 있습니다. – 『렛 어스 드림』, 프란치스코 교황 (종교)

밑줄 친 동명사절의 주어는 무엇일까요? 맥락상 we라는 것을 어렵지 않게 추론할 수 있습니다. 그러나 같은 책에서 인용한 다음 예문에서는 약간 헷갈립니다.

The abstract paralyzes, but focusing on the
concrete opens up possible paths.
– Let Us Dream, Pope Francis

추상적인 생각은 우리를 마비시키지만,
구체적인 행동에 초점을 맞추면 가능한
길이 열립니다.
– 『렛 어스 드림』, 프란치스코 교황 (종교)

여기에서도 focusing의 의미상 주어는 we 또는 everybody 일 것이라고 추정할 수 있습니다. 앞의 예문에서는 같은 문장에 We가 있어, 동명사절의 의미상 주어가 we일 것이라는 직접적인 추론이 가능하지만, 여기에서는 의미상 주어로 추론할 만한 명사가 문장 내에 존재하지 않습니다. 그러나 수동구문의 경우처럼 일반적인 주어가 생략된 것으로 볼 수는 있겠지요. 굳이 의미상 주어를 명시한다면 다음과 같이 될 것입니다.

The abstract paralyzes, but your focusing on the concrete opens up possible paths.

또는

The abstract paralyzes, but Morris focusing on the concrete opens up possible paths.

이렇게 V-ing의 의미상 주어가 소유격과 일반 명사, 두 가지로 표시되었습니다. 그렇습니다. V-ing의 의미상 주어는 양쪽 모두 쓰일 수 있습니다. 그러나 의무적인 것은 아니지만 일반적인 원칙을 말하자면, 의미상 주어로 인칭대명사가 나올 때는 소유격을 쓰고, 일반 명사가 나올 때는 's를 붙이지 않고 그대로 쓰는 경우가 많습니다.

이처럼 이론적으로는 의미상 주어를 얼마든지 표시할 수 있습니다. 그러나 개인적인 경험에 따르면, 일반적으로 V-ing …의 의미상 주어는 생략되어 쓰이고, 그렇다고 해도 그 주어가 무엇인지는 맥락상 쉽게 알아낼 수 있습니다. 그렇다면 동명사절에서 의미상의 주어가 명확히 표시되는 경우는 대체 언제일까요? 그것은 흥미롭게도 동명사절이 전치사의 목적어로 쓰이는 경우입니다.

His[Eugene's] mental image of himself didn't include memory loss, and since he couldn't remember the injury, he couldn't conceive of anything being wrong.
– The Power of Habit, Charles Duhigg

유진은 자신의 기억에 문제가 있다고도 생각하지 않았다. 또 자신이 뇌가 손상을 입었다는 걸 기억하지 못했기 때문에 뭔가 잘못되었다고 생각할 수도 없었다.
–『습관의 힘』, 찰스 두히그 (자기 계발/심리학)

예문의 anything being wrong은 독립적인 문장으로 성립될 수 없습니다. 다행히 이 구절 앞에 전치사 of가 있습니다. 따라서 anything being wrong은 통째로 of의 목적어가 되는 동명사절입니다. being 앞에 쓰인 anything은 당연히 'anything being wrong이라는 동명사절'에서 주어로 쓰인 것입니다. 만약 since he couldn't remember the injury, he couldn't conceive of being wrong.이라고 쓰여 있다면 어떤 뜻이 될까요? 그렇습니다. 앞에서 말한 원칙(N₁ - V₁ - 전치사 - V₂-ing ...)에 따라, being wrong의 주어는 he가 될 것입니다. 따라서 번역은 "또 자신이 뇌가 손상을 입었다는 걸 기억하지 못했기 때문에 자신이 잘못되었다고 생각할 수도 없었다."가 되겠지요.

다음의 예도 동명사절이 전치사의 목적어로 사용된 경우이지만, 앞의 예와는 구조적으로 차이가 있습니다. 앞의 예에서는 전치사가 앞의 동사에 종속된 경우였다면 다음의 예는 조금 다릅니다.

Religions, languages, and other beliefs and practices may spread in either of two ways. One way is by (1) people expanding and taking their culture with them, as illustrated by (2) European emigrants to the Americas and Australia establishing European languages and European-like societies there. The other way is as the result of (3) people adopting beliefs and practices of other cultures: for example, (4) modern Japanese people adopting Western clothing styles, and (5) modern Americans adopting the habit of (6) eating sushi, without (7) Western emigrants having overrun Japan or (8) Japanese emigrants having overrun the U.S.

– The World Until Yesterday, Jared Diamond

종교와 언어 및 그 밖의 믿음과 관습은 두 방법 중 하나로 확산되는 듯하다. 하나는 사람들이 다른 지역으로 이동하면서 문화까지 전달하는 방법이다. 유럽인들이 남북아메리카와 오스트레일리아로 이주하면서 유럽 언어와 유럽식 사회를 그곳에 확립한 경우가 대표적인 예이다. 다른 하나는 다른 문화권의 믿음과 관습을 받아들이는 방법이다. 예컨대 일본인들은 서구의 의상을 받아들였고 미국인들은 일본에서 초밥을 먹는 습관을 받아들였지만, 미국인 이주자들이 일본에 급속히 퍼졌던 것도 아니고 일본인 이주자들이 미국에 급속히 퍼졌던 것도 아니었다.

—『어제까지의 세계』, 재레드 다이아몬드
(역사/세계/문화사)

위의 예문은 그야말로 동명사절들로 이루어진 것입니다. (1)과 (2)는 다르지 않습니다. 둘 다 전치사 by의 목적어로 쓰인 것이고, 전치사 뒤에는 반드시 명사(또는 명사 대용어구)가 와야 한다는 것은 영문법의 기초이지 않습니까? 동명사절은 V-ing의 명사적 용법이므로 당연히 전치사의 목적어로 쓰였습니다.(to-부정사의 명사적 용법과의 차이에 대해서는 ▶ V-ing) (7)와 (8)의 경우도 전치사 without의 목적어로 쓰인 동명사절입니다. 좀 더 자세히 설명해보겠습니다. (1)에서는 people이 의미상 주어, expanding과 taking은 등위접속된 동명사, their culture와 with them은 taking에 수반되는 목적어와 전치사구입니다. (2)에서는 European emigrants to the Americas and Australia가 의미상 주어이고, establishing이 동명사이고, European languages and European-like societies는 그 목적어로 사용되었습니다.

한편 (3)과 (6)은 동격의 of 뒤에 쓰인 동명사절입니다. 특히 (3)은 '주어 - 술어'가 완벽하게 갖추어져 있어 the result that people adopt beliefs and practices of other cultures로 바꿔 쓰더라도 달라지는 것은 없습니다. (6)에서는 저자가 eating sushi의 의미상 주어를 굳이 명시할 필요가 없다고 생각한 듯합니다. 게다가 앞에 modern Japanese people이 있으므로 생략된 의미상 주어가 무엇인지 충분히 짐작할 수 있습니다. 그럼 (4)와 (5)는 무엇일까요? 그렇습니다. for example 다음에 나열된 '명사' 기능을 하는 동명사절입니다. 여하튼 동명사절은 결국 명사이므로, 명사가 오는 자리에는 의미상 주어의 존재 여부와 상관없이 동명사절이 올 수 있다고 생각하면 됩니다. 특히 동명사절이 동사의 목적어만이 아니라 전치사의 목적어로도 쓰인다는 것을 명심하십시오.

V-ing는 언제 동명사절일까?

이 책은 영문을 정확히 독해하기 위한 문법서이므로, 동명사절을 찾아내는 요령이 필요합니다. 어렵지 않습니다. V-ing가 분사구문으로 쓰이거나 명사를 수식하는 형용사적 용법으로 쓰인 때를 제외하면 모두 동명사절로 쓰인 것이라 생각하면 됩니다. 분사구문은 결국 '부사'로 쓰인 것이므로 '없는 것'으로 간주해도 나머지 문장은 여전히 문법적으로 완전합니다. 형용사적 용법으로 쓰인 V-ing도 마찬가지입니다. 앞의 명사를 꾸며주는 것이므로, 수식어가 없어진다고 해서 문장이 불완전해지지는 않습니다.

그러나 동명사절은 명사를 대신하는 것이므로 동명사절이 없어지면 문장 자체가 불완전해집니다. 위의 예에서 (1)과 (2), (3)와 (6), (7)과 (8)이 없으면 전치사만 덩그러니 남습니다. 전치사구에서 전치사 뒤의 명사가 생략되는 경우는 전혀 없습니다. 그리고 (4)와 (5)는 어떻습니까? 빠지고 나면 for example만이 남습니다. 예를 든다고 말한 후에 예를 언급하지 않으면

원서, 읽(힌)다

결코 문법적으로 올바른 문장이라 할 수 없을 것입니다. 이쯤 하면 동명사절을 찾아내실 수 있겠지요?

다음의 두 예문에서는 V-ing가 어떻게 쓰였는지 분석해보 십시오.

Foege's breakthrough idea of ring vaccina-tion was a classic case of <u>necessity being the mother of invention</u>: with limited supplies of vaccines, he was compelled to seek out a different solution.
– Extra Life, Steven Johnson

페이지가 생각해낸 포위 접종이란 획기적인 아이디어는 필요가 발명의 어머니라는 격언의 고전적인 사례였다. 백신 공급이 제한된 상황에서, 페이지는 다른 해결책을 찾아 나설 수밖에 없었다.
–『우리는 어떻게 지금까지 살아남았을까』, 스티븐 존슨 (과학사/인문/교양)

I remember, when in Tierra del Fuego, <u>think-ing</u> that I could not employ my life better than in <u>adding</u> a little to natural science.
– The Life and Letters of Charles Darwin, Francis Darwin

남아메리카 남단, 티에라델푸에고 제도에 있을 때 자연과학에 좀 더 열중하는 것보다 더 보람차게 살 수는 없을 거라고 생각했던 기억이 있다.
– 국내 미출간 도서

첫째 예문의 a classic case of necessity being the mother of invention에는 동격의 of가 사용되어 a classic case = necessity being the mother of invention입니다. necessity being the mother of invention은 전치사 of의 목적어가 되는 동명사절입니다. being 앞에 나온 necessity는 이 동명사절의 주어로 사용되었습니다.

둘째 예문은 when (I was) in Tierra del Fuego을 빼고 보 면 remember thinking that …이 되며 thinking that …은 동 사 remember의 목적어가 되는 동명사절입니다. I could not employ my life better than in <u>adding</u> a little to natural science.는 I could employ my life best in <u>adding</u> a little to natural science.로 바꾸어 쓸 수 있습니다. adding 이하는 전

치사 in의 목적어가 되는 동명사절입니다. 직역하면 '자연과학에 약간의 정성을 더할 때보다 내 삶을 더 보람차게 이용할 수 없다'가 됩니다. 따라서 예문처럼 번역할 수도 있지만, '자연과학에 약간의 정성을 더할 때 내 삶을 가장 보람차게 살 수 있다'로 번역하는 편이 더 자연스럽습니다.

with + 동명사

대부분의 문법책에서는 독립 분사구문이라고 설명하는 with + 분사구문을 '예외 없는 문법 규칙'이라는 원칙 하에 재정의하려고 합니다. 다시 말하면 'with + 동명사절'로 분석하는 게 모든 면에서 더 간결하고 쉽다는 걸 증명하려고 합니다. 그렇습니다. '증명'하려고 합니다. 수학에서만 듣던 '증명'이란 단어를 문법책에서 들으니 생소하겠지요. 그러나 기존의 문법 도식을 무비판적으로 받아들이기보다, 그동안 A라고 알아왔던 것들을 B라고도 생각해볼 수 있는 창의력을 가져보라고 제안하고 싶습니다. Think out of the box!라는 경구를 들어본 적이 많을 겁니다. '틀을 깨고 나오라'라는 뜻입니다. 거칠게 말하면 '머리를 다른 방향으로 굴려보라'는 뜻입니다. 여기에서 아래의 설명을 찬찬히 읽으며, 이 경구를 실천해보십시오. 원칙을 최대한 간결하게 스스로 정리를 해보고, 있는 그대로의 문장이 뜻하는 바가 무엇인지 고민해 보십시오.

이번에는 문법책에서 ① with + 명사 + V-ing, ② with + 명사 + 과거분사, ③ with + 명사 + 전치사구로 구분되는 경우를 일반화해서 설명해보려 합니다. 이런 구조가 '양태의 부사구'로 지칭된다는 점에서 이 세 구조에 공통점이 있다고 추측할 수 있지 않을까요?

원서, 읽(힌)다

① with + 명사 + V-ing

이 구조에서 V-ing를 분사로 본다면 '명사 + V-ing'는 독립 분사구문이 되어야 합니다. 독립 분사구문은 종속 접속사가 생략된 부사절입니다. 부사절 앞에는 전치사가 올 수 없습니다. 전치사가 전치사인 이유는 반드시 명사 앞에 오기 때문입니다.(▶ 전치사구) 따라서 'with + 명사 + V-ing'에서 '명사 + V-ing'는 동명사절이 될 수밖에 없습니다.

여기에서 동명사절은 전치사 with의 목적어로 사용되지만, 'with + V-ing'는 문장 전체를 수식하는 부사구입니다. 문법책에서는 이런 경우를 '양태의 부사구'라 일컫습니다. with 뒤에 쓰인 V-ing … 가 동명사절이라면 '명사'는 V-ing의 주어가 됩니다.

With the death rate increasing week by week, Farr didn't bother running the numbers of elevation data; instead, he immediately began investigating the sources of drinking water in the neighborhood.
– Extra Life, Steven Johnson

한 주 두 주 지나면서 사망자가 증가하자, 파는 해발 고도와 관련된 숫자를 번거롭게 추적하지 않고, 곧장 주변 지역의 식수원을 조사하기 시작했다.
–『우리는 어떻게 지금까지 살아남았을까』, 스티븐 존슨 (과학사/인문/교양)

This is the sunniest, most blinding winter afternoon, with icicles dripping from the fir trees and all the world bending under a weight of snow - except me, and I'm bending under a weight of sorrow.
– Daddy-Long-Legs, Jean Webster

오늘은 화창해서 눈이 부신 겨울날 오후예요. 고드름이 전나무에서 뚝뚝 떨어지고 온 세상이 눈의 무게에 휘어져 있습니다. 저를 제외하고는요. 전 슬픔의 무게에 짓눌려 있으니까요.
–『키다리 아저씨』, 진 웹스터 (소설)

위의 두 예문에서 밑줄 친 부분이 문장 전체를 수식하는 것은 쉽게 이해되고, with 뒤의 동명사절도 어떻게 분석되어야 하는지 쉽게 파악될 겁니다. 하지만 이 경우에 with가 반드시 있어야 하는 것은 아닙니다.

동명사   **119**

| She glances up, her eyes shining with happiness. | 그녀는 행복감에 두 눈을 반짝이며 올려다본다. |
| – Love and Landscape, Lacey Black | – 국내 미출간 도서 |

이 문장에서 her eyes shining with happiness 앞에 with가 와도 달라지는 것은 없습니다. with의 유무와 상관없이 her eyes shining with happiness는 부사구입니다. 이 때문에 이 구문이 '절대 분사구문'이라는 설명이 설득력을 얻지만, with가 앞에 들어갈 수 있다는 사실은 이런 가정의 설득력을 떨어뜨립니다. 오히려 with가 앞에 있었지만 생략되었다고 설명하는 편이 더 낫습니다. 이런 접근법은 다음의 두 경우, 즉 ②와 ③에도 적용됩니다.

② with + 명사 + 과거분사

이번에는 V-ing가 직접 나와 있지는 않지만 동명사절로 추론하면 관련된 문법 규칙들이 간결해지는 경우를 보겠습니다. 일반적인 문법 규칙에 따르면, (1) 한정적 용법으로 쓰인 형용사 또는 과거분사는 명사를 앞에서 수식합니다. (2) 수여동사의 간접목적어와 직접목적어로 쓰이는 경우를 제외하면, 명사는 연속해 나오지 않는 게 원칙입니다. 하지만 영문을 읽다 보면 그런 경우가 자주 눈에 띕니다.

| Across the nation, and I imagine the world, we watched in disbelief as images of young white men in khakis and polo shirts carrying torches spread across the web, their faces contorted in rage as they shouted Nazi slogans such as "Blood and soil" and "You will not replace us; Jews will not replace us."
 – Hivemind, Sarah Rose Cavanagh | 미국 전역, 내 생각에는 세계 전역에서, 카키색 바지와 폴로 셔츠를 입고 횃불을 치켜든 백인 청년들의 모습이 인터넷으로 퍼져나가는 걸 믿기지 않은 표정으로 지켜보았다. 그 백인 청년들은 분노로 일그러진 얼굴로 나치의 구호이던 "피와 땅"을 외쳤고, "너희는 우리를 대체할 수 없다. 유대인은 우리를 대체할 수 없다."라고도 소리쳤다.
 –『패거리 심리학』, 세라 로즈 캐버너
 (정치/사회/심리) |

원서, 읽(힌)다

A game I had foolishly played had come to a
very bitter end, with no one the winner.
– Jesus Among Other Gods, Ravi Zacharias

내가 바보처럼 시작한 게임은 쓰라린
고통으로 끝났다. 누구도 승자가 되지 못한
게임이었다.

– 국내 미출간 도서

첫째 예문은 밑줄 친 부분에서 과거분사가 앞의 명사를 수식하는 형태를 띠고 있습니다. 적어도 겉으로는 그렇게 보입니다. 한편 둘째 예문에서는 명사가 연속적으로 등장합니다. 둘 다 영어의 일반적인 원칙에 어긋납니다. 이런 구문을 어떻게 하면 기존의 문법 틀 안에서 설명할 수 있을까요? 먼저 과거분사 형태를 띤 형용사가 명사를 뒤에서 수식하는 경우부터 살펴봅시다.

첫째 예문에서 밑줄 친 부분(their faces contorted in rage ...... Jews will not replace us.)이 반드시 필요한 것은 아닙니다. 이 부분이 없어도 문장이 문법적으로 불완전해지지는 않습니다. 달리 말하면, 밑줄 친 부분은 부사를 대신하고 있다는 것입니다. 그러나 겉으로는 '명사'처럼 보입니다. 명사로 쓰였다면 주어나 목적어나 보어가 되었어야 하는데, 이 예문에서 밑줄 친 부분은 결코 그런 기능을 할 수 없습니다. 그런데 명사로 보이는 것이 어떻게 부사 역할을 할 수 있을까요? 문법에서 허용되는 규칙으로 머리를 짜내보면, 이 명사절 앞에 전치사가 생략되어 있다고 볼 수 있습니다.

그렇습니다. 이쯤에서 새로운 문법 규칙, 물론 어떤 예외도 인정하지 않는 한 문법 규칙을 만들어보려 합니다. 첫째로 ②를 'with + 명사 + 형용사/과거분사'로 확대하며 '양태의 부사구'로 보고, 이때 with가 생략될 수 있다고 보는 것입니다. 둘째로는 '명사'와 과거분사 형태를 띤 형용사 사이에 being이 생략된 것으로 봅시다. 달리 말하면, 명사를 뒤에서 수식하는 형용사는 없다는 것입니다. 명사 뒤에 쓰인 형용사는 being을 사이에 두고 서술해주는 기능을 하는 것으로 보면, 형용사는 명사를 앞에서 수식한다는 원칙이 흔들리지 않습니다.

지금까지 논의한 내용을 정리해 보겠습니다. 형용사가 명사를 뒤에서 수식하고, 그 명사구(또는 명사절)가 부사로 사용되었다면, 원래 구조인 '명사 - (being) - 형용사'에서 being이 생략된 것으로 간주합니다. 또한 그 앞에는 전치사 with가 생략되어 있어 이른바 '양태의 부사구'로 사용되고 있으며 가까운 동사를 수식하는 것으로 봅니다. 이때 with가 생략되는 경우와 표시 방식은 다음과 같습니다.

* 양태의 부사구가 문두에 나올 때 with는 생략할 수 있다. with가 빠진 '명사 - 형용사 ...' 뒤에는 반드시 쉼표를 넣어 뒤의 주절과 분리해준다.
* 양태의 부사구가 문중에 나올 때에도 with는 생략할 수 있다. with가 빠진 '명사 - 형용사 ...' 앞뒤에는 반드시 쉼표를 넣어준다.
* 양태의 부사구가 문미에 나올 때에도 with는 생략할 수 있다. with가 빠진 '명사 - 형용사 ...' 앞에는 반드시 쉼표를 넣어 앞의 주절과 분리해준다.

'명사 - being - 형용사 ...'는 어디에서 많이 본 구조입니다. 그렇습니다! 동명사입니다. 다만 예문에서 being이 생략된 것이 다를 뿐입니다. 원래 동명사 being이 있었다고 본다면 앞에 전치사 with가 나오더라도 이상하지 않고, 전치사 with가 생략되더라도 이상하지 않습니다. 그렇다면 첫째 예문의 their faces contorted는 <u>with</u> their faces <u>being</u> contorted가 생략된 것으로 볼 수 있습니다. 그러면 한정적 형용사는 명사를 앞에서만 수식한다는 원칙이 흔들리지 않습니다. 여기에서 '명사 - being - 형용사 ...'라며 contorted를 과거분사로 한정하지 않고 '형용사'로 일반화한 이유는 형용사가 대신 나오더라도 이 원칙이 예외 없이 적용되기 때문입니다. 아래에 제시되

원서, 읽(힌)다

는 예도 역시 with가 생략된 경우입니다.

Head erect, ……, the cheetah glides toward the stirring herd. – Cry of the Kalahari, Mark Owens	머리를 꼿꼿이 세우고, 치타는 우왕좌왕대는 무리를 향해 미끄러지듯 달려간다. –『야생 속으로』, 마크 오웬스 (교양/과학)

이번에는 두 번째 예문에서 명사가 연속되는 경우를 살펴봅시다. 이 문장은 두 곳에서 명사가 연속되어 나옵니다. 하나는 A game I이고, 다른 하나는 no one the winner입니다. A game I는 쉽게 풀립니다. A game (that) I had foolishly played …에서 that이 생략된 것입니다.(▶ 관계절) 또 no one the winner는 with no one이 전치사구이므로 명사의 반복이 아니라고 말할 수 있습니다.

그러나 다음 문장은 이런 식의 설명이 불가능합니다. all of it과 the same은 똑같이 명사구이고, 앞에 전치사도 없기 때문입니다.

Miles and miles of thornbush, all of it the same, rushed by in time with the clickety-clack of the rail sections as the train swayed along. – Cry of the Kalahari, Mark Owens	기차가 흔들거리며 지나갈 때 철로 연결부에서 덜커덕거리는 소리에 맞추어, 똑같이 생긴 가시덤불 옆으로 달려갔다. –『야생 속으로』, 마크 오웬스 (교양/과학)

따라서 명사가 반복되는 구절이 부사적으로 쓰일 때, 두 명사 사이에 being이 있는 것으로 간주하고 그 앞에 with가 생략된 것으로 본다면, '명사는 연속해 쓰일 수 없다'라는 문법 규칙은 어떤 예외도 인정하지 않은 채 그대로 유지됩니다. 물론 이때 with의 생략 여부는 '명사 - 형용사'의 경우와 똑같습니다.

동명사　　　　　　123

동명사절은 의미상 주어로 소유격이 사용되지 않는 경우에 '명사 + V-ing ...'라는 형태를 띤다는 점에서 V-ing ...가 명사를 수식하는 형용사적 용법으로 쓰인다고 보아도 문법적으로 틀렸다고 할 수는 없습니다. 그러나 특히 '명사 + 형용사'인 경우에 '명사 (that be) 형용사'로 간주해 단순히 전치사의 목적어로 쓰인 명사구로 번역할 때와 동명사절로 번역할 때는 의미차이가 확연해집니다. 다음의 예를 들어 설명해보겠습니다.

Our story begins here, with this great puzzle set in 1859. Charles Darwin clearly disliked the mad rush to publish 'On the Origin of Species'.
– Darwin's Lost World, Martin Brasier

우리 이야기는 여기에서, 그러니까 이 골치 아픈 수수께끼가 1859년에 제기되며 시작한다. 찰스 다윈은 『종의 기원』의 출간을 서두르는 게 달갑지 않았다.
―『다윈의 잃어버린 세계』, 마틴 브레이저
(자연과학/생물)

여기에서 with this great puzzle set in 1859은 두 가지로 해석될 가능성이 있습니다. 하나는 with this great puzzle (that was) set in 1859이고, 다른 하나는 'with + 동명사절'인 with this great puzzle (being) set in 1859입니다. 과거분사 set을 형용사적 용법으로 분석하면, "우리 이야기는 여기에서, 그러니까 1859년에 제기된 골치 아픈 수수께끼에서 시작한다"로 번역될 것입니다. 그리고 동명사절로 분석하면 예문에 나온 대로 번역될 것입니다. 두 번역 중 어느 쪽을 선택하든 자유이지만, 저라면 동명사절로 분석하는 쪽을 선택할 겁니다. 그래야 문장이 훨씬 더 생동감 있게 읽히기 때문입니다.

③ with + 명사 + 전치사구

Martha gazed up at her husband <u>with tears in her eyes.</u> – Whiskey Creek, Brenda Novak	마사는 눈에 눈물을 머금은 채 남편을 올려다보았다. – 국내 미출간 도서

이 경우에도 앞의 경우와 마찬가지로 두 가지로 분석될 수 있습니다. 하나는 with tears (that were) in her eyes이고, 다른 하나는 'with + 동명사절'인 with tears (being) in her eyes입니다. 이 경우에도 동명사절로 분석하는 편이 더 나을 듯합니다.

A bitter cold blast was blowing from the lake, everything had a deserted look, no strangers could be seen, the hotels were closed, the natives who were abroad hurried along <u>with hands in pocket, and coat collars turned up.</u> – Switzerland: Its Scenery, History, and Literary Associations, Levi Oscar Kuhns	매섭게 찬 바람이 호수에서 불어왔고, 모든게 황량한 모습이었다. 외지인은 한 명도 보이지 않았다. 호텔도 폐쇄되었다. 집밖에 있던 원주민들은 주머니에 손을 넣고, 목깃을 세운 채 발걸음을 서둘렀다. – 국내 미출간 도서

이 문장의 with hands in pocket, and coat collars turned up도 다를 바가 없습니다. 또한 이때의 with는 생략 가능합니다. 이때 전치사구는 '부사' 역할을 하기 때문에 '전치사구' 대신 '부사'가 쓰여도 달라지는 것은 없습니다. 그렇다면 ③은 'with + 명사 + 전치사구/부사구'로 정리됩니다.

Last night I fell asleep <u>with the raido on.</u>	지난 밤, 나는 라디오를 켜놓은 채 잠이 들었다.

이렇게 한다면 지금까지 다룬 세 가지 경우를 종합해 '(with) + 명사 + (being) + 과거분사/형용사/명사/전치사구'로 일반화해서 정리할 수 있지 않을까요?

끝으로 다음의 예문에서 다양한 전치사와 함께 쓰인 동명사절의 쓰임새를 생각해보십시오.

At first boatmen refused it, on account of <u>my having rowed</u>; but I insisted <u>on their taking it</u>. Man is sometimes more generous when he has little money than when he has plenty, perhaps to prevent <u>his being thought to have but little</u>.
– Autobiography: With a Narrative of His Public Life, Benjamin Franklin

뱃사람들은 내가 노를 저었다는 이유로 처음에는 그 돈을 받지 않으려 했지만 나는 기어코 그들에게 떠안겼다. 인간은 넉넉할 때보다 가진 게 별로 없을 때 더 후해지는 경우가 적지 않다. 아마도 돈을 없다는 걸 들키는 게 두렵기 때문이 아닐까 싶다.
–『벤저민 프랭클린 자서전』, 벤저민 프랭클린 (전기/에세이)

위 예문에서처럼 동명사의 의미상 주어로 소유격이 나온 경우에는 밑줄 친 부분을 동명사절로 번역할 수밖에 없습니다. 그런데 세 동명사가 모두 다른 방식으로 쓰였다는 데 주목하면 흥미로울 것입니다. 첫째 동명사절은 '전치사 + 명사 + 전치사' 형태를 띠는 이른바 '복합 전치사구'인 on account of의 목적어로 쓰였습니다. 둘째 동명사절은 insist on, 즉 동사 insist와 관련된 전치사 on의 목적어로 쓰였고, 마지막 동명사절은 동사 prevent의 목적어로 쓰였습니다. 따라서 이 동명사절들은 다음과 같이 바꿔 쓸 수 있을 것입니다.

on account of my having rowed →
because I had rowed

I insisted on their taking it →
I insisted that they should take it

prevent his being thought to have but little →
prevent him from being thought to have but little

원서, 읽(힌)다

생략

원서, 읽(힌)다

생략은 문장에서 문법적으로 있어야 할 단어나 구절이 쓰이지 않은 경우를 말합니다. 따라서 생략된 부분은 결국 '문법적 생략'이므로 앞뒤의 맥락을 보고 쉽게 복구 가능해야 합니다.

생략 구문하면 가장 먼저 떠오르는 게 무엇인가요? 아마 대부분이 that-절이 동사(혹은 be-형용사) 뒤에 쓰이면서 접속사 that이 생략되는 경우가 떠오를 겁니다. 다음으로는 관계절의 목적격을 대신하는 대명사, 즉 목적격 관계 대명사가 생략되는 경우를 떠올리는 분도 많을 겁니다. 이런 경우는 모두 임의적 생략으로써 반드시 생략해야 하는 경우가 아닙니다. 방금 말했듯이 '문법적 생략'에 해당하는 경우입니다. 따라서 접속사 that이 생략되지 않는 경우를 말하고, 나머지 경우에는 생략이 선택이라 말하는 편이 문법적으로 더 간단할 것입니다.

문법적으로 복원 가능한 것만이 생략됩니다. 여기에서는 사전을 보면 언제든지 확인할 수 있는 생략을 다루고 싶지는 않습니다. 그보다는 단어들을 조합해 문장을 만들고, 다시 단락을 만들 때 생략되는 부분들을 찾아내는 법에 대해 살펴보고, 그 원칙에 대해서도 살펴보려 합니다.

This remarkable goal sounds like a fantasy, something dreamed up after the Friday afternoon bull session moved from the faculty lounge to the local pub. Yet it is not a proposition made on a whim. It is a bold but very logical idea—a natural extension of what every physicist does every day. What they've been doing, in fact, since the dawn of science.
—   Universe on a T-Shirt, Dan Falk

이 원대한 목표는 헛된 환상, 즉 금요일 오후 교수 휴게실에서 시작한 한담이 술집까지 이어진 것처럼 들릴 수 있다. 그러나 이 목표는 즉흥적으로 제안된 꿈이 아니다. 대담하지만 무척 논리적인 생각이다. 모든 물리학자가 지금도 매일 연구실에서 씨름하는 것, 즉 과학의 여명기부터 물리학자들이 끊임없이 해오던 것의 자연스런 확대이다.
—『T-셔츠 위의 만물 이론』, 댄 폴크 (자연/과학)

"What they've been doing, in fact, since the dawn of science"는 결코 문법적으로 완결된 문장이 아닙니다. 영어

문장은 원칙적으로 항상 '주어 - 동사 - x'의 형태로 이루어집니다. 밑줄친 부분은 여기에서 x에 해당할 뿐입니다. '주어 - 동사'가 생략되었고, 여기에서 그에 해당하는 구문은 It is입니다. 따라서 (It is) What they've been doing, in fact, since the dawn of science.가 됩니다. 이렇게 영어에서는 단락을 중심으로 할 때 '주어 - 동사'가 생략되는 경우가 적지 않습니다. 그렇다고 아무런 원칙이 없는 것은 아닙니다. 모호하지만, '쉽게 복원할 수 있는 부분만이 생략됩니다.'

이 원칙을 기억하며 다음 문장 앞에 생략된 것이 무엇인지 생각해보십시오.

Two faces which resemble each other, neither of which alone causes our laughter, make us laugh, <u>when together</u>, by their resemblance. — Pensee, Blaise Pascal	서로 닮은 두 얼굴, 각각은 조금도 우스울 게 없지만, 둘이 함께 있으면 닮았다는 이유로 우리를 웃게 만든다. —『팡세』, 블레즈 파스칼 (철학)

당연한 말이겠지만 when (they are) together가 생략된 것입니다. 생략은 의무적이 아니라 임의적이라 했습니다. 위의 문장은 블레즈 파스칼이 프랑스어로 쓴 것을 영어로 번역한 것입니다. '생략은 선택 사항'이란 원칙을 입증이라도 해주듯이, ..., make us laugh by their resemblance <u>when they are together</u>라고 번역한 영어책도 있습니다.

To some life is pleasure, <u>to others suffering</u>. But obedience to duty, at all costs and risks, is the very essence of the highest civilized life. — Duty, Samuel Smiles	어떤 사람에게는 삶이 즐거움이겠지만 어떤 사람에게는 고통이다. 그러나 어떤 희생과 위험을 무릅쓰고라도 의무에 순종하는 자세야말로 가장 문명화된 삶의 진수 자체이다. —『의무론』, 새무얼 스마일즈 (자기 계발)

여기에서는 to others (life is) suffering이 생략된 경우입니다.

원서, 읽(힌)다

이번에는 '주어 - 동사'가 아닌 부분이 생략된 경우를 봅시다.

The difference between knowledge and wisdom is one of kind, not degree. Greater knowledge does not necessarily translate into greater wisdom, and in fact can make us less wise. We can know too much, and we can mis-know.
— The Socrates Express / Eric Weiner

지식과 지혜의 차이는 종류의 차이이지, 정도의 차이가 아니다. 지식이 늘어난다고 해서 반드시 지혜가 늘어나는 것은 아니며, 실제로 지식이 늘면 오히려 덜 지혜로워질 수 있다.
— 『소크라테스 익스프레스』, 에릭 와이너
(철학)

위의 예문에서 문제는 mis-know를 어떻게 보느냐는 것입니다. 밑줄친 문장을 번역해달라고 하면 대부분이 "지나치게 많이 알게 될 수도 있고, 잘못 알게 될 수도 있다"라고 번역합니다. 달리 말하면, too much가 mis-know와는 아무런 관계가 없는 것처럼 번역합니다. 하지만 know는 근본적으로 목적어를 취하는 동사이고, mis-know도 마찬가지입니다. 그럼 we can mis-know (too much)로 번역되어야 마땅합니다. 따라서 '지나치게 많은 것을 알게 되면 지나치게 많은 것을 잘못 알 수 있다'라고 번역하는 게 더 나을 것입니다. and를 조건처럼 번역한 것에 대해서는 '조건절'을 참조하십시오.(▶ 조건절)

이때 궁금증이 생깁니다. 그렇다면 We can know and we can mis-know too much.라고 등위접속으로 쓴 경우와 어떻게 다를까요? 이 궁금증은 '등위접속은 왜 사용되는가?'라는 존재론적 의문과도 관계가 있습니다. 이 문제는 등위접속을 다룬 부분에서 더 자세히 살펴보기로 하고, 일단 답부터 말하면, 조건의 뜻이 사라지고 두 사실을 나열한 것에 더 가깝게 읽히게 됩니다.(▶ 등위접속)

생략이 적용된 문장은 문법적으로 완전하지 않습니다. 그렇다면?

그렇습니다! 문법적으로 완전하지 않은 문장은 무엇인가가 생략된 것이고, 그 생략된 부분은 앞의 맥락에서 복원될 수 있어야 합니다. 이 법칙에는 예외가 없습니다.

생략

What is this hunger that cannot be sated? We don't want what we think we want. We think we want information and knowledge. <u>We do not</u>. We want wisdom. There's a difference. Information is a jumble of facts, <u>knowledge a more organized jumble.</u>

— The Socrates Express / Eric Weiner

채워지지 않는 이 허기는 무엇일까? 우리가 원한다고 생각하는 것은 우리가 실제로 원하는 것이 아니다. 우리는 정보와 지식을 원한다고 생각한다. 하지만 사실은 그렇지 않다. 우리는 지혜를 원한다. 여기에는 차이가 있다. 정보는 사실이 뒤죽박죽 섞인 것이고, 지식은 사실이 좀 더 정돈돼 있는 것이다.

—『소크라테스 익스프레스』, 에릭 와이너
(철학)

We do not는 문법책에서 흔히 조동사가 대동사로 쓰인 예로 설명됩니다. 하지만 대동사라는 용어 자체에 문제가 있습니다. 동사구를 대신하는 대(代)동사라면 어떻게 생략이 가능하겠습니까? 차라리 조동사 뒤에 동사구가 생략된 것이라 설명하는 편이 낫습니다. 이에 대해서는 조동사를 살펴보는 곳에서 더 자세히 이야기하도록 합시다.(▶ 조동사) 이렇게 하면 '문법적으로 완전하지 않은 문장은 무언가가 생략된 문장'이란 원칙도 그대로 지킬 수 있습니다. 이 원칙을 적용해 문장을 뜯어보면, We do not는 We do not want information and knowledge.가 생략된 문장이란 걸 맥락에서 충분히 짐작할 수 있습니다.

knowledge a more organized jumble도 문법적으로 완전한 문장이 아닙니다. 앞 문장과 비교해보면 무엇이 생략되었는지 쉽게 알 수 있습니다. knowledge (is) a more organized jumble.에서 is가 생략된 문장입니다. 문법책에는 거의 언급되지 않지만 문법 학자들 사이에서는 '구멍내기'(gapping)로 알려진 예입니다. '구멍내기'는 반복되는 동사를 뒤 문장에서 생략하는 방법입니다.

다음의 예도 이와 같이 접근하면 생략된 부분을 쉽게 찾아낼 수 있습니다.

원서, 읽(힌)다

The breakthrough is really the latest in a series of small incremental advances, perhaps the one that has finally reached clinical relevance. Yet once a breakthrough is proclaimed, and the attendant hero identified, the work of the many others falls into distant shadow, far away from the adoring view of the public.
― Extra Life, Steven Johnson

획기적인 돌파구는 일련의 작은 발전들에서 가장 최근의 것인 경우가 많다. 완곡하게 말하면 마침내 임상적인 적절성에 도달한 발전일 수 있다. 하지만 어떤 획기적인 해결책이 선언되고, 그와 관련된 주인공이 확인되면, 많은 다른 학자들의 업적은 아득한 어둠에 떨어지고, 대중의 찬사로부터 멀어진다.
―『우리는 어떻게 지금까지 살아남았을까』, 스티븐 존슨 (인문/교양)

'구멍내기'가 항상 be 동사에만 적용되는 것은 아닙니다.

To the Asians and Africans, the European presented a common front with only local variations : some spoke German, others French or English.
― A History of the World from the 20th to the 21st Century, John Ashley Soames Grenville

유럽인들은 아시아와 아프리카에 진출할 때, 누구는 독일어를 말하고 누구는 프랑스어나 영어를 사용한다는 지역적 차이만 있었을 뿐 서로 긴밀히 협력했다.
― 국내 미출간 도서

위 역시 반복되는 단어를 생략한 예로 some spoke German, others spoke French or English.가 원래의 문장입니다.

그 시기는 분명하지 않지만, 힘찬 연설로 유명한 마틴 루서 킹(Martin Luther King, Jr.)은 Hate begets hate; violence begets violence; toughness begets a greater toughness. We must meet the forces of hate with the power of love.(증오는 증오를 낳습니다, 폭력은 폭력을 낳고, 잔인함은 더 큰 잔인함을 낳습니다. 증오의 힘을 사랑의 힘으로 만나야 합니다.)라고 말했다고 합니다. 이 연설문에 생략을 적용하면 Hate begets hate; violence violence; toughness a greater toughness. We must meet the forces of hate with the power of love.이 될 겁니다. 문법적으로는 잘못된 것이 전혀 없습니다. 그러나 반복의

생략   **133**

힘이 사라지며, 감동도 그만큼 식습니다. 결국 생략은 아무 때나 사용하는 게 아닌 것 같습니다. 더 노골적으로 말하면, 생략된 문장은 문어이고, 생략 가능한 구절이 반복되는 문장은 구어에 가깝다고 할 수 있습니다.

얼마 전에 블룸버그에서 '프론트 로(Front Row)'라는 프로그램을 진행하는 에릭 샤츠커(Erik Schatzker)가 헤지펀드 캐니언 파트너스의 최고경영자인 조슈아 S. 프리드먼(Joshua S. Friedman)과 대담한 적이 있습니다. 샤츠커의 질문에 프리드먼은 이렇게 대답합니다. "We have to be trusted in the marketplace. We have to be trusted by issuers. We have to be trusted by sponsors. We have to be trusted by management teams and we have to be trusted by other creditors." have to be trusted가 계속 반복됩니다. 구어에서도 생략이 가능하지만, 시장과 투자자 등에게 신뢰를 받는 게 중요하다는 걸 강조하려고 이렇게 반복하지 않았겠습니까. 물론 문어였다면, 다시 말해 글을 세련되게 다시 가다듬는다면 여기에도 틀림없이 생략을 적용했을 겁니다. 적어도 'have to be'까지는 생략되었을 겁니다.

학교에서 가르쳐주지 않는 생략 구문

이번에는 생략된 단어가 있는 구문에 밑줄을 긋지 않겠습니다. 어디에 무엇이 생략되었는지 찾아보십시오. 힌트를 준다면, 지금까지 공부했던 것과는 약간 다르다는 것입니다.

I entertain some of my past fears and try to remind myself that many of the devils that I was sure were bearing down on me were just shadows. — The Existentialist's Survival Guide, Gordon Marino	과거에 지나간 두려움이 다시 꿈틀거리면, 나를 덮치는 거라고 확신했던 그 많은 악령들이 허상에 불과했다는 걸 기억해내려고 애쓴다. —『키르케고르, 나로 존재하는 용기』, 고든 마리노 (인문/철학)

원서, 읽(힌)다

찾으셨습니까? 못 찾았다면, 다시 힌트 하나를 더 주겠습니다. 생략된 구절은 문법적으로 불완전하다는 것입니다. 어떤 문장이든 왼쪽부터 차근차근 읽어가면 문법적으로 불안한 곳을 찾아낼 수 있습니다.

그렇습니다. 위의 예문에서는 many of the devils that I was sure were bearing down on me were just shadows가 이상합니다. 특히 동사 were의 정체가 수상합니다.

똑같은 패턴으로 쓰인 다음의 예문을 보십시오.

Snow spent hours in his home laboratory viewing samples of water from various sources through his microscope. But the lens-making technology of the age was not sufficiently advanced to allow him to see the bacterium—Vibrio cholerae—that we now know causes the disease.
— Extra Life / Steven Johnson

스노는 집에 실험실까지 마련해두고 여러 수원지에 퍼온 물을 현미경으로 살펴보며 많은 시간을 보냈다. 그러나 당시 현미경 렌즈를 제작하는 기술이 충분히 발달하지 않아, 지금 우리가 콜레라를 일으키는 세균으로 알고 있는 '비브리오 콜레라'라는 박테리아를 볼 수 없었다.
—『우리는 어떻게 지금까지 살아남았을까』, 스티븐 존슨 (인문/교양)

여기에서도 that we now know causes the disease가 이상합니다. know, causes라는 동사가 연속으로 쓰였습니다. 더구나 두 예문에서 뒤에 쓰인 동사 were와 causes는 모두 원형이 아닙니다. 그럼 앞의 be sure나 know와 아무런 상관이 없이 쓰였다는 뜻입니다. 그럼 were와 causes는 무엇 때문에 각각 3인칭 복수, 3인칭 단수로 변한 것일까요? 관련된 어구는 앞의 many of the devils와 the bacterium입니다. 그럼 그 뒤에 쓰인 that은 무엇일까요? 그렇습니다. 주격 관계대명사로 쓰인 that입니다.

그럼 be sure that-절, know that-절에서 각각 that이 생략된 것이고, that-절의 주어가 관계화된 것입니다. 머리가 복잡해집니다. '생략'에 대한 이야기를 시작하면서, 접속사 that은 동사 뒤에 쓰이면 선택적 생략이 가능하다고 했습니다. 선택적 생략이란 반드시 생략될 필요는 없다는 뜻입니다. 그렇다면,

I entertain some of my past fears and try to remind myself that many of the devils that I was sure that were bearing down on me were just shadows.이나 the bacterium—Vibrio cholerae—that we now know that causes the disease.이 문법적으로 올바른 문장이 되어야 합니다. 그러나 안타깝게도 두 문장 모두 비문(非文)입니다. 달리 말하면, 이런 구조에서는 접속사 that이 반드시 생략되어야 한다는 뜻입니다.

이런 구조로 쓰이는 문장이 의외로 많습니다.

Socrates believed that philosophy, rather than an art of living, was a practice in dying, a lifelong practice in separating yourself from the senses and emotions that he thought obscured the sidereal light of reason. Socrates was the patron saint of the Stoics.
— The Existentialist's Survival Guide, Gordon Marino

소크라테스는 철학을 단순한 삶의 기술이 아니라 죽음의 연습이라 생각했다. 또 죽음의 연습은 소크라테스의 생각에 이성의 변하지 않는 빛을 어둡게 하는 감각이나 감정과 결별하는 연습으로 평생 계속해야 하는 것이다. 소크라테스는 스토아 학파의 수호 성자였다.
—『키르케고르, 나로 존재하는 용기』, 고든 마리노 (인문/철학)

Roosevelt had preserved his relationship with Platt by the simple process of telling him the truth, of always letting him know before anyone else when [he] was going to do something that I knew would be disagreeable to him.
— Leadership in turbulent times, Doris Kearns Goodwin

루스벨트는 "플랫에게 진실을 말함으로써, 요컨대 내 판단에 결국에는 그에게 바람직하지 않은 행위를 행하려고 한다는 걸 다른 사람들 앞에서도 거침없이 알림으로써" 그와의 관계를 유지했다.
—『혼돈의 시대, 리더의 탄생』, 도리스 키언스 굿윈 (정치/리더십)

원서, 읽(힌)다

그렇다면, 이 책을 쓰면서 천명했던 원칙이 흔들립니다. 정확한 의사소통을 위해 문법에는 예외가 없어야 한다고 하지 않았습니까? 그럼, 여기에서 우리도 '예외없는 법칙이 없다'는 걸 인정해야 할까요? 자존심이 허락하지 않습니다. 우리 원칙을 계속 고집할 만한 근거가 있습니다.

In self-portraits and portraits of their friends—
as in the autobiographies or confessional
poems, plays amd music that poured from
Romanic authors and composers—Romantic
Artists probed the nature of the creative gift
which, <u>they believed</u>, made them special.
— Romanticism, David Blayney Brown

낭만주의 작가들과 작곡가들이 고백적
성격을 띤 시와 연극과 음악이나
자서전에서 쏟아냈듯이, 자화상이나
친구들의 초상을 통해 낭만주의 화가들은
자신들을 특별하게 만들어주는 것이라 믿은
창조적 재능의 비밀을 탐구했다.
— 『낭만주의』, 데이비드 블레이니 브라운
(예술/미술)

이 글에서는 문제의 구절, they believed가 삽입절로 처리되었습니다. 앞의 예에서도 문제의 구절들이 차례로 I was sure, we now know, he thought, I knew를 모두 삽입절로 처리해도 상관없습니다. 달리 말하면, 앞뒤에 쉼표를 붙이면 우리 고민이 쉽게 해결됩니다. 하지만 현실에서는 그렇게 쓰이지 않고 있다는 게 문제입니다. 여하튼 접속사 that의 의무적인 생략을 법칙화한다면, ' ... 관계절의 선행사 - 주격 관계대명사 - 주어 + 동사 - (접속사 that) - 관계절 동사 ...'의 패턴에서 접속사 that은 반드시 생략되어야 합니다.

그 밖에도 조동사와 함께 쓰인 동사구가 생략되고, 비교절과 to-부정사절 등에서도 생략이 적용되는 경우가 있습니다. 어떤 경우이든 생략된 단어나 구절은 복원 가능해야 합니다. 달리 말하면, 영어에서 문법적으로 불안정하게 쓰인 곳은 생략이 적용된 것이므로, 앞뒤 맥락을 보고 찾아내야 합니다. 그렇다고 영어 문법이 시중에서 말하는 것처럼 엄청나게 어려운 게 아닙니다. 서문에서도 말했듯이, 영어 문법은 무척 쉽습니

생략

다. 그 규칙에 예외도 없습니다. 원어민들 간 소통을 살펴보아도, 그들의 차이는 사용하는 어휘의 차이밖에 없다고 말해도 과언이 아닙니다.

요컨대 수여동사(예: give 등)와 함께 쓰인 경우가 아니면 "명사는 연속해서 쓰이지 못한다"라는 게 영어 문법입니다. 만약 어떤 문장에 명사가 연속으로 두 번 쓰였으면 그 사이에 생략이 적용되었을 가능성이 큽니다.

Because …… they [African Americans] were responsible for so much crime, and because they stood out by color and culture so conspicuously in the eyes of their white neighbors, the area was the bane of respectable Philadelphia, its population (*) the very embodiment of 'the dangerous classes' troubling the sleep of the modernizing gentry.
— Extra Life / Steven Johnson

그들이 …… 많은 범죄를 범했기 때문에, 더구나 그들의 피부색과 독특한 문화가 백인 이웃들의 눈에 두드러지게 눈에 띄었기 때문에, 그 지역은 점잖은 필라델피아의 골칫거리였고, 그곳의 주민들은 현대화된 신사들의 잠을 방해하는 '위험한 계급'의 화신이었다.
—『우리는 어떻게 지금까지 살아남았을까』, 스티븐 존슨 (인문/교양)

위의 예문에서 its population와 the very embodiment …라는 명사가 연속해 쓰였습니다. 그럼 어떤 문법 규칙이 적용된 겁니다. 여기에서는 생략이 적용되었습니다. 따라서 원래 문장은 its population was the very embodiment …가 될 것입니다.(▶ 관계절, ▶ 전치사구) 그러나 다른 방법도 생각해 볼 수 있습니다. 동명사 혹은 동명사절에서 보았던 분석을 적용하는 겁니다. its population the very embodiment of 'the dangerous classes' troubling the sleep of the modernizing gentry에서 명사-명사가 연속으로 쓰였습니다. 이때 우리는 가운데에 being이 사용된 동명사절로 보자고 했습니다. 그럼 이 문장 전체의 기능이 문제시되므로 부사절로 보아야 할 겁니다. 그렇다면 동명사절에서 말했듯이 with가 생략된 '전치사구'가 됩니다. 여하튼 이 분석에서도 전치사 with와 동명사

being이 생략된 것입니다.(▶ 동명사)

　　끝으로, 전치사 생략에 대해 잠깐 이야기하고 넘어갑시다. 전치사 생략에 대해서는 '전치사 + 명사'를 다룬 곳에서 더 자세히 공부하도록 하고, 전치사 생략과 관련된 현재의 지식을 바탕으로 다음 문장을 번역해보십시오. 터너의 유명한 그림, 「눈보라 - 항구 어귀에서 표류하는 증기선」의 부제가 'the Author was in this Storm the Night the Ariel left Harwich'라고 합니다. 이 부제를 번역해보십시오. 답은 '전치사 + 명사'를 다룬 곳에 있습니다.(▶ 전치사구)

원서, 읽(힌)다

비교에는 동등 비교, 우등 비교, 열등 비교가 있는 것으로 배웠습니다. 달리 말하면, 비교 구문에서는 비교의 대상이 있어야 합니다.

비교 대상의 생략

그런데 비교 대상이 명확히 드러나지 않는 경우가 있습니다. 아래의 예문를 보십시오.

That extraordinary success was the product of medical science, to be sure, but also activists and public intellectuals and legal reformers. In many ways, mass vaccination was closer to modern breakthroughs like organized labor and universal suffrage.
– Extra Life, Steven Johnson

이런 눈부신 성공은 의학의 산물이었지만, 사회 운동가와 사회 참여 지식인 및 입법 개혁가의 공로이기도 했다. 많은 점에서, 집단 백신 접종은 노동조합과 보통선거 같은 현대의 획기적인 발명품에 더 가까웠다.
─『우리는 어떻게 지금까지 살아남았을까』, 스티븐 존슨 (과학사/인문/교양)

문법적 원칙에 따르면, 비교의 대상인 than … 이 쓰여야 합니다. 그러나 이 글에서는 쓰이지 않고 생략되었습니다. 그래도 문장을 이해하는 데는 아무런 문제가 없습니다. 무엇이 생략되었는지 앞의 문장에서 대략 추정할 수 있기 때문일 것입니다. 이에 대해서는 뒤에서 더 자세히 살펴보기로 합시다.

그런데 굳이 무엇이 생략되었는지 따질 필요가 없는 경우도 있습니다. '2013년 미국 대학교 졸업식 최고의 축사'로 선정된 조지 손더스(George Saunders)의 축사에서 적절한 예를 찾을 수 있습니다.

Kindness is a little facile, maybe, and certainly hard to implement, but I'd say, as a goal in life, you could <u>do worse than</u>: Try to be <u>kinder</u>.

Now, the million-dollar question: What's our problem? Why aren't we <u>kinder</u>?

친절하게 행동하는 게 쉬워 보이지만 정말 어렵습니다. 하지만 여러분이 '더 친절하려고 노력하는 것'을 삶의 목표로 삼아도 나쁘지 않을 거라고 감히 말씀드리겠습니다.

자, 백만 달러짜리 질문을 하겠습니다. 우리 문제가 무엇일까요? 왜 우리는 더 친절하지 못한 것일까요?

친절하게 행동하는 것은 당연하므로, '더 친절하라'는 것입니다. 이 경우에도 생략된 than ...이 무엇인지 막연히 짐작됩니다. 오히려 비교 대상을 명확히 규정하지 않음으로써 '친절하라'는 저자의 호소가 더 설득력있게 들리는 듯합니다.

비교가 되는 것은 무엇일까요?

그렇습니다. 어떤 대상이 비교되는 것은 맞습니다. 예컨대 '이 연필'과 '저 연필'이 비교되지만, 연필 자체가 비교되는 것은 아닙니다. 연필의 어떤 특성이 비교되는 것입니다. 예컨대 길이가 비교되고, 짙기가 비교되는 겁니다. 그래서 "이 연필이 저 연필보다 길다", "이 연필이 저 연필보다 더 붉다"라는 비교문이 되는 것입니다. 결국 비교되는 것은 명사가 아니라, 명사에 내포된 속성, 즉 형용사가 비교되는 것입니다.

물론 비교가 되려면 둘 이상이 존재해야 합니다. 그래서 둘이 비교되면 '비교급', 셋 이상이 비교되면 '최상급'이 사용됩니다. 여기에서는 비교급을 만들 때는 형용사나 부사에 -er 이란 접미어를 덧붙이고, 최상급을 만들 때는 -est라는 접미어를 덧붙인다는 규칙이나 불규칙 등에 대해서는 언급하지 않으려 합니다. 이런 표기는 어휘론에 속하는 것이지, 여기에서 말하는 문법에 속하는 것이 아니기 때문입니다.

또 여기에서는 기본적인 형태의 비교급 문장도 다루지 않을 생각입니다. 그보다는 조금은 특별한 형태, 예컨대 최상급

원서, 읽(힌)다

표현이 아니면서도 최상급 의미를 갖는 표현들, 비교 대상이 나타나지 않은 비교구문, 또 관용적 표현이나 주의해야 할 형태를 집중적으로 살펴보려 합니다.

To make matters clear I may as well explain at once what had happened. – She, Henry Rider Haggard	상황을 분명히 하기 위해서라도 내가 어떤 일이 있었는지 즉시 설명하는 게 낫겠다. –『그녀』, 헨리 라이더 해거드 (소설)
Forty years ago, I could say, in the Whole Earth Catalog, "We are as gods, we might as well get good at it." Photographs of Earth from space had that godlike perspective. – We Are as Gods and Have to Get Good at It, Stewart Brand	40년 전, 나는『지구백과』에서 "우리는 신으로 존재하므로 그 역할을 잘하면 더 좋을 텐데"라고 말했다. 실제로 우주에서 찍은 지구 사진들에는 신이 지구를 바라보는 듯한 시선이 담겨 있었다. –『컬쳐 쇼크』, 스튜어트 브랜드 (인문/교양)

may as well과 might as well은 '...하는 편이 낫다'라는 뜻으로 비교의 뜻을 갖지만, 비교 대상이 겉으로 드러나지 않습니다. 그래서 이론적으로는 may as well/might as well ... (as not)이 생략된 것으로 설명하며, 번역할 때는 as not을 없는 것처럼 무시하라고 가르칩니다. 그러나 때로는 비교의 대상이 명시됩니다. 이때도 비교의 대상은 as로 표시됩니다.

Again he was urged, and at last he became desperate and said, "I might as well drown as starve." – The North American Indian, Edward S. Curtis	다시 그는 독촉을 받았다. 마침내 그는 자포자기하며 "그래, 굶어 죽는 것보다 물에 빠져 죽는 게 낫겠어."라고 중얼거렸다. –『북아메리카 인디언』, 에드워드 커티스 (민족학)

최상급 표현이 아니면서도
최상급 의미를 갖는 표현들

겉보기에는 우등 비교이지만, 뜻은 최상급인 경우가 있습니다.

As literature, Bible is said to have had a greater impression upon the human mind than any other book.
– Answers to Questions You Always Wanted to Know About Christianity, Betty W. O'Berry

성경은 어떤 문학 작품보다 인간의 정신에 더 깊은 인상을 심어주었다고 여겨진다.
– 국내 미출간 도서

'비교급 + than any other ...'는 최상급 뜻을 갖습니다. 여기에서 주목할 것은 'any other + 단수 명사'라는 것입니다. 요컨대 any는 '많은 것 가운데 그 어느 것이든 하나'를 가리키는 한정사입니다. 또 재밌는 것은 any other ...에서 other에 해당하는 다른 단어 else가 쓰여도 괜찮다는 것입니다. 다만 else가 '이미 언급된 것'의 뒤에 덧붙여 쓰인다는 것만 주의하면 됩니다.

The need to be closer to family is felt more by those living in London than anywhere else.
– The Lonely Society, Mental Health Foundation

가족과 더 가까워져야 할 필요성을 다른 어떤 곳보다 런던 사람들이 더 절실히 느끼고 있다.
– 보고서

물론 여기에서 than anywhere else와 관련된 비교는 more입니다. closer의 비교 대상은 표현되지 않았습니다.

I like riding, going to operas and concerts, travel in the west; but on the whole writing interests me more than anything else.
– Daily Rituals, Mason Currey

말을 타는 것도 좋아하고, 오페라와 공연장에 가는 것도 좋아합니다. 서부를 여행하는 것도 좋아하고요. 하지만 전반적으로 생각해보면 글쓰기만큼 재밌는 것은 없습니다.
– 『리추얼』, 메이슨 커리 (인문/교양)

번역에서 보듯이 '... 비교급 ... than any other (혹은 anything else/ anywhere else) ...'은 최상급 의미를 갖습니다.

원서, 읽(힌)다

문법책을 보면 '... as ~ as any + 단수 명사'(동등비교)도 최상급 의미를 갖는다고 설명합니다.

The discoveries of Eadweard Muybridge and Ahmed Zewail is <u>as</u> impressive <u>as any</u> other advance I can think of. – Numbers Don't Lie, Vaclav Smil	에드워드 마이브리지와 아메드 즈웨일의 발견은 내 머리로 생각해낼 수 있는 다른 어떤 발전만큼이나 인상적인 것이다. –『숫자는 어떻게 진실을 말하는가』, 바츨라프 스밀 (인문/교양/통계)
If the pirate articles were clear about any-thing, it was that the act of dividing up the booty was <u>as</u> close to a sacrament <u>as anything</u> else in the code. – Enemy of All Mankind, Steven Johnson	해적들의 합의 조항에서 무엇보다 명확한 것이 있었다면, 전리품의 분배가 다른 조항들만큼이나 성찬식에 가까울 정도로 엄숙하게 행해졌다는 것이다. –『인류 모두의 적』, 스티븐 존슨 (역사/세계사)

엄격히 번역하면 최상급은 아니지만, 궁극적으로 '최상'의 뜻을 갖는 게 분명합니다.

the act of dividing up the booty was as close to a sacrament as anything else in the code.

= the act of dividing up the booty was very close to a sacrament like anything else in the code.

영어에는 비교의 형태를 띠지만, 결코 '비교 구문'이라 할 수 없는 표현이 있습니다. 아마도 가장 자주 쓰이는 표현은 'as soon as', 'as far as', 'as long as'가 아닐까 싶습니다.

<u>As soon as</u> class began, Arielle had shot her hand up, urging me to call on her first. – Chatter, Ethan Kross	강의가 시작되자, 아리엘이 손을 번쩍 들고는 자기를 가장 먼저 지명해달라는 듯 나를 쏘아보았다. –『채터, 당신 안의 훼방꾼』, 이선 크로스 (심리학)

Virtual nature is, incredibly, still nature as far as the human mind is concerned.
– Chatter, Ethan Kross

믿기지 않겠지만, 인간 정신에 관한 한 가상의 자연도 엄연한 자연이다.
–『채터, 당신 안의 훼방꾼』, 이선 크로스 (심리학)

As long as Tracey could remember, she knew she wanted more than the life she was born into.
– Chatter, Ethan Kross

트레이시가 기억하는 한, 그녀는 자신에게 허락된 환경 이상의 것을 원했다.
–『채터, 당신 안의 훼방꾼』, 이선 크로스 (심리학)

위의 번역에서 보듯이 'as soon as', 'as far as', 'as long as'에는 비교의 뜻이 없습니다. 그런데 거의 모든 문법책에서 비교 구문으로 설명하고 있습니다. 따라서 위의 예문에서 'as soon as', 'as far as', 'as long as' 모두 '복합 접속사'로 쓰인 것이지만, 'as soon as', 'as far as', 'as long as'는 일반적인 동등 비교 문장에서도 쓰입니다.

"We will do sir. We will see you as soon as we can."
– The Kallans, Micah Mathews

"그렇게 하겠습니다. 최대한 빨리 뵙도록 하겠습니다."
– 국내 미출간 도서

A company like Facebook could even go as far as educating individual users about their research participation, perhaps through annual notifications.
– The Power of Experiments, Michael Luca

페이스북 같은 회사는 연례 공지를 통해 개인 사용자에게 몇 번이나 실험에 참여했는지도 알릴 수 있다.
–『실험의 힘』, 마이클 루카 (경영/전략)

Although journaling has surely been around nearly as long as the written word, it is only in the past few decades that research has begun to illuminate the psychological consolation it provides.
– Chatter, Ethan Kross

일기 쓰기는 문자만큼이나 오랜 역사를 지녔지만, 일기 쓰기에서 얻는 심리적 위안에 대한 본격적인 연구가 시작된 것은 겨우 수십 년 전이다.
–『채터, 당신 안의 훼방꾼』, 이선 크로스 (심리학)

원서, 읽(힌)다

다시 'as soon as', 'as far as', 'as long as'가 접속사로 쓰인 경우를 봅시다. 구조적으로 요약하면 'as soon as ~, ...'가 됩니다. 여기에서 이것이 접속사라는 선입견을 버리고, 비교 구문이라 생각하면 ~과 ...을 비교하는 동등 비교가 됩니다. 그럼 '~만큼 빨리 ...하다', '~만큼 멀리(혹은 크게) ...하다', '~만큼 길게 ...하다'가 됩니다. 이 표현이 자주 쓰이면서 복합 접속사로 여겨지고, 그 뜻이 '~하자마자', '~관한 한', '~하는 한'으로 정리된 것이 충분히 이해됩니다. 결국 출발점이 비교 구문이었던 까닭에 비교의 일종으로 설명되는 겁니다.

no sooner ~ than ...도 비슷한 논리로 설명됩니다.

No sooner had she said those words than the child was changed into a raven and flew from her arms out through the window.
- The Raven, Grimm Brothers

그 소녀가 그렇게 말하자, 그 아이는 까마귀로 변해 그 소녀의 품에서 빠져 나와 창밖으로 날아갔다.
－「까마귀」, 그림 형제 (소설)

no sooner ~ than ...는 '~ 하자마자 ... 하다'로 번역됩니다. 뜻에서는 as soon as ~, ...와 똑같습니다. no sooner ~ than ...도 직역하면 '...보다 더 빨리 ~하지 않다'여서, 예문을 직역하면 "그 아이가 까마귀로 변한 것보다 그 소녀가 더 빨리 그렇게 말하지는 않았다."가 됩니다. '까마귀로 변한 것'이 '그렇게 말한 것'보다 더 빠르지 않았다면, 두 행위가 거의 동시에 행해졌다는 뜻일 겁니다. 따라서 '~ 하자마자 ... 하다'라는 번역이 충분히 가능합니다.

이번에는 A as well as B를 봅시다. 이 역시 동등 비교 형태를 띕니다. 그러나 그 의미에는 비교의 뜻이 없습니다. 이 점에서는 앞의 경우와 같지만, 구조적 쓰임새는 다릅니다. 앞의 경우가 종속 접속사라면, as well as는 등위 접속사입니다.(▶ 등위 접속) 물론 as well as가 순전히 동등 비교로 쓰이는 경우도 있습니다.

The instruments are present in our mental habits, quirky behaviors, and daily routines, <u>as well as</u> in the people, organizations, and environments we interact with. (등위 접속) – Chatter, Ethan Kross	그 도구들은 우리의 정신적 습관, 별난 행동, 일상의 습관적 행위에는 물론이고, 우리가 교류하는 사람들과 조직 및 주변 환경에도 숨겨져 있다. –『채터, 당신 안의 훼방꾼』, 이선 크로스 (심리학)
Had he understood his own muddled courtship <u>as well as</u> he understood Speed's, he might have 'sailed through clear'. (동등 비교) – Chatter, Ethan Kross	그가 스피드의 연애 상황을 냉정하게 판단했던 것만큼이나 엉망진창이던 자신의 연애 상황을 잘 파악했더라면 '순조로운 항해'를 할 수 있었을 것이다. –『채터, 당신 안의 훼방꾼』, 이선 크로스 (심리학)

그렇다면 A as well as B는 왜 비교 구문으로 여겨지는 걸까요? A as well as B = not only B but (also) A라는 것은 누구나 알고 있습니다. 아마도 A as well as B가 비교 구문이면 B가 기준이기 때문에, not only B but (also) A로 순서를 바꿔놓은 것 같습니다. 결국 "B만이 아니라 A이다"이므로, "A와 B가 똑같다"라는 동등 비교가 됩니다. 이때 well을 살려서, A as well as B를 영어로 바꾸어보면 "A and B are equally well"이 됩니다. 이때 well의 뜻은 무엇일까요? 직역하면 "A와 B는 똑같은 정도로 잘 존재한다"가 됩니다. 그럼 다시 원래 문장으로 되돌아가서, A as well as B를 곧이곧대로 번역하면 "A는 B만큼이나 well로 존재한다"가 됩니다. 이 번역이 세련되게 발전해서 "B만이 아니라 A이다"가 된 게 아닌가 싶습니다. 사족으로 덧붙이면, 번역가의 입장에서는 A와 B의 순서가 크게 중요하지 않습니다.

Wuhan's COVID-19 mortality would thus be <u>about three times as high as</u> the 2019–2020 seasonal flu mortality in the US. – Numbers Don't Lie, Vaclav Smil	우한의 코로나19 사망률은 2019-2020년 미국에서 계절성 독감의 사망률보다 3배가량 높은 것이 된다. –『숫자는 어떻게 진실을 말하는가』, 바츨라프 스밀 (인문/교양/통계)

원서, 읽(힌)다

In 1940, the United States produced rough-ly 10 times as much steel as Japan did, and during the war the difference grew further.
– Numbers Don't Lie, Vaclav Smil

1940년 철강 생산에서 미국은 일본의 약 10배였고, 전쟁이 진행되는 동안에는 그 격차가 더 벌어졌다.
–『숫자는 어떻게 진실을 말하는가』, 바츨라프 스밀 (인문/교양/통계)

'기수 형용사 + times as ~ as ...'는 ...에 대한 배수를 나타내는 표현입니다. 여기에서 기수 형용사의 위치에는 비한정적 한정사에 속하는 단어들, 예컨대 half, several, many 등이 쓰일 수 있습니다.(▶ 관사와 한정사) 또 두 as 사이에는 형용사나 '형용사 + 명사'가 쓰이며, 그 둘 중 어느 쪽이 사용되는지는 앞의 동사에 의해 결정됩니다. 위의 첫 번째 예에서는 동사 be가 쓰였으므로 보어로 형용사를 취한 것이고, 두 번째 예에서는 동사가 목적어를 요구하는 produce이므로 'much steel'이란 명사구가 쓰인 것입니다.

그런데 때로는 다음의 경우처럼 뒷부분의 as ...가 겉으로 드러나지 않는 경우가 있습니다.

(1) The difference is impressive, with France or Japan using nearly five times as much energy per capita, but the historical comparison illuminates the real size of the gap.
– Numbers Don't Lie, Vaclav Smil

프랑스와 일본의 일인당 에너지 사용량은 거의 5배정도여서 그 차이도 무척 크지만, 역사적 관점에서 비교해보면 그 간격이 훨씬 실감나게 와닿는다.
–『숫자는 어떻게 진실을 말하는가』, 바츨라프 스밀 (인문/교양/통계)

(2) Turbine power increases with the square of the radius swept by its blades: a turbine with blades twice as long would, theoretically, be four times as powerful.
– Numbers Don't Lie, Vaclav Smil

터빈의 출력은 날개의 길이에 해당하는 반지름의 제곱으로 증가한다. 날개의 길이가 두 배로 증가하면, 적어도 이론적으로는 터빈의 출력이 4배로 증가한다는 뜻이다.
–『숫자는 어떻게 진실을 말하는가』, 바츨라프 스밀 (인문/교양/통계)

비교

위의 두 예문은 모두 뒤에 as ...가 생략된 것으로 봐야 합니다. 첫 번째 예문 (1)에서 인용된 구절 앞에는 Nigeria, Africa's most populous (and oil- and natural gas-rich) nation, averages only 35 gigajoules.(아프리카에서 인구가 가장 많고, 석유와 천연가스 매장량도 풍부한 나이지리아의 소비량은 평균 35기가줄에 불과하다)라는 문장이 있습니다. 생략을 다룬 곳에서 설명했듯이, 생략된 부분은 반드시 복원 가능해야 합니다.(▶ 생략) 그렇다면 (1)에서 생략된 것은 as Nigeria가 될 것입니다. 두 번째 예문에서는 무엇이 생략되었을지 직접 추리해보십시오.

관용적 표현

비교 구문을 언급할 때 빠질 수 없는 관용적 표현들이 있습니다. 하나는 A is no more B than C is D(= A is not B any more than C is D, A가 B가 아닌 것처럼 C도 D가 아니다)이고, 다른 하나는 the + 비교급 ~, the + 비교급 ...(~할수록 더욱더 ...하다)입니다.

| A home without love is <u>no more</u> a home <u>than</u> a body without a soul is a man. | 사랑이 없는 가정이 가정이 아닌 것은 정신이 없는 육체는 인간이 아닌 것과 같다.
 – 영어 속담 |

이 구문에서는 be동사가 명기되어 있지만, be동사인 경우에만 이 번역이 적용되는 것은 아닙니다.

| Such a personage can <u>no more</u> see his own folly <u>than</u> he can see his ears.
 – Men's Wives, William Makepeace Thackeray | 그런 사람은 자신의 귀를 보지 못하듯이 자신의 어리석음을 깨닫지 못한다.
 – 국내 미출간 도서 |

다음 문장을 보면, 이런 번역이 일반 동사에도 필요한 걸 실감할 수 있을 겁니다.

Majority voting would thus make the assembly no more likely to select the best option than each individual member.
– Not Born Yesterday, Hugo Mercier

개인이 최선의 의견을 선택할 가능성이 낮듯이, 과반수 투표제를 도입하더라도 의회가 최선의 의견을 선택할 가능성은 낮다.
–『대중은 멍청한가』, 위고 메르시에 (인문/교양)

위의 예문을 "과반수 투표제를 도입하더라도 의회가 개인보다 더 나은 의견을 선택할 가능성이 더 높지는 않을 것이다"라고 번역해도 큰 문제는 없을 것 같습니다. 그러나 the best option than ...이 문제입니다. 왜 비교 구문에 최상급 표현이 쓰인 것일까요? 결국 엄격히 말하면, 앞의 번역은 잘못된 것입니다. the best option을 살리려면, 이 구문의 번역 원칙을 적용해야 합니다. "개인이 최선의 의견을 선택할 가능성이 낮듯이, 과반수 투표제를 도입하더라도 의회가 최선의 의견을 선택할 가능성은 낮다."가 될 것입니다.

The more frequently an organization encounters a certain type of decision, the more valuable having a framework (rather than simply a product evaluation) can become.
– The Power of Experiments, Michael Luca

조직이 어떤 유형의 결정을 마주하는 빈도가 많아지면, 단순한 상품 평가에 만족하는 것보다 기준틀을 마련하는 게 무엇보다 중요해진다.
–『실험의 힘』, 마이클 루카 (경영/전략)

그러나 the + 비교급이 항상 두 번만 쓰이는 것은 아닙니다.

The more useful work the man does, and the more he thinks and feels, the more he readily lives.
– Character, Samuel Smiles

우리는 더 유익한 일을 하고, 더 많이 생각하고 더 많은 느낄수록 더 충만한 삶을 순조롭게 살아간다.
–『인격론』, 새뮤얼 스마일즈 (자기 계발)

또 재밌는 것은 be동사는 이 구문에서 생략되는 경우가 많다는 것입니다.

The bigger the change and potential harm, the more important the discussion.
– The Power of Experiments, Michael Luca

변화로 인한 위험이 클수록 그에 대한 논의가 중요하다.
–『실험의 힘』, 마이클 루카 (경영/전략)

생략

비교 구문을 공부할 때 빼놓을 수 없는 게 생략입니다.(▶ 생략) 비교는 두 대상의 상태나 특성을 비교한다고 했습니다. If you are not a better person tomorrow <u>than you are</u> today, what need have you for a tomorrow?(내일의 당신이 오늘의 당신보다 더 나은 사람이 아니라면, 내일을 위해 당신에게 무엇이 필요하겠는가?)라는 유대인 속담을 예로 들어봅시다. 이 속담은 내일의 당신(you are a good person tomorrow)과 오늘의 당신(you are a good person today)를 비교합니다. 생략을 다룬 곳에서 보듯이, 영어에서는 거의 언제나 뒤에서 반복되는 구절이 생략됩니다. 따라서 뒤에서 a good person이 생략된 것입니다(보어로 쓰인 명사구). 이런 형태가 비교급 문장에서 흔히 사용되는 생략의 모습입니다.

생략의 기본을 생각하면, 아래의 예문들에서 (   )에 생략된 것이 무엇인지 알아내는 건 그다지 어렵지 않을 겁니다.

On the whole, we are more likely to reject valuable messages—from the reality of climate change to the efficacy of vaccination—than (   ) to accept inaccurate ones.
– Not Born Yesterday, Hugo Mercier

전체적으로 볼 때, 우리는 부정확한 메시지를 참말로 받아들이는 경우보다, 기후 변화부터 백신의 효율성까지 정말 소중한 메시지를 배척할 가능성이 더 크다.
–『대중은 멍청한가』, 위고 메르시에 (인문/교양)

The adoption of the agricultural way of life was as devastating to the Native American communities as industrialization had been (   ) to the families living in Liverpool when William Farr built his first life tables.
– Extra Life, Steven Johnson

윌리엄 파가 첫 생명표를 작성할 때 산업화가 리버풀에 살던 가정에게 파괴적이었던 것만큼이나, 농경 생활의 채택은 아메리카 원주민 사회들에 파멸적인 영향을 미쳤다.
–『우리는 어떻게 지금까지 살아남았을까』, 스티븐 존슨 (과학사/인문/교양)

유대인 속담을 풀이한 방법을 그대로 적용하면, 차례로 "we are likely"(주어-동사-보어), "devastating"(보어로 쓰인 형용사)이 생략되었다는 걸 어렵지 않게 알아챌 수 있습니다.

물론 앞에서 인용한 문장에서 생략된 부분을 복원한다면 Majority voting would thus make the assembly <u>no more</u> likely to select the best option <u>than</u> each individual member (would select the best option)이 될 것입니다.

이번에는 거꾸로 비교절에서 무엇이 생략되었는지 찾아볼까요?

Dampier never recovered his back pay, but by that point, he was putting the finishing touches on his maritime memoirs, a book that would ultimately prove to be <u>far more</u> lucrative to him <u>than</u> the Spanish Expedition had promised to be.
– Enemy of All Mankind, Steven Johnson

댐피어는 체불 임금을 돌려받지 못했지만, 그즈음 뱃사람으로 살던 회고록을 마무리하고 있었다. 결국 그 회고록이 스페인 원정 해운에서 약속받은 돈보다 훨씬 많은 돈을 그에게 안겨주었다.
– 『인류 모두의 적』, 스티븐 존슨 (역사/세계사)

Why not celebrate those triumphs <u>as</u> visibly <u>as</u> we celebrate the military victories?
– Extra Life, Steven Johnson

그런데 왜 그런 승리를 군사적 승리를 찬양하는 만큼 기념하지 않는 것일까?
– 『우리는 어떻게 지금까지 살아남았을까』, 스티븐 존슨 (과학사/인문/교양)

그다지 어렵지 않았을 겁니다. 위의 예에서는 the Spanish Expedition had promised to be (lucrative to him, to-부정사절에 속한 보어)이고, 아래의 예는 we celebrate the military victories (visibly, 부사)입니다.

전치사구

원서, 읽(힌)다

전치사(前置詞)는 정말 이름 자체가 기가 막힙니다. 이름에 문법적 기능이 다 담겨 있다고 말해도 과언이 아닙니다. 전치사는 '앞에 놓이는 단어'라는 뜻입니다. 무엇의 앞에 놓일까요? 그렇습니다. 명사나 명사 상당어구가 전치사의 앞에 쓰입니다. 달리 말하면, 전치사는 명사 없이 존재할 수 없습니다. 전치사구는 '전치사 + 명사'의 결합체입니다. 이때 명사는 '전치사의 목적어'라고 부릅니다.

여기에서 의미를 기준으로 전치사를 분류한 이른바 '전치사의 용법'에 대해 언급하지는 않겠습니다. 엄격하게 말해 그 부분은 어휘론에 속하는 것이지, 여기에서 다루는 문법에 속하는 것은 아니기 때문입니다. 따라서 우리는 전치사구를 세 가지 관점에서 살펴보려고 합니다.

첫째는 전치사구의 기능에 따른 분류입니다. 대부분의 전치사구는 동사를 수식하거나 명사를 수식합니다. 결국 동사를 수식하는 전치사구는 부사로, 명사를 수식하는 전치사구는 형용사로 쓰인 것과 같습니다. 물론 형용사나 부사를 수식하는 경우도 있습니다. 이에 대해 하나씩 살펴보도록 하겠습니다.

둘째로는 형태를 기준으로 전치사를 분류해보려 합니다. 이중 전치사, 군전치사, 분사 전치사가 여기에 속합니다. 이는 엄격히 말해 전치사구 자체의 차이는 아닙니다. 그렇다고 해도 이렇게 분류되는 전치사도 결국에는 명사와 함께 쓰여야 하므로 전치사구의 차이로 귀결된다고 우길 수는 있습니다. 여하튼 명칭에 구애받지 않고 전치사의 형태를 분류해보도록 하겠습니다.

셋째로는 전치사구에서 가장 중요하면서도 난해한 문제를 따져보려 합니다. 명사는 그렇다손 치더라도 명사 상당어구라고 해서 모두가 전치사의 목적어로 쓰이지는 않습니다. 전치사의 목적어로 쓰이는 명사 상당어구로는 무엇이 있고, 가능하면 어떤 이유에서 그것들만이 그렇게 쓰이는 분석해보려 합니다. 일단 여기에서 인용되는 예문은 특별한 언급이 없는 한 찰스 두히그의 Smarter Faster Better(『1등의 습관』)에서 발췌한 것입니다.

전치사구의 기능에 따른 분류

① I prefer interacting with people whose opinions are very different from my own.

나는 나와는 의견이 무척 다른 사람들과 교류하는 걸 좋아한다.

② … people said they could suggest ideas without fear of retribution; the culture discouraged people from making harsh judgments.

… 보복이 있을까 두려워하지 않고 어떤 아이디어라도 제시할 수 있으며, 가혹한 비판을 자제하는 문화가 형성되었다고 말했다.

문장 ①에서 with people …은 동사 interacting을 수식하고, 문장 ②에서 from making harsh judgments는 동사 discouraged를 수식하고 있습니다. 전치사의 목적어로 쓰인 명사가 하나는 '명사(+관계절)'이고, 다른 하나는 동명사입니다.

한편 문장 ①에서 from my own은 형용사 different를 수식하는 전치사구입니다. 여기에서 전치사의 목적어는 명사인 my own (opinion)입니다. 물론 다음 예문처럼 명사 상당어구 (의문절과 동명사절)도 전치사의 목적어로 쓰입니다.

No one seemed surprised at what was happening.

누구도 당시 일어나고 있던 상황에 놀라지 않은 듯했다.

In other words, why are we so good at forecasting certain kinds of things—and thus, making decisions—when we have so little exposure to all the possible odds?

달리 말하면, 우리가 모든 가능한 변수를 지극히 적게 경험하고도 특정한 유형의 것을 더 정확히 예측하는 이유, 따라서 더 적절한 결정을 내릴 수 있는 이유가 무엇일까?

원서, 읽(힌)다

Elsa has to learn that you can't be afraid of who you are, you can't run away from your own powers.

엘사는 자신의 운명을 두려워할 필요가 없고, 자신의 힘을 저주할 필요가 없다는 걸 배워야 합니다.

차례로 (be) surprised at …, (be) good at …, (be) afraid of … 가 쓰인 예입니다. 이렇게 숙어로 외웠던 것을 생각하면, …에 들어가는 명사 상당어구가 전치사와 함께 앞의 형용사를 수식한다는 것은 쉽게 이해할 수 있을 겁니다.

그런데 문장 ②에서 without fear of retribution은 약간의 분석이 필요합니다. 당연한 말이겠지만 of retribution이라는 전치사구는 fear를 수식합니다. 즉 '형용사' 역할을 합니다. 이처럼 명사를 수식하는 전치사구는 예외 없이 형용사 역할을 합니다.

By sacrificing herself, Anna has saved Elsa—and this act of devotion, this genuine demonstration of true love, finally melts Anna's chest.

이렇게 자신을 희생함으로써 안나는 엘사를 구했다. 이런 헌신적 행위, 즉 진정한 사랑을 진실로 입증해 보인 행위 덕분에 안나의 가슴이 녹기 시작한다.

of devotion과 of true love는 각각 바로 앞의 명사를 수식하는 형용사 역할을 합니다. 특히 '명사 + of 명사'라는 구조에서 'of 명사'가 앞의 명사를 수식하는 형용사 역할을 합니다. 물론 'of 명사'라는 전치사구 형태만이 앞의 명사를 수식하는 것은 아닙니다.

However, some people … show a higher-than-average preference for personal organization, decisiveness, and predictability. They tend to disdain flighty friends and ambiguous situations. These people have a high emotional need for cognitive closure.

하지만 … 조직적이고 단호하며 예측 가능한 삶에 대한 선호성이 평균보다 높은 사람들이 있다. 그들은 변덕이 심한 친구들을 업신여기고 애매한 상황을 달갑게 생각하지 않으며, 인지적 종결 욕구가 무척 높은 사람들이다.

전치사구

위의 예에서 밑줄 친 전치사구는 각각 바로 앞의 preference
와 need를 수식하는 형용사 역할을 합니다.

Over a hundred thousand enemy troops were inside Israel's territory. It took three days to halt the Egyptian advance, and two days to organize a counterstrike <u>against Syria</u>.	결국 10만 명이 넘는 적군이 이스라엘 영토에 있게 되었다. 이집트군의 진격을 멈추는 데는 사흘이 걸렸고, 시리아에 반격을 가할 때까지는 이틀이 걸렸다.

against Syria는 counterstrike를 수식하는 전치사구입니다.
이런 예를 바탕으로 일반화를 시도해보면, 명사를 수식하며
형용사 역할을 하는 전치사구에 들어갈 전치사를 선택하는 데
결정적인 요인은 앞에 나온 수식받는 명사라고 결론지을 수
있습니다.

다시 문장 ②로 돌아갑시다. 여기에서 without fear of
retribution이라는 전치사구는 동사 suggest를 수식할까요, 아
니면 문장 전체를 수식할까요? 여러분이 글을 읽는 관점에 따
라 달라지겠지만, 앞에 쉼표가 없기 때문에 동사를 수식한다
고 분석하는 편이 더 나을 겁니다. 어떤 경우이든 without fear
of retribution은 '부사 역할'을 하는 전치사구가 됩니다. 따라
서 동사나 문장 전체를 수식하는 전치사구는 '부사 역할'을 한
다고 말할 수 있습니다.

그런데 '동사나 문장을 수식하는 전치사구 = 부사'라고 등
식화하기에는 아직 이른 듯합니다. 다시 문장 ①과 ②를 보
면, with people ...과 from making ...은 동사를 수식하는 전
치사구가 분명합니다. 그런데 이때의 전치사 선택은 수식하
는 동사 interact와 discourage에 영향을 받은 것입니다. 반면
에 문장 ②에서 동사 suggest는 전치사 without을 선택하는
데 아무런 영향을 미치지 않았습니다. 이런 차이를 무시하고,
interact with people ...과 discourage people from making ...
에서도 전치사구가 '부사 역할'을 한다고 말해도 괜찮을까요?

동사에 의해 선택이 결정되는 전치사는 무척 많습니다.

On the best teams, for instance, leaders encouraged people to speak up; teammates felt like they could expose their vulnerabilities to one another.

예컨대 최고의 팀에서는 리더들이 팀원들에게 자기 생각을 자유롭게 말하라고 독려했고, 팀원들은 자신의 약점까지도 숨김없이 드러낼 수 있다고 생각했다.

On the best teams는 문장 전체를 수식하는 전치사구이므로 자연스럽게 부사구로도 여겨집니다. 그러나 전치사 like와 to 는 각각 동사 felt와 expose의 영향을 받아 선택된 것입니다.

She asked people to agree or disagree with the statement: "If you make a mistake in this unit, it is held against you."

그녀는 간호사들에게 "팀의 일원으로서 실수를 범하면 그에 따른 개인적인 불이익이 있어야 한다"라는 말에 동의하지 않는지를 물었다.

Management would accuse me of spoiling my collectors because sometimes I would cook them breakfast on the weekends.

경영학 서적은 내가 직원들을 망친다고 비판할지도 모르겠다. 주말에는 내가 직원들을 위해 아침식사를 직접 마련해주기 때문이다.

She didn't want to apologize for not being perfect. She didn't think she needed to. And she didn't think Elsa should have to apologize for being flawed, either.

그녀는 완벽하지 못하다고 변명하거나 사과하고 싶지 않았다. 그래야 한다고도 생각하지 않았다. 따라서 엘사도 그런 결함 때문에 사과해야 한다고 생각하지 않았다.

위의 예에서 보면, On the best teams와 달리 다른 전치사구 들에서 전치사는 앞에 쓰인 동사의 영향을 받습니다.

feel like ..., expose ~ to ..., agree with ..., accuse ~ of ..., apologize for ...등이 그 예입니다. 따라서 이런 전치사구 는 '부사 역할'을 하는 것이 아니라 동사를 수식하는 '전치사

전치사구

구'라고 규정하는 편이 더 정확할 것입니다.

다음 문장에서 밑줄 친 전치사구들이 수식하는 대상을 살펴보는 것으로, 전치사구의 기능에 따른 분류를 끝내려고 합니다.

One of the original hypotheses attributed the gains of the smaller project load to the efficacy associated with economies of specialization. Doing a singular, focused activity can make you very good at that activity.

상대적으로 적은 프로젝트량의 이점이라면, 전문화와 관련된 효율성이라 가정할 수도 있을 것입니다. 대부분은 어떤 행위에 집중하면 그 행위를 능숙하게 잘 해낼 수 있습니다.

전치사구의 형태에 따른 분류

일반적인 문법책은 형태를 기준으로 해서, 명사 앞에 쓰이는 전치사를 대체로 두 종류, 이중(二重) 전치사와 군(群)전치사로 나눕니다. 이중 전치사는 '전치사 + 전치사'의 형태를 띠는 것이고, 군전치사는 '부사/형용사/접속사 + 전치사' 또는 '전치사 + 명사 + 전치사'의 형태를 띤다고 설명합니다. 이러한 설명이 문법적으로 설득력이 있는지는 의문이지만 적어도 이중 전치사는 '두 전치사'가 명사를 수식하는 것이므로 타당해 보입니다.

Others inputted the names of people who had visited Kelvin Melton in prison, license plates caught on cameras around Janssen's home, and credit card transactions from inside the stores where the burner phones were bought.

교도소로 켈빈 멜턴을 면회한 사람들의 이름, 얀센의 집 주변에 설치된 감시 카메라에 잡힌 자동차 번호들, 버너폰을 구입한 상점의 신용카드 거래 명세서도 입력되었다.

원서, 읽(힌)다

The school's transformation was so startling that researchers <u>from around</u> the nation soon began traveling to Cincinnati to figure out what the Elementary Initiative was doing right.

학교가 모든 면에서 놀라울 정도로 달라지자, 미국 전역에서 연구원들이 신시내티로 달려와 '초등교육 정상화 프로젝트'가 어떤 점에서 달랐는지 연구하기 시작했다.

from inside과 from around는 '전치사 + 전치사'인 것은 분명합니다. 참고로, '버너폰'(burner phone)은 위법한 행위를 감추려고 사용되는 일종의 선불폰입니다.

Inside the closet, he found Frank Janssen tied to a chair, unconscious, with blood still on his face <u>from where</u> the assailants had pistol-whipped him.

벽장 안에서 의자에 묶인 채 의식을 잃은 프랭크 얀센을 찾아냈다. 납치범들에게 권총으로 얻어맞은 얼굴에는 핏자국이 여전했다.

I'm having a small writing studio built in my backyard so I can have a space to take care of my novel not far <u>from where</u> Alice and I will take care of our new baby.
– 101 Letters to a Prime Minister, Yann Martel

앨리스와 제가 새로 태어날 아기를 돌봐야 하는 곳에서 멀지 않은 곳에 소설을 집필할 공간을 마련하려고 우리 집 뒷마당에 자그마한 작업실을 짓고 있습니다.
–『각하, 문학을 읽으십시오』, 얀 마텔
(편지/에세이)

from where에서 where는 의문사보다 관계부사로 보는 것이 타당합니다. 따라서 관계부사 앞에 명사인 선행사가 생략된 것으로 보아야 합니다. 그럼 from (the place) where ...라는 구조가 원래 형태라고 보아야 할 겁니다. 그런데 여기에서 의문이 생깁니다. 전치사구에서 전치사는 생략될 수 있어도, 명사는 생략될 수 없다는 것이 원칙입니다.(▶ 생략) 그렇다면 여기에서 the place는 생략되어서는 안 됩니다.

그러나 관계부사를 중심으로 보면 달라집니다. 관계부사의 선행사는 항상 뻔하므로 생략되는 것이 일반적입니다.(▶ 관계절) 요컨대 관계부사로 쓰인 where는 홀로 쓰이더라도

전치사구

the place라는 선행사가 내포된 것으로 보아야 합니다. 그렇다면 관계부사절은 명사로 쓰인 것이 됩니다. 따라서 '전치사 from + 관계부사절'은 특별히 예외적인 현상이 아닙니다. 아래의 예에서도 이런 결론은 다시 확인됩니다.

There's also a third rule that must be fulfilled to create a habit …. It explains everything from why it's so hard to ignore a box of doughnuts to how a morning jog can become a nearly effortless routine.	습관을 형성하기 위해서 만족시켜야 할 제3의 법칙이 있다 …. 도넛 상자를 무시하기 어려운 이유부터, 아침의 조깅이 거의 무의식적으로 행해지는 정례적인 행위가 되는 이유까지 모든 것을 설명해주는 법칙이다.

일부 문법책에서 in between을 이중 전치사, 즉 '전치사 + 전치사'로 설명하며, The nation is sandwiched in between the two great powers.(그 나라는 두 강대국 사이에 끼여 있다.)라는 예문을 제시합니다. 그러나 홍콩의 대표적인 신문, 사우스 차이나 모닝 포스트(South China Morning Post)에서 they are also increasingly sandwiched between the two great powers라는 문장을 확인할 수 있었습니다. 그렇다면 in between에서 in은 사족, 즉 군더더기라 할 수 있습니다. 문법적으로 in은 애초부터 안 쓰여도 되는 단어, 즉 부사로 보아도 무방하다는 말입니다. 그렇다면, in between은 문법책에서 '군전치사'라 불리는 '부사 + 전치사'와 비슷한 것입니다. 아래의 예문을 참고하십시오.

… whenever Robert was pressured into making decisions, he seemed to come out of his shell a little bit.	… 로버트는 결정을 내리라는 압력을 받을 때마다 조금씩 껍데기를 깨고 나오는 것처럼 보였다.

Some productive Google teams, for instance, were composed of friends who played sports together outside of work. Others were made up of people who were basically strangers away from the conference room.	예컨대 팀원들이 업무 외에 함께 야외운동을 즐기는 팀이 생산적인 경우에도 있었지만, 팀원들이 회의실을 떠나는 순간 기본적으로 낯선 관계가 되는 팀이 높은 생산성을 발휘하는 경우도 있었다.

원서, 읽(힌)다

How do people decide to send their kids to expensive private schools instead of free public ones?

사람들이 자식을 무료인 공립학교에 보내지 않고 값비싼 사립학교에 보내는 이유는 또 무엇일까?

위의 예문들에서 out, outside, instead는 모두 부사입니다. '부사 + 전치사'가 하나의 전치사처럼 기능하며 명사를 수식합니다. 이때의 군전치사는 하나로 결합한 상태로 쓰인다는 점에서 in between과 다릅니다.

또한 군전치사에는 '부사 + 전치사'뿐만이 아니라 '접속사 + 전치사'도 있습니다.

Information blindness occurs because of the way our brain's capacity for learning has evolved. Humans are exceptionally good at absorbing information.

뇌의 학습 능력이 지금까지 진화해온 방법 때문에 우리는 정보맹을 피할 수 없다. 인간은 정보를 흡수하는 데 무척 뛰어나다.

문법책에서는 because of를 '접속사 + 전치사'라는 군전치사로 설명합니다. 그렇다면, 접속사 뒤에는 '주어-술어'라는 완성된 문장이 쓰인다는 원칙이 여기에서 무너집니다. 그럼 접속사의 정의를 바꾸어야 할까요? 그러면 다른 접속사는 왜 전치사와 결합해 '군전치사'로 쓰이지 않는 것일까요? 그래서 케임브리지 사전을 열심히 뒤적여봤습니다. 케임브리지 사전에서는 because가 접속사 이외에 전치사로 쓰인다며 이런 예문을 제시합니다.

"Why does that happen?" "Because science."

분명히 여기에 쓰인 because는 전치사입니다. 이런 언어 변화를 설명하려고 The Atlantic(『디 애틀랜틱』)이라는 잡지의 저명한 기자 마크 가버(Mark Garber)는 "English has a new preposition, because Internet."이라는 제목의 기사를 썼습니

전치사구

다. 흥미롭지 않습니까? 여하튼 because of …는 오래 전부터 사용되었고, because가 전치사로 쓰이기 시작한 것은 최근입니다. 게다가 완전히 정착되지도 않았습니다. 제가 지금까지 번역한 많은 책에서는 아직 'because + 명사'를 보지 못했으니까요. 그렇다고 because of를 '접속사 + 전치사'로 보고 싶지는 않습니다. 같은 뜻을 지닌 due to와 owing to를 고려하면, '과거 규정의 포로가 되지 말고 새로운 눈으로 해석하자면' because of에서 because를 부사로 보고 싶습니다.

… People like Robert don't lose their drive because they've lost the capacity for self-motivation. Rather, their apathy is <u>due to</u> an emotional dysfunction.	로버트 같은 사람들이 자기 동기부여 능력을 상실하기 때문에 의욕을 잃는 것은 아니다. 오히려 그런 사람들의 무관심은 '감정의 기능 장애'에서 비롯되는 듯하다.
Unfortunately, <u>due to</u> the restrictions, we are not able to make any comments on the case.	이런 법적 제한 때문에 안타깝지만 이 사건에 대해 어떤 논평도 할 수 없다는 점을 양해해주십시오.

두 예문에 똑같이 due to …가 있지만, 첫 문장에서는 due를 형용사로 분석하고, to …는 앞에 쓰인 형용사 due를 수식하는 전치사구로 보아도 틀린 분석이 아닙니다. 반면에 둘째 문장에서는 due to …가 문장 전체를 수식하는 전치사구로 분석되며 '부사' 역할을 합니다.

　due to와 똑같이 두 가지로 분석되는 다른 예로 owing to가 있습니다. 요즘 출간되는 책에서 owing to가 사용된 예를 찾기는 무척 힘들었습니다. 실제로 콜린스에서 제공하는 용례 빈도를 살펴보면, 지난 50년 동안 owing to의 사용 빈도가 3분의 1로 줄어들었습니다. 그래서 케임브리지 사전에 사용된 예문을 인용할 수밖에 없었습니다.

The rapid increase in the traffic was <u>owing to</u> the large businesses carried on by manufacturers.

교통량의 급속한 증가는 제조업체들의 대규모 사업에 힘입었다.

The performance has been canceled <u>owing to</u> the strike.

그 공연은 파업 때문에 취소되었다.

위의 두 예문도 due to ...의 경우와 같습니다. 첫 문장에서는 형용사 owing을 수식하는 전치사구(to the large businesses ...)가 쓰였고, 둘째 문장에서는 owing to ...가 동사를 수식하는 전치사구로서 부사 역할을 합니다.

due to와 owing to를 설명하기 위해, 문법책에서는 군전치사에 '형용사 + 전치사'도 있다고 말합니다. 이런 규정은 위의 예문에서 첫째 문장에만 해당하고, 이때의 '형용사 + 전치사 + 명사(상당어구)'는 형용사구이지, 전치사구가 아닙니다. 형용사 뒤의 '전치사 + 명사'가 부사 역할을 하는 전치사구로서 형용사를 수식하므로, '형용사 + 전치사 + 명사(상당어구)' 전체는 형용사구가 됩니다.

이러한 분석을 둘째 문장에 비판 없이 그대로 적용하면, 형용사구가 '부사' 역할을 하는 희한한 경우가 생깁니다. 이런 예외는 결코 용납되지 않습니다. 따라서 because of, due to, owing to가 동사나 문장 전체를 수식하는 부사적 기능을 할 때 역시, '기존의 관념에 메이지 말고' 전치사 앞의 because, due, owing이 부사라고 가정하는 편이 더 나을 것 같습니다. 이런 가정이 맞다면, according to의 경우도 다를 바가 없습니다. 다시 말하면, 문법을 바꾸거나 예외를 인정하기보다, 문장 구조에 따라 품사를 조절하는 게 더 낫습니다.

People who know how to self-motivate, according to studies, earn more money than their peers, report higher levels of happiness, and say they are more satisfied with their families, jobs, and lives.

이처럼 자신에게 동기를 부여하는 방법을 알고 있을 뿐 아니라 동료보다 더 많은 돈을 버는 사람이 상대적으로 더 행복하고, 가족과 직업과 삶에 대해서도 만족하는 것으로 다수의 연구에서 밝혀졌다.

하나의 단어가 문장에 쓰인 위치에 따라 품사가 달라지는 것은 상식입니다. 게다가 우리가 흔히 전치사로 알고 있는 단어가 부사로 쓰이는 예는 부지기수입니다. 앞에서 언급했듯이, in between에서 in이 대표적인 예입니다.

As they walked past swingsets and joggers, Kristen and Bobby began discussing what they would do if they were cursed and despised for something they couldn't control.

크리스틴과 바비는 놀이터와 조깅하는 사람들을 지나치며, 자신이 통제할 수 없는 힘 때문에 경멸받고 저주받은 신세가 된다면 어떻게 반응할지에 대해 의견을 주고받았다.

The first thousand meters of the runway blurred past.

활주로에서 1,000미터 표지를 지날 때 흐릿하게만 보였다.

Something special happened inside those data rooms.

뭔가 특별한 일이 그 자료실에서 일어났다.

Inside were two men sitting in chairs with guns next to them, caught completely off guard.

안에는 두 남자가 총을 옆에 두고 의자에 앉아 있었지만 순식간에 제압되었다.

위의 예문들에서는 past와 inside가 전치사 또는 부사로 사용되었습니다. 어디에서 전치사로 사용되고, 어디에서 부사로 사용되었는지는 굳이 설명할 필요가 없을 겁니다.

또한 '전치사 + 명사 + 전치사'도 군전치사의 일부로 다루고 흔히들 숙어로 암기하는 것이지만, 결국에는 "전치사는 명

사 앞에 쓰인다"라는 원칙을 충실히 따른 복잡한 예에 불과
합니다.

Crandall interviewed nurses who were calm in the face of emergencies and others who seemed on the brink of collapse.	크랜들은 응급상황을 맞아서도 침착성을 잃지 않는 간호사들과, 반대로 정신줄을 놓는 지경까지 이르는 간호사들을 인터뷰했다.
Why do some people decide to have children when the costs, in terms of money and hard work, are so obvious, and the payoffs, such as love and contentment, are so hard to calculate?	사람들이 자식을 갖겠다고 결정하는 이유가 무엇일까? 그에 따른 비용은 금액과 노동량으로 명확히 드러나는 반면에 사랑과 만족감이란 보상은 객관적으로 계산하기 힘들지 않은가?

in the face of, on the brink of, in terms of는 '전치사 + 명사
+ 전치사'로 분석이 가능합니다. 이렇게 할 때 '명사' 앞에 수
식어로 형용사가 쓰이는 이유도 다음과 같이 설명됩니다.

In fact, in the original agreement with GM they planned on only making Chevy vehicles and when these did not sell because of the negative image of the Chevy brand they brought over the Toyota Corolla.	실제로 GM과 처음 맺은 협약에서 도요타는 쉐보레 자동차만을 제작할 계획이었습니다. 그런데 쉐보레 브랜드의 부정적인 이미지 때문에 쉐보레 자동차가 팔리지 않자 도요타 코롤라를 생산하게 된 것입니다.

위의 예문에서 '군전치사 + 명사'를 '전치사1 + 명사1 + 전치
사2 + 명사2'로 분석하면, '전치사2 + 명사2'는 명사1을 수식
하는 전치사구로 '형용사' 역할을 한다고 말할 수 있습니다.
한편 '전치사1 + 명사1 + 전치사2 + 명사2' 전체는 부사 역할
을 하는 전치사구가 됩니다.

전치사의 목적어로 쓰이는 명사 상당어구
일단 명사로 쓰일 수 있는 모든 구절을 나열해보겠습니다. to-
V, V-ing, that-절, whether/if-절, 관계대명사 what-절, 의문절,

선행사가 생략된 관계부사절이 명사 역할을 하며, 명사 상당 어구로 불립니다. 이 모두가 전치사의 목적어로 사용될 수 있을까요? 그렇지는 않습니다. 그럼 이 가운데 어느 것이 전치사의 목적어로 쓰일까요?

명사적 용법으로 쓰인 to-V는 전치사의 목적어로 쓰일 수 없다는 것과(▶ to-V) Yes/No 의문문이 간접 의문절로 사용될 때 whether-절만이 전치사의 목적어로 쓰인다는 것은(▶ 의문절) 각각 관련된 부분에서 언급한 적이 있습니다.

It(= Productivity)'s a process of learning how to succeed with less stress and struggle. It's about getting things done without sacrificing everything we care about along the way. (V-ing)

생산성은 스트레스를 덜 받고 덜 힘들게 일하며 성공하는 방법을 학습하는 과정이며, 우리가 소중하게 생각하는 모든 것을 희생하지 않고도 목표를 이루어내는 방법에 대한 것이다.

The odds of winning or losing were exactly the same regardless of whether the participant or the computer was in control. (whether-절)

참가자와 컴퓨터 중 누가 선택하든 간에 승패의 확률은 똑같았다.

For a simple decision like whether I should meet my wife for lunch, the calculus is easy. (whether-절)

아내와 점심을 함께해야 할까? 이처럼 간단한 문제를 결정하는 데 특별한 계산이 필요하지 않다.

… highly experienced, highly skilled personnel become very good at paying attention to what's most important in a given situation, and not getting distracted by less important information. (관계대명사 what-절)

… 고도로 숙련된 노련한 사람은 주어진 상황에서 가장 중요한 것에 집중하고 덜 중요한 것에 주의력을 빼앗기지 않는 데 능숙해진다.

원서, 읽(힌)다

Companies say such tactics are important in all kinds of settings, including if you're applying for a job or deciding whom to hire. (의문절)

어떤 유형의 환경에서나 그런 전술이 중요하다고 말하는 기업이 많다. 당신이 누구를 채용해야 하는지 결정해야 할 때도 그렇지만, 거꾸로 당신이 일자리에 지원할 때도 이런 전술은 중요하다.

One is a propensity to create pictures in their minds of what they expect to see. These people tell themselves stories about what's going on as it occurs. (의문절)

첫째는 어떤 대상으로부터 기대하는 모습을 머릿속에 그리는 능력이다. 또 그들은 어떤 변화가 있으면 어떤 변화인지에 대해 혼자 머릿속으로 이야기를 꾸민다.

… someone else suggested dividing cards from multiple classes into piles based on where students lived. (관계부사절)

… 여러 학급의 색인카드를 합한 후에 학생들의 주소를 기준으로 분류해보자는 제안이 있었다.

to-V가 전치사의 목적어로 쓰이는 경우는 전혀 없습니다. 그 이유는 짐작할 만합니다. 형태론적인 관점에서 보면, 부정사 앞의 to가 전치사 형태를 띠기 때문일 것입니다. that-절도 원칙적으로는 전치사의 목적어로 쓰이지 않습니다. 그런데 이상하게도 in that-절, except that-절은 자주 눈에 띕니다. 다시 말하면, that-절 앞에 전치사 in이나 except가 쓰이는 경우가 있습니다.

Baron, in response to a fact-checking email, said that the bureaucratic and the autocratic models have differences but are similar in that "(1) they are both quite infrequent within this sector among start-ups; and (2) they are both unpopular with scientific and technical personnel.

사실 확인을 위해 주고받은 이메일에서 제임스 배런은 관료주의 모델과 독재 모델이 여러 점에서 다르지만, "(1) 두 모델이 신생 기업의 경우에는 무척 드물고, (2) 과학을 비롯한 전문 분야에 종사하는 사람들은 달갑게 생각하지 않는다"라는 점에서 유사하다고 설명했다.

전치사구   **169**

An autocratic culture is similar, except that all the rules, job descriptions, and organizational charts ultimately point to the desires and goals of one person, usually the founder or CEO.

독재 문화는 비슷하지만, 모든 규칙과 직무 분석 및 조직도가 한 사람, 예컨대 창업주나 최고경영자의 욕망과 목표를 지향하고 있다는 점이 다를 뿐이다.

전치사구 내의 명사가 동사의 형태에 영향을 미치는 경우

여기에서는 most of, some of, half of, majority of, 90 percent of 등과 같은 표현에 대해 살펴봅시다. 이런 표현들은 실제로 영어에서 무척 자주 쓰이기 때문입니다. 주어가 '부정 대명사'(indefinite pronoun), 예컨대 all, any, more, most, some 등일 때 수식하는 전치사구 내의 명사가 동사의 형태에 영향을 미칩니다. 달리 말하면, 전치사구 내의 명사에 따라 동사의 수가 결정됩니다.

Most of those efforts, however, were failures.

하지만 그런 노력들은 대체로 실패였다.

Most of my own ability to become smarter, faster, and better relies on the kindness of other people.

주변 사람들이 베푼 친절 덕분에 나는 더 영리하고 더 신속하며 더 생산적으로 변할 수 있었다.

두 예문에서 밑줄 친 전치사구 내의 명사, 즉 those efforts와 my own ability의 영향을 받아 문장의 동사가 각각 복수(were)와 단수(relies)로 사용되었습니다.

When most of the staff got to New York, they didn't know anyone except one another.

대부분의 제작진이 뉴욕에 도착했지만 뉴욕에서 그들을 알아주는 사람은 어디에도 없었다.

이 문장은 staff가 이른바 '군집 명사'로 쓰인 예입니다.

Half of them were also told, "You must have worked hard at these problems."

절반에게는 "문제를 열심히 풀었던 게 확실하구나!"라는 칭찬까지 덧붙였다.

The second half of the film follows Anna as she searches for her prince, desperately hoping that his kiss will heal her damaged heart.

영화의 후반부에서는 안나가 왕자를 찾아 나서며, 왕자의 입맞춤이 그녀의 얼어붙은 심장을 녹여주기를 간절히 바란다.

여기에서도 문장의 동사가 각각 were와 follows로 쓰인 이유를 어렵지 않게 알아낼 수 있습니다.

구동사(phrasal verb)와 전치사적 동사 (prepositional verb)를 구분하는 방법

일단 '동사 + 부사'는 구동사, '동사 + 전치사'는 전치사적 동사라고 해두겠습니다. 이 동사구들과 함께 쓰인 명사가 동사의 목적어인지, 전치사의 목적어인지를 구분하기가 까다로울 때가 있습니다. 예를 들어 설명해보겠습니다.

The odds of getting a flush are relatively small. Rather than throw money away on an unlikely outcome, they'll quit.

플러시가 만들어질 확률이 상대적으로 낮기 때문에 그들은 불확실한 결과에 돈을 낭비하지 않고 그 판에서 손을 뺀다.

… from a probabilistic standpoint, it(= making the bet) will pay off over time. It doesn't matter that this hand is uncertain. What matters is committing to odds that pay off in the long run.

확률론적 관점에 보면 베팅하는 것이 궁극적으로 이익이라는 것을 알고 있다는 뜻이다. 이번 판이 불확실하다는 것은 중요하지 않다. 중요한 것은 궁극적으로는 승리를 보장하는 확률을 충실히 따르는 것이다.

Disney's chief creative officer, John Lasseter, kicked off the conversation.

디즈니사의 최고창의성책임자, 존 래시터가 먼저 말문을 떼었다.

위의 예는 모두 '동사 + 부사'가 쓰인 예입니다. 따라서 away 와 off는 부사입니다. pay off 뒤에 어떤 명사도 쓰이지 않았다는 점에서 off가 부사인 것은 분명합니다. 하지만 kicked off the conversation에서 헷갈립니다. the conversation이 동사 kick의 목적어일까요, 전치사 off의 목적어일까요? 비슷한 구조를 지닌 throw money away에서 away는 전치사로서의 자격 조건을 갖추지 못하기 때문에 부사이며, money 는 동사 throw의 목적어입니다. 한편 throw away money가 되면 money의 위상이 다시 헷갈립니다. 요컨대 kick off the conversation의 경우와 똑같은 문제에 부딪힙니다. 이처럼 구동사는 명사와 쓰일 때는 두 가지 가능성('동사 + 부사 + 명사' 또는 '동사 + 명사 + 부사')이 있지만, 대명사와 쓰일 때는 오로지 '동사 + 대명사 + 부사'만이 가능합니다. 따라서 마지막 예문은 the conversation을 대명사로 바꾸면 Disney's chief creative officer, John Lasseter, kicked it off.로만 쓸 수 있습니다.

The curtain went up and we looked at the audience, and they looked at us, and we looked at them,	커튼이 올라갔고 우리는 관객을 바라보았습니다. 관객들도 우리를 쳐다보았습니다. 우리는 다시 관객들을 바라보았습니다.
None of them said they felt depressed or complained about their apathy.	우울증을 호소하거나 자신의 무관심을 푸념하는 환자는 한 명도 없었다.

위의 예는 모두 '동사 + 전치사'가 쓰인 예입니다. 전치사는 항상 명사 앞에 위치한다고 했기 때문에, 이 경우에는 look the audience at이나 look us at으로 쓰지 못합니다. 항상 '동사 + 전치사 - 명사'로 써야 합니다.

정리하면, '동사 + 부사 - 명사'에서 명사는 동사의 목적어이고, '동사 + 전치사 - 명사'에서 명사는 전치사의 목적어입니다. 이 점을 잘 기억하면 '동사 + 부사/전치사 - 명사'라는 구조에서 명사 앞의 것이 전치사인지 부사인지 구분하기가 쉬워집니다. 물론 구동사의 경우 대명사는 동사와 부사 사이에만 올 수 있으므로, 해당 구조에서 명사 위치에 대명사가 쓰이면, 무조건 '전치사'가 됩니다.

요컨대 '동사 + 부사' 다음에 나오는 명사는 동사의 목적어이며, 이때 동사는 목적어를 취하므로 타동사입니다. 반면에 '동사 + 전치사' 다음에 나오는 명사는 전치사의 목적어이며, 이때 동사는 목적어를 취하지 않으므로 자동사입니다. 그럼 부사나 전치사로 사용되는 단어가 이런 구조에 쓰일 때 구분할 수 있겠습니까? 다음 예를 보십시오.

(1) So they began linking up, arm in arm, to prevent one another from sliding <u>down</u> the incline.	그래서 그들은 서로 팔짱을 끼고 몸을 연결하기 시작했다. 비탈에서 미끄러져 내려가는 걸 그런 식으로 예방한 것이다.
(2) The writers and actors … were shooting <u>down</u> ideas, undermining one another, and competing for airtime.	작가들과 배우들은 … 상대의 아이디어를 비판하고 상처를 주며 방송시간을 두고 치열하게 다투었다.

(1)에서 down은 전치사이고, (2)에서 down은 부사입니다. 물론 slide는 주로 자동사로 사용되지만 간혹 타동사로도 쓰입니다. 하지만 타동사는 '미끄러지게 하다'라는 뜻을 갖습니다. 인간이 '비탈길'(incline)을 미끄러지게 할 수 있을까요? 따라서 (1)에서 slide는 자동사이고 down은 전치사가 됩니다.

(2)에서 shoot은 굳이 설명할 필요가 없을 겁니다. 사전을 참조해 분석하면 (2)에서 shoot이 타동사인 이유가 자연스럽게 이해됩니다.

전치사구

이왕 내친김에 전치사구와 관련된 문제를 풀어보겠습니다. 우선 아래 예문에서 밑줄 친 부분들의 구조를 분석해보십시오.

Another chapter looks at why we can maintain focus by constructing mental models—and how one group of pilots told themselves stories that prevented 440 passengers from falling out of the sky.

다음 장에서는 심성모형을 구축함으로써 집중력을 유지하는 방법을 살펴보았고, 440명의 승객이 하늘에서 추락하는 걸 막기 위해서 조종사들이 자기들끼리 나누는 이야기도 살펴보았다.

전치사 + 관계부사절,
전치사 + V-ing,
전치사 + 명사,
전치사 + V-ing,
부사 + 전치사 + 명사

다른 문제로 터너의 유명한 그림, 「눈보라 - 항구 어귀에서 표류하는 증기선」의 부제가 the Author was in this Storm the Night the Ariel left Harwich라고 합니다. 부제에서 생략된 것이 있습니다. 생략을 인정하지 않을 때 이 문장은 어떻게 쓰여야 할까요?

the Author was in this Storm at the Night when the Ariel left Harwich

이런 답이 만들어지는 이유를 알아보시려면 관련 장들을 참조하십시오.(▶ 생략, 관계절)

원서, 읽(힌)다

비인칭 it

원서, 읽(힌)다

비인칭 it은 대체 무엇일까요? it은 원래 인칭 대명사(3인칭 단수)로 쓰이지만, 다른 무언가를 대신하지 않는 it을 인칭 대명사가 아니라는 뜻에서 '비인칭'이라고 하는 것입니다. 엄격히 말하면, 대명사도 아닙니다. 그저 주어나 목적어 자리에 오는 허사(虛辭)에 불과합니다. 따라서 비인칭 it이 쓰인 주어와 목적어는 진짜가 아니기 때문에 '형식 주어'와 '형식 목적어'라고 부르기도 합니다. 그런데 목적어에는 동사의 목적어와 전치사의 목적어가 있습니다. '형식 목적어'는 동사의 목적어로만 쓰일 뿐, 전치사의 목적어로는 쓰이지 않습니다.

비인칭 동사

'형식 주어'를 언급할 때 가장 먼저 떠올리게 되는 문장은 이른바 '비인칭 동사'가 사용된 문장입니다. 비인칭 동사의 주어로 사용된 it은 아무런 의미 없이 주어 자리를 채우는 허사에 불과합니다. 예컨대 It snows에서 snow는 비인칭 동사이고, 이때 대명사 it은 특정 대상을 지칭하지 않습니다. 비인칭 동사는 주로 날씨를 표현하는 문장에 쓰이기 때문에 '날씨 동사'(weather verb)라고도 불립니다. 즉, '눈, 비, 바람' 등이 그 대상이 됩니다.

I think it's starting to rain.
비가 곧 내리기 시작할 것이라 생각한다.

It blows tremendously.
바람이 심하게 분다.

하지만 비인칭 동사가 항상 비인칭 동사로만 사용되는 것은 아닙니다. 일반적으로, '시간, 날짜, 요일, 날씨, 거리, 명암'을 표현할 때 비인칭 동사를 사용한다고 말합니다. 물론 비인칭 동사가 사용되므로 주어로는 비인칭 it이 사용됩니다.

It is getting dark.
어두워지고 있다

여기에서 get은 비인칭 동사이고, 주어로 사용된 it은 특정한 것을 가리키지 않습니다. 하지만 문장의 의미를 파악하는 데는 아무런 문제가 없습니다. 그런데 여러분 중에서, get이 비인칭 주어만을 취하지는 않는다는 것을 모르는 분은 없을 겁니다.

또 '어두워지고 있다'는 It is getting dark.뿐만이 아니라 It is growing dark.로도 표현될 수 있습니다. get이 grow로 바뀌었을 뿐입니다. 그런데 grow는 일반 동사로 더 자주 사용됩니다. It is cold.는 어떻게 분석해야 할까요? 당연히 be 동사 is가 비인칭 동사가 되어야 할 겁니다. 결론적으로, 비인칭 동사는 일반 동사로도 사용된다는 것입니다.

비인칭 동사는 이 정도로 해도 충분할 것이라 생각합니다. 이른바 '비인칭 구문'에서 중요한 것은 '형식 주어'나 '형식 목적어'로 사용된 it이기 때문입니다. 형식 주어나 형식 목적어가 있다면, 진짜 주어나 진짜 목적어가 있어야 한다는 전제가 필요합니다. 비인칭 구문은 형식 주어와 진짜 주어, 또는 형식 목적어와 진짜 목적어를 동시에 포함하는 문장입니다.

이제부터 비인칭 it의 쓰임새를 두 부분으로 나누어 자세히 살펴보겠습니다.

형식 주어로 사용되는 비인칭 it

형식 주어와 진짜 주어, 즉 진주어가 사용된 구문은 구조적으로 대략 6가지로 구분됩니다.

① It - be - 형용사나 명사 - to V

to V가 진주어이고, it은 형식 주어, 즉 가주어로 쓰였습니다. 여기에서 형용사와 명사는 보어로 쓰인 경우입니다. to V의 주어는 주로 사람이 쓰입니다.

　　　　　　　　　　원서, 읽(힌)다

It is easy to see this(= the collapse of Inca) as a classic confrontation between wicked early imperialists and noble locals.
– A History of the World, Andrew Marr

잉카의 몰락은 악랄한 초기의 제국주의자들과 고결한 토착민 간의 대결 결과로 생각하면 쉽다.
–『세계의 역사』, 앤드루 마 (역사/세계사)

… with oared galleys, rather than the later European sailing ships, it would have been difficult to get very far south.
– A History of the World, Andrew Marr

… 훗날 유럽의 범선이었다면 몰라도 노를 젓는 갤리선으로는 멀리 남쪽까지 내려가기가 어려웠을 것이다.
–『세계의 역사』, 앤드루 마 (역사/세계사)

But viewed on a truly global scale, it is hard to find an entity that has done more to improve the lives of Homo sapiens over the past seventy years than the World Health Organization.
– Extra Life, Steven Johnson

그러나 범세계적인 관점에서 보면, 지난 70년 동안 호모 사피엔스의 삶을 개선하는 데 세계보건기구보다 더 많은 일을 해낸 독립된 기관을 찾아내기가 어렵다.
–『우리는 어떻게 지금까지 살아남았을까』, 스티븐 존슨 (인문/교양)

… it would be a mistake to assume that the churches opposed improved communication.
– What Hath God Wrought, Daniel Walker Howe

… 교회가 커뮤니케이션의 발달에 반대했을 것이란 가정은 잘못된 것이다.
– 국내 미출간 도서

It is their ambition and the end of their whole lives to gain, if not for themselves yet at least for their children, the proud position of being obvious burdens on the community.
– Book by Book, Michael Dirda

그들이 삶에서 기대하는 꿈과 목적은 자신들은 누리지 못하더라도 적어도 자식 세대에서는 공동체에 확실한 부담거리가 되는 자랑스러운 위치를 차지하는 것이다.
–『북 by 북』, 마이클 더다 (인문/독서)

마지막 예에서 to gain의 주어는 명확히 표현되지 않았지만, 보어로 쓰인 명사구에서는 소유격이 주어 역할을 하므로 their(they)가 to gain의 주어라는 것을 충분히 짐작할 수 있습니다.

비인칭 it   **179**

② It - be - 형용사나 명사 - for + 명사 - to V

여기에서는 to V의 주어가 for + 명사로 표현되며, 이때의 명사를 '의미상 주어'라 부릅니다. 일반적인 형용사와 명사가 보어로 사용된 경우에는 'for + 명사'가 사용되지만, 사람의 품행을 표현하는 형용사(good, nice, kind, helpful, generous, honest 등)가 보어로 쓰이면 'of + 명사'가 사용됩니다.

Slavery represented one area within which it is impossible for us to accept that economic rationality was really a good thing.
– What Hath God Wrought, Daniel Walker Howe

노예제도는 우리에게 경제적 합리성을 항상 좋은 것으로 받아들일 수는 없다는 걸 여실히 보여준 부문이었다.
– 국내 미출간 도서

It was not particularly difficult for the combined Venetian and Frankish forces to defeat the Byzantine usurper and place his nephew in power …
– A History of the World, Andrew Marr

베네치아와 프랑크 연합군이 그다지 어렵지 않게 비잔틴 제국의 찬탈자를 쫓아내고 조카에게 왕권을 돌려주었다.
– 『세계의 역사』, 앤드루 마 (역사/세계사)

… it came to be a custom for young women to go out annually together.
– Women in Scripture, Carol Meyers

… 젊은 여인들이 연례행사로 함께 외출하는 게 관습이 되었다.
– 국내 미출간 도서

… nobody could disagree that it was bold of him to fly a Virgin plane into Baghdad.
– Winners, Alastair Campbell

… 그가 버진 항공을 바그다드에 운항하기로 한 결정이 대담한 결정이었다는 것은 누구도 부인할 수 없을 것이다.
– 『위너스, 운명도 이기는 승자의 조건』, 알래스테어 캠벨 (자기 관리)

It is thoughtful of you, as a sponsor, to give the newcomer a small gift.
– New Complete Book of Etiquette, Amy Vanderbilt

후원자로서 당신이 신입 회원에게 작은 선물을 하는 것은 사려 깊은 행동이다.
– 국내 미출간 도서

원서, 읽(힌)다

그런데 같은 형용사와 함께 사용되는 의미상 주어에 of가 붙기도 하고 for가 붙기도 하는 경우가 있습니다. 같은 형용사가 다른 뜻으로 쓰였다는 뜻입니다. 사람의 품행을 표현하는 형용사일 때 의미상 주어가 'of + 명사'로 표현된다는 것을 명심하면, 그 차이를 어렵지 않게 파악할 수 있습니다.

| It was good of you to take her home. | 친절하게도 당신은 그녀를 집에 데려다주었다. |

| It is good for you to exercise when it is below freezing. | 영하로 떨어지면 운동하는 게 도움이 된다. |

③ It - be - 형용사나 명사 - V-ing (동명사구)
이 구문의 대표적인 예로는 유명한 속담이 있습니다.

| It is no use crying over spilt milk. | 엎지른 물은 도로 담을 수 없다. |

여기에서 it은 당연히 형식 주어이고, V-ing(crying over spilt milk)가 진주어입니다. 같은 뜻으로 쓰이는 It is no good V-ing도 이 구문에 속합니다. 문법책에는 이런 예문이 소개되어 있습니다.

| It is no good hoping for their help. | 그들의 도움을 기대해보았자 소용이 없다. |

이때 V-ing가 진주어로 사용된 것은 분명합니다. 그런데 여기에서 사용된 It is no use V-ing는 사전에서 주로 there is no use V-ing로 소개됩니다. 실제로도 there is no use V-ing가 더 자주 쓰입니다. 그런데 흥미로운 점은 이때 V-ing가 진주어인가 하는 것입니다. there는 허사가 분명합니다. 똑같이 허사로 사용된 비인칭 it이 가주어이듯이, 이 구문의 there도 가주

어로 볼 수 있습니다. 콜린스 사전은 There's a spider in the bath.(욕조에 거미가 있다)라는 예문을 제시하며, there를 '문장의 주어를 유도하는 대명사'로 정의합니다. there가 형식 주어로 쓰인 대명사라는 뜻입니다. 이때 진주어는 a spider가 됩니다.

그러면 there is no use V-ing에서 진주어는 무엇일까요? no use일까요, 아니면 It is no use V-ing처럼 V-ing가 진주어일까요? 이런 의문을 제기하는 이유는 다음과 같은 문장이 존재하기 때문입니다.

… there is no use in protecting our workers from the pauper labor of the Far East if we admit the paupers themselves. – Upheaval, Jared Diamond	우리가 극빈한 흑인 노동자의 정착을 인정한다면, 동아시아 지역의 가난한 노동력으로부터 우리 노동자를 보호하려고 해도 소용없다. –『대변동』, 재레드 다이아몬드 (인문/교양)

요컨대 there is no use V-ing는 there is no use in V-ing에서 전치사 in이 생략된 형태로 이해할 수 있습니다. '엎지른 우유를 두고 울어봐야 소용없다.'라는 문장은 이론적으로 세 가지 형태로 영작이 가능합니다.

> It is no use crying over spilt milk.
> = It is no use to cry over spilt milk.
> = There is no use crying over spilt milk.
> = There is no use in crying over spilt milk.

It is no use[good] crying over spilt milk.에서는 V-ing가 진주어라 말해도 문법적으로 반론을 제기할 여지가 없습니다. 그러나 There is no use (in) crying over spilt milk.에서 V-ing를 진주어라고 단정하는 데에는 문제가 있습니다. V-ing는 in + V-ing에서 in이 생략된 형태로 보는 것이 더 일반적인 접근입

원서, 읽(힌)다

니다. 그래야 전치사가 생략된 형태가 설명되니까요. 그렇다
면 There is no use (in) crying over spilt milk.에서 진주어는
no use가 됩니다.

④ It - be - 형용사나 명사 - that-절/의문절

Because Ashoka so berates himself for his earlier bloody wars, it is likely that he was a genuine Buddhist convert who tried his best to establish an 'empire of goodness.' – A History of the World, Andrew Marr	아소카는 과거의 잔혹한 전쟁들을 자책하고 있기 때문에, 진정으로 불교도로 개종해서 '선(善)의 제국'을 건설하려고 노력했을 가능성이 크다. －『세계의 역사』, 앤드루 마 (역사/세계사)
Is it any wonder they(= Tulips) elicited particular delight under the grey skies of northern France, Holland and Germany? – A History of the World, Andrew Marr	이런 튤립이 잿빛 하늘에 짓눌린 북프랑스와 홀란트, 독일에서 특별한 환영을 받았다고 이상할 게 있는가? －『세계의 역사』, 앤드루 마 (역사/세계사)

두 번째 예문에서는 접속사 that이 생략되었습니다. 여러분에
게 굳이 이런 것까지 언급할 필요는 없겠지만 노파심에서 덧
붙이는 것입니다.

'It is said that - 절'도 이 패턴에 속한다고 할 수 있습니다.

In a telling story, it is said that his mother gave Temujin and his brothers an arrow each and told them to break it. – A History of the World, Andrew Marr	구전으로 전해지는 이야기에 따르면, 어머니는 테무친과 그의 형제들에게 화살을 하나씩 나눠주고는 부러뜨려 보라고 말했다. －『세계의 역사』, 앤드루 마 (역사/세계사)
It is said that the two most significant changes in human history were the invention of agriculture, … and the industrial revolution, …. – A History of the World, Andrew Marr	인류 역사의 흐름을 바꿔 놓은 가장 중요한 사건으로 두 가지를 꼽는다면 농업의 발명과 산업혁명이라 할 수 있다. －『세계의 역사』, 앤드루 마 (역사/세계사)

비인칭 it　　　　　　　　　**183**

'It is said that – 절'은 'They say that – 절'이 수동 구문화된 것으로 가르칩니다.

They say that ….
→ That … is said (by them).

여기에서 (by them)은 일반 주어여서 생략되고, 주어로 쓰인 that …이 너무 길고 무겁게 느껴져서 문장 뒤로 이동하면,

→ ( ) is said that ….

( )은 빈 공간이고, 영어에서는 완전한 문장이 되려면 주어가 반드시 채워져야 하므로 아무런 의미가 없는 비인칭 it을 넣어 위의 문장 구조가 됩니다.

→ It is said that ….

이때 said는 과거분사가 분명하지만 '형용사'로 쓰였다고 일반화하더라도 큰 문제는 없습니다. 그렇다면 It is said that - 절은 'It - be - 형용사나 명사 - that-절/의문절'의 일부라 할 수 있을 겁니다.

이런 식의 변형을 문법책에서는 '외치법'(extraposition)이라 부릅니다. 이때 that-절만이 문장 뒤로 이동하는 것은 아닙니다. that-절, wh-절, to-V가 주어로 사용되며 문두에서 무겁게 느껴지면 외치법이 적용됩니다.

That the banks are closed on Saturday is a nuisance.
→ It's a nuisance that the banks are closed on Saturday.
토요일에는 은행이 문을 닫아 성가시다.

원서, 읽(힌)다

What they are proposing to do is horrifying.

→ It's horrifying what they are proposing to do.
그들이 제안하는 것은 무시무시하다.

To interfere would be unwise.

→ It would be unwise to interfere.
간섭하는 건 현명한 짓이 아닐 것이다.

⑤ It - 연결동사 - 형용사나 명사 - to-V/that-절/의문절
이때 연결 동사는 become, seem, appear 등을 가리킵니다.

Ocean-going ships were dismantled, and it became a capital offence to build them. – A History of the World, Andrew Marr	원양선들은 해체되었고, 원양선을 새롭게 건조하면 사형에 처해졌다. –『세계의 역사』, 앤드루 마 (역사/세계사)
It became increasingly clear that Nazi Germany would not be able to respond with a usable weapon. – A History of the World, Andrew Marr	나치 독일이 실전에 사용할 수 있는 폭탄을 만들어낼 수 없다는 것도 점점 확실해졌다. –『세계의 역사』, 앤드루 마 (역사/세계사)
It became clear how badly the 'war on terror' had damaged open societies – and their highest ideals, too. – A History of the World, Andrew Marr	'테러와의 전쟁'은 개방사회, 더 나아가 개방사회의 고결한 이상에 치유하기 힘든 치명타를 가한 게 분명해졌다. –『세계의 역사』, 앤드루 마 (역사/세계사)
It seems possible that aboriginal Australians arrived in their land many thousands of years before aboriginal French or Spanish got to theirs. – A History of the World, Andrew Marr	스페인이나 프랑스에 처음 정착한 사람들보다 오스트레일리아 정착민들이 그 땅에 수천 년 먼저 도착했을 가능성이 있다. –『세계의 역사』, 앤드루 마 (역사/세계사)
… but it seems safe to say that the big new discoveries are likely to come in China and other parts of East Asia. – A History of the World, Andrew Marr	동아시아의 일부 지역과 중국에서 기존의 이론을 뒤집을 만한 새로운 유물이 발견될 가능성이 큰 것은 거의 확실한 듯하다. –『세계의 역사』, 앤드루 마 (역사/세계사)

비인칭 it　　　　　　**185**

As those changes unfold, won't *it appear incongruous* for Australia to retain the Queen of Britain as its head of the state, to retain her portrait on its currency, and to retain an Australian flag based on the British flag?
– Upheaval, Jared Diamond

이런 변화가 진행되고 있는데 오스트레일리아가 영국 여왕을 국가수반으로 유지하고, 통화에 여왕의 초상을 새기며, 영국 국기에 기초한 국기를 사용한다는 게 좀 이상하지 않은가?
–『대변동』, 재레드 다이아몬드 (인문/교양)

이처럼 'it - become/seem/appear - 형용사나 명사 - to-V/that-절/의문절'에서 it은 예외 없이 비인칭 주어로 사용됩니다. 그런데 이때 보어로 사용되는 형용사나 명사가 없어진 문장 구조, 즉 'it - seem/appear - to-V/that-절'에서 it의 성격은 맥락에 따라 달라집니다. become이 이 구조에서 사용되지 못하는 이유는 become이 이른바 '불완전 자동사', 즉 반드시 보어를 취하는 자동사이기 때문입니다.

it의 성격이 어떻게 달라지는지 설명하기 전에, 앞에서 언급한 It is said that ...이 It seems that ...과 같은 의미로 쓰인다는 것을 기억하시기 바랍니다. 이때 It seems/appears that ...에서 it은 예외 없이 비인칭 주어입니다.

It appeared that the armed forces were starting to lose that struggle.
– Upheaval, Jared Diamond

군부가 권력투쟁에서 패하기 시작하는 듯한 조짐이 보였다.
–『대변동』, 재레드 다이아몬드 (인문/교양)

It appears to me that all four problems are not currently moving towards solution, but are instead getting worse.
– Upheaval, Jared Diamond

내가 보기에, 이 네 가지 문제는 모두 해결점을 향해 다가가는 게 아니라 오히려 악화되는 실정이다.
–『대변동』, 재레드 다이아몬드 (인문/교양)

… *it seemed that* they could never do anything to create problems for us.
– Upheaval, Jared Diamond

… 그들은 우리에게 골칫거리를 안겨줄 가능성이 전혀 없는 듯했다.
–『대변동』, 재레드 다이아몬드 (인문/교양)

원서, 읽(힌)다

To me, it seems that Japan wouldn't be worse off but instead much better off with a smaller population.
– Upheaval, Jared Diamond

내가 보기에, 일본은 인구가 줄어들더라도 가난해지기는커녕 더 풍요로워질 듯하다.
–『대변동』, 재레드 다이아몬드 (인문/교양)

appear/seem은 모두 'to + 사람'을 임의로 취하며 that-절, 즉 진짜 주어와 관련된 주체를 표현할 수 있습니다. 그런데 'it seem/appear - to-V'에서 to-V가 비인칭 동사가 아니라면, it 은 결코 비인칭 주어로 사용되지 않고, to-V의 의미상 주어로 만 쓰입니다.

… they(= Gauls) showed a deep thirst for booze sold to them by Greeks and Romans, though this was wine rather than whisky: it appears to have been a welcome novelty for drinkers of wheat beer.
– A History of the World, Andrew Marr

… 갈리아 사람들은 그리스인과 로마인이 팔았던 술을 좋아했던 모양이다. 이 술은 위스키가 아니라 포도주였고, 밀로 빚은 맥주만을 마시던 켈트족에게는 반가운 신상품이었을 것이다.
–『세계의 역사』, 앤드루 마 (역사/세계사)

여기에서 it은 this(= booze)를 가리킵니다. 이런 관계를 보면 자연스럽게 다음과 같은 문장 변환이 떠오를 것입니다.

(1) it appears to have been a welcome novelty for drinkers of wheat beer.

= (2) it appears that (3) it has been a welcome novelty for drinkers of wheat beer.

물론 밑줄 친 it이 어떻게 다른지는 충분히 짐작하실 수 있을 겁니다. (1) it은 앞에 나온 특정한 명사를 대신하고, (2) it는 형 식 주어이며, (3) it은 (1) it과 같습니다.

이런 관계는 우리에게 익숙한 동사 happen에서도 자주 확인됩니다.

Hitler was a fantasist who underline{happened to live at a time and in a place} already so disrupted. – A History of the World, Andrew Marr	히틀러는 독일이 철저하게 붕괴된 시대에 살았던 몽상가였다. –『세계의 역사』, 앤드루 마 (역사/세계사)

비인칭 주어를 사용해 이 문장을 바꾸어 쓰면 이렇게 됩니다.

→ <u>It happened that</u> Hitler was a fantasist who lived at a time and in a place already so disrupted.

⑥ It takes - 사람 - 시간 - to V

It <u>took him and his baggage train a year to cross</u> the desert to Egypt. – A History of the World, Andrew Marr	그와 그의 수행원들이 사막을 건너 이집트에 도착하는 데는 꼬박 1년이 걸렸다. –『세계의 역사』, 앤드루 마 (역사/세계사)

이 패턴에 딱 맞아떨어지는 예문입니다. 이 구조에서 to-V의 주어는 '사람'입니다. 그러나 이때 '사람'과 '시간'이 출현하는 순서가 반드시 지켜져야 하는 것은 아닙니다. 다음 예문에서는 순서가 뒤집혔고, to-V의 의미상의 주어로 'for + 명사'가 쓰였습니다.

It <u>took</u> nearly ten thousand years from the first attempts at agriculture <u>for the world's population to reach</u> a billion. – A History of the World, Andrew Marr	농업이 처음 시작된 때부터 세계 인구가 10억에 이르는 데는 거의 1만 년이 걸렸다. –『세계의 역사』, 앤드루 마 (역사/세계사)

그리고 반드시 '시간'이 들어가야 하는 것도 아닙니다. 또한 다음 예문처럼 일반적인 현상에 대해 언급할 때는 '사람'도 굳이 필요하지 않습니다.

| Though the West has nobody quite like Kongzi, <u>it takes</u> only a little effort <u>to</u> make him seem familiar.
– A History of the World, Andrew Marr | 서구 세계에는 공자 같은 사상가가 없지만, 조금만 노력하면 공자의 사상에 얼마든지 친숙해질 수 있다.
—『세계의 역사』, 앤드루 마 (역사/세계사) |
| But <u>it took</u> the war and its immediate aftermath <u>to</u> produce a landslide of change, in places such as Britain, Germany, Austria, ….
– A History of the World, Andrew Marr | 그 전쟁과 그 여파로 영국과 독일, 오스트리아 … 등에서 변화의 급물살이 시작되었다.
—『세계의 역사』, 앤드루 마 (역사/세계사) |

위의 두 경우에서 '시간'을 대신해 쓰인 명사가 to-V의 주어로 쓰인다는 점에 주목할 필요가 있습니다.
　　그래도 기본형 'It takes - 사람 - 시간 - to V'을 알아두면, 다음과 같은 문장을 번역하는 데 유용하게 쓰입니다.

| The whole process took about three years, as long as <u>it took</u> a scribe to write out a Bible by hand.
– A History of the World, Andrew Marr | 전 과정에 약 3년이 걸렸다. 필경사가 성경을 손으로 쓰는 데 걸리는 시간과 거의 비슷했다.
—『세계의 역사』, 앤드루 마 (역사/세계사) |

여기에서 as long as를 '…하는 한'이라는 뜻의 접속사로 보면 올바른 번역이 불가능해집니다. as long as가 three years와 '비교'되는 시간이고, 'It takes - 사람 - 시간 - to V'의 일부라 생각하면, 예문에 제시된 번역이 이해될 것입니다.

형식 목적어로 사용되는 비인칭 it

비인칭 대명사 it이 항상 주어로만 쓰이지는 않습니다. 목적어 자리에도 쓰입니다. 형식 주어가 쓰일 때 진짜 주어가 있듯이, 형식 목적어가 쓰일 때도 진짜 목적어가 있기 마련입니다.
　　흥미로운 점은 형식 주어 구문의 기본형이 'it(형식 주어) - be - 형용사/명사 – to-V/that-절'인 것처럼, 형식 목적어도 이른바 5형식 구문에만 쓰인다는 것입니다. 따라서 '주어-동사 -

… when the French wars made it impossible for wealthy Britons to travel abroad …
– A History of the World, Andrew Marr

··· 프랑스가 유럽을 전쟁터로 만드는 바람에 부유한 영국인들이 해외로 나갈 수 없을 때 ···
–『세계의 역사』, 앤드루 마 (역사/세계사)

He[= a gentleman] had to work on himself in the same way as a sculptor shaped a rough stone and made it a thing of beauty.
– A History of the World, Andrew Marr

조각가가 울퉁불퉁한 돌을 다듬어서 아름다운 작품으로 만들어내듯이 군자는 그와 같은 마음가짐으로 자신을 다듬어가야 했다.
–『세계의 역사』, 앤드루 마 (역사/세계사)

위의 두 문장은 똑같이 ' ··· made it 형용사/명사'라는 구조로 되어 있지만, it의 성격이 확연히 다릅니다. 첫 문장에서 it은 형식 목적어로 for wealthy Britons to travel abroad를 진짜 목적어로 취하고 있으며, impossible은 목적 보어로 쓰였습니다. 한편 둘째 문장에서 it = a rough stone이고, a thing of beauty는 목적 보어입니다.

형식 목적어 it에 대한 진짜 목적어의 또 다른 형태로 that절을 예로 들면

We indeed hear it not seldom said that ignorance is the mother of admiration.
– On the Study of Words, Richard Chenevix Trench

무지가 동경의 어머니라는 말이 흔히 언급되는 게 들린다.
– 국내 미출간 도서

We love the fact that Airbnb was running experiments to answer such tricky questions. But we also found it disappointing that Airbnb hid the results of its experiments.
– The Power of Experiment, Michael Luca

에어비앤비가 그 까다로운 문제의 답을 찾기 위해 실험을 시행했다는 사실은 마음에 들었다. 그러나 그들이 실험 결과를 감춘 것은 실망스러웠다.
–『실험의 힘』, 마이클 루카 (경영/전략)

원서, 읽(힌)다

형식 목적어가 쓰인 문장은 이른바 5형식 문장입니다. 5형식 문장(S-V-O-OC)은 3형식으로 재구조화될 수 있습니다.

S-V-O-OC → S-V- that S-be-SC

다시 말하면, 목적어와 목적 보어가 종속절을 이루며, 종속절에서 주어와 주격 보어로 바뀌게 됩니다.

따라서 다소 억지스럽지만,

> ... we also found it disappointing that Airbnb hid the results of its experiments.
> ← ... we also found that Airbnb hid the results of its experiments / disappointing.

이론적으로는 여기에서도 외치법이 적용된 것이라고 생각할 수 있습니다. 그러나 후자의 문장이 실제로 사용되는 경우는 거의 찾아볼 수 없습니다.

솔직히 말해서, 제가 지금껏 번역한 책들에서 진짜 목적어로 '동명사'가 사용되는 경우를 찾기는 힘들었습니다. 그러나 아래 예에서 보듯이, 문법책에서는 동명사가 진짜 목적어로 사용된 예를 언급합니다. 그래서 구글을 검색하니 동명사가 진짜 목적어로 사용된 예를 찾는 게 그다지 어렵지 않았습니다.

We think it most dangerous your climbing the mountain alone.	당신이 혼자 그 산을 등반하는 게 가장 위험하다고 생각된다. – 문법책

When the two arrived in Mexico City, they felt more at ease but still found it strange being able to display their affections to one another publicly.
– Lation Post

그 둘은 멕시코시티에 도착했을 때 한결 마음이 편했지만, 서로에 대한 애정을 남들 앞에서 드러낼 수 있다는 게 여전히 이상하다는 생각이 들었다.

두 가지 목적어

목적어에는 두 가지 종류가 있습니다. 하나는 타동사의 목적어, 다른 하나는 전치사의 목적어입니다. 이 목적어는 문장 구조상 반드시 필요한 요소입니다. 그런데 아래 예문을 보면, 흥미로운 문장이 눈에 띕니다. 맥락의 이해를 위해 앞부분을 길게 인용해보겠습니다.

It is in the mediating institutions of society— beginning with the family—rather than the market, where they learn the dimensions of trust and solidarity. Which is why I am concerned about a certain kind of media culture that seeks to uproot especially the younger generations from their richest traditions, stripping them of their history, their culture, and their religious heritage. An uprooted person is very easy to dominate.
– Let Us Dream, Pope Francis

우리가 신뢰와 연대성의 가치를 배우는 곳은 시장이 아니라, 사회에서 가족을 필두로 중재적인 역할을 하는 조직입니다. 이런 이유에서 나는 젊은 세대를 풍요로운 전통에서 떠나게 만들고, 젊은 세대에게서 역사와 문화와 종교적 유산을 빼앗는 미디어 문화가 극히 우려스럽습니다. 이렇게 뿌리를 상실한 사람은 지배하기가 무척 쉬워지니까요.
– 『렛 어스 드림』, 프란치스코 교황 (종교)

밑줄 친 문장에서 to-V로 쓰인 dominate는 타동사로 목적어가 반드시 필요하지만 목적어가 보이지 않습니다. 그렇다고 이 문장이 잘못된 것은 아닙니다. 설마 교황이 문법적으로 잘못된 글을 썼겠습니까. 이 문장은 완벽한 문장입니다. 문장 전체의 주어인 An uprooted person이 dominate의 목적어로 쓰였기 때문입니다. 형식 주어를 사용해 이 문장을 다시 쓰면, It is very easy to dominate an uprooted person.입니다. 이런 형식의 예는 매우 자주 눈에 띕니다.

원서, 읽(힌)다

Byzantium's stately hierarchy and its mysticism can be difficult to swallow.
(← It can be difficult to swallow Byzantium's stately hierarchy and its mysticism.)
– A History of the World, Andrew Marr

비잔틴의 엄격한 계급사회와 신비주의를 무턱대고 받아들이기는 힘들다.
–『세계의 역사』, 앤드루 마 (역사/세계사)

The fact that these achievements are difficult to see should not be an excuse to keep our focus on the fighter jets and the nuclear weapons.
(← The fact that it is difficult to see these achievements should not be an excuse ….)
– Extra Life, Steven Johnson

이런 성과를 눈으로 보기 힘들다는 사실이 우리가 전투기와 핵무기에 관심을 두게 된다는 핑곗거리가 되어서는 안 된다.
–『우리는 어떻게 지금까지 살아남았을까』, 스티븐 존슨 (인문/교양)

Some memories are easy to relive. Others, even with the passage of time, when recalled again, throb like a reinjured wound. For that reason alone I find this, of all my past memories, very difficult to retell.
(← it is easy to relive some memories. // For that reason alone I find it very difficult to retell this, of all my past memories.)
– Jesus Among Other Gods, Ravi Zacharias

편안하게 되살려낼 수 있는 기억도 있겠지만, 세월의 무게에도 불구하고 기억을 떠올릴 때마다 상처가 되살아나듯이 가슴을 두근거리게 만드는 기억도 적지 않다. 이런 이유만으로도 내 과거의 모든 기억 중에서도 이 사건은 영원히 가슴에 묻어두고 싶은 사건이다.
– 국내 미출간 도서

These were easy to find, and highly entertaining. It occurred to me that someone should collect these anecdotes in one place.
(← it was easy to find these)
– Rituals, Mason Currey

그에 관련된 정보는 쉽게 찾을 수 있었고 무척 재밌었다. 그래서 작가들의 작업 습관과 관련된 일화들을 한곳에 모아야겠다는 생각을 떠올렸다.
–『리추얼』, 메이슨 커리 (인문/교양)

위의 예는 모두 'it - be - 형용사 - to V + 목적어'에서, to V의 목적어가 형식 주어의 자리를 차지한 경우입니다. 요컨대 '일반 명사 - be - 형용사 - to V(타동사)'라는 구조로 되어 있어 주어로 쓰인 일반 명사를 to V(타동사)의 목적어로 분석할 수 있다는 것입니다.

그런데 목적어에는 타동사의 목적어만 있는 것은 아닙니다. 전치사의 목적어도 있습니다.(▶ 전치사구) 이 조건에 부합하는 예문을 비즈니스 전문 잡지 Inc.(『잉크』)의 머리기사 Are You Difficult to Work With?(당신은 함께 일하기 힘든 사람입니까?)에서 찾을 수 있었습니다.

따라서 일반화하면,

- 일반 명사(또는 일반 명사를 대신하는 대명사) - be - 형용사 - to V(타동사).
- 일반 명사(또는 일반 명사를 대신하는 대명사) - be - 형용사 - to V(자동사) + 전치사

거꾸로 말하면, '일반 명사 - be - 형용사 - to V(자동사)'라는 구조는 존재할 수 없다는 것입니다.

조건법과 가정법

원서, 읽(힌)다

조건법이든 가정법이든 명칭은 그다지 중요하지 않습니다. 어차피 똑같은 구조의 문장을 가리키니까요. 우리가 학교 문법에서 if 절이라는 것을 배웠고 그에 쓰인 동사의 시제에 따라 가정법 과거, 가정법 과거완료라고 배웠습니다. 여기에서는 이렇게 명시적으로 조건절이 나타나는 경우는 다루지 않으려 합니다. 이와 관련된 내용은 기본적인 문법책에 자세히 쓰여 있으니까요.

그보다는 조건을 뜻하는 접속사 if가 쓰이지 않은 경우에 대해 본격적으로 살펴보려 합니다.

가장 먼저 when이 접속사로 쓰인 경우를 다뤄보겠습니다.

Sometimes, when you think globally, you can be paralyzed: there are so many places of apparently ceaseless conflict, there's so much suffering and need.	여러분도 잠시나마 시야를 세계 전역으로 넓히면 깜짝 놀라 온몸이 마비될지도 모릅니다. 너무도 많은 곳에서 끝이 없을 듯한 투쟁을 벌이고, 고통과 곤경에 빠져 허덕이는 사람들도 헤아릴 수 없이 많으니까요.
"When a weak person receives a lot of praise", said Gregory, "he does not so much delight to *become* as to be *called* blessed."	그레고리오 성자께서는 "약한 사람이 많은 칭찬을 받으면 복받은 사람이 '된 것'을 기뻐하지 않고, 복받은 사람이라 '불리는 것'을 기뻐한다."고 말씀하셨다.

위의 두 예문은 모두 프란체스코 교황의 이름으로 출간된 『렛 어스 드림(Let Us Dream)』에서 발췌한 것입니다. 여기에서 when은 '시간'으로 번역하더라도 크게 문제는 없습니다. 하지만 '조건'으로 번역하면 훨씬 더 자연스럽게 느껴집니다. 그 때문에 온라인 케임브리지 사전에서도 접속사로 쓰인 when의 뜻을 "considering the fact that ..."라고 풀이합니다. 따라서 위의 두 예문에서 when은 if로 번역하는 게 더 낫다고 봅니다.

when이 '조건'으로 쓰이려면 when-절의 동사 시제가 현재라는 조건을 충족해야 합니다. when-절이 과거로 쓰일 때는 조건으로 번역될 수 없습니다. 과거의 행위는 이미 일어나고 확인된 것인데 조건화되면 '가정'이 되기 때문입니다.

다음으로는 기본적인 문법에서도 배웠던 '명령문, and ......' 혹은 '명령문, or ......'를 살펴보겠습니다. 먼저 영국 속담으로 시작해봅시다.

Take care of the pennies, <u>and</u> the pounds will take care of themselves.	푼돈을 아끼면 큰돈은 저절로 모이는 법이다

그래서 Wiktionary에서는 이 속담을 "If you take care of little things one at a time, they can add up to big things."라고 풀이하고 있습니다.

루이스 캐럴은 이 속담을 약간 바꾸어 『이상한 나라의 앨리스』에서 "Take care of the sense, and the sounds will take care of themselves."(의미에 신경을 쓰면 소리는 저절로 따라온다.)라고 말합니다. 물론 '명령문 + and ...'에서 동사가 아예 가정법 형태로 쓰이는 경우도 있습니다.

Take smallpox out of the picture, and it is entirely likely that George I <u>would never have crossed</u> the English Channel, much less have found his way to Windsor Castle. – Extra Life, Steven Johnson	천연두가 고려되지 않았다면, 조지 1세는 결코 영국 해협을 건너지 않았을 것이고, 하물며 윈저 성의 주인이 될 가능성은 더더욱 없었을 것이다. –『우리는 어떻게 지금까지 살아남았을까』, 스티븐 존슨 (교양/인류학)

이번에는 조금 복잡하게 생각해야 할 '명령문, and ......'의 예문을 봅시다.

원서, 읽(힌)다

Over the ensuing seventy years, the smallpox claimed King Louis I of Spain, Emperor Peter II of Russia, Louise Hippolyte, sovereign princess of Monaco, King Louis XV of France, and Maximilian III Joseph, elector of Bavaria. Add up all the major political figures assassinated around the world over the past two hundred years, and the total is still a fraction of those killed by the smallpox virus during those deadly centuries.
– Extra Life, Steven Johnson

그 이후로도 70년 동안에 천연두는 스페인의 루이스 1세, 러시아 황제 표트르 2세, 모나코 공국의 여군주 루이즈 이폴리트, 프랑스의 루이 15세, 바이에른 선제후 막시밀리안 3세 요제프 등의 목숨을 앗아갔다. 지난 200년 동안 세계 전역에서 암살된 주요한 정치인을 모두 합해도, 그 치명적이던 시대에 천연두 바이러스에 죽은 정치인의 수에 비하면 지극히 작은 일부에 불과하다.
–『우리는 어떻게 지금까지 살아남았을까』, 스티븐 존슨 (교양/인류학)

이 예문은 '명령문, and ……'라는 구조를 완벽하게 만족시키지만, '조건'보다 '양보'로 번역하는 게 더 어울립니다. 그런데 접속사로 쓰인 though의 의미는 if의 '진부분 집합'이라 할 수 있습니다. 이 예문에서 'despite the fact that …'이란 뜻이 if에도 있기 때문입니다. 이렇게 생각하면 위의 예도 '명령문, and ……'가 조건으로 쓰인 예라 할 수 있습니다.

이번에는 '명령문, or ……'가 조건으로 쓰인 예를 봅시다.

"Stop or I'll shoot!" Adam shouted.
The figure stumbled out of the house, Adam in pursuit.
"Stop, Adam!" Nikki called.
– The Dead Room, Heather Graham

"서라, 그렇지 않으면 쏘겠다!" 아담이 소리쳤다.
그 사람은 비틀거리며 집을 빠져나갔다. 아담이 뒤쫓았다.
"그만해요, 아담!" 니키가 말했다.
– 국내 미출간 도서

여기에서 Stop or I'll shoot!은 If you don't stop, I'll shoot!로 바꾸어 쓸 수 있습니다.

그런데 '명령문, or …'의 경우에만 or가 조건(if not)으로 쓰이는 것은 아닙니다.

조건법과 가정법

"Two boiled eggs and two slices of toast. You have to eat something, or you'll make yourself ill."
– The Victim, Kimberley Chambers

"삶은 달걀 두 개. 토스트 두 장. 뭐든 먹지 않으면 병이 날 거야."
– 국내 미출간 도서

You have to eat something는 표면적으로는 평서문입니다. 하지만 '뭔가를 먹어라'라는 명령의 뜻이 내포되어 있습니다. 더구나 you have to를 빼고 명령문으로 생각해도 무방하지 않습니까? 우리말에서 "먹어라!"와 "너는 먹어야 한다"는 의미가 크게 다르지 않으니까요. 여하튼 명령의 뜻이 내포된 평서문이 or와 함께 쓰일 때도 그 평서문은 의미상 '조건의 부정'으로 쓰입니다.

or의 경우에만 그런 것이 아닙니다. 접속사로 쓰이는 and의 경우도 마찬가지입니다.

The pump memorial is to scale and almost entirely invisible unless you happen to be standing right next to it; you could easily walk along the other side of the street and not even notice the thing.
– Extra Life, Steven Johnson

물론 그 펌프 기념물은 실물보다 작게 제작되어, 우연히 그 옆에 서는 행운을 얻지 못하면 거의 눈에 띄지 않는다. 만약 당신이 건너편 인도를 걷게 된다면 그 기념물이 존재하는지조차 눈치채지 못할 것이다.
–『우리는 어떻게 지금까지 살아남았을까』, 스티븐 존슨 (교양/인류학)

밑줄친 부분에서 and는 조건으로 분석하는 편이 자연스러울 겁니다. '걷기'와 '눈치채지 못하기'가 나열된 문장으로 보는 것보다 ' 걸으면 눈치채지 못한다'라는 흐름이 더 낫지 않습니까. 여기에서도 앞문장의 주어는 you여서 명령문으로 억지로 연결시킬 수는 있을 겁니다.

앞문장의 주어가 you인 경우에만 and가 조건의 뜻을 갖는 것은 아닙니다. 『가르시아 장군에게 보내는 편지』의 저자로 알려진 미국 작가 엘버트 허버드(Elbert Hubbard, 1856-1915)가 남긴 명언에서도 '조건'의 뜻으로 쓰인 and를 확인할

원서, 읽(힌)다

수 있습니다.

| A little more persistence, a little more effort, <u>and</u> what seemed hopeless failure may turn to glorious success. | 조금만 더 인내하라. 조금만 더 노력하라. 그러면 절망적인 실패로 보였던 것이 영광스런 승리로 바뀔 수 있다. |

앞에 툭툭 던져놓은 명사들이 and로 이어지며 '조건'의 뜻을 갖습니다. 다른 경우도 참고로 보십시오.

| The difference between knowledge and wisdom is one of kind, not degree. Greater knowledge does not necessarily translate into greater wisdom, and in fact can make us less wise. <u>We can know too much, and we can mis-know.</u>
– The Socrates Express, Eric Weiner | 지식과 지혜의 차이는 종류의 차이이지, 정도의 차이가 아니다. 지식이 늘어난다고 해서 반드시 지혜가 늘어나는 것은 아니며, 실제로 지식이 늘면 오히려 덜 지혜로워질 수 있다. 지나치게 많은 것을 알게 되면 지나치게 많은 것을 잘못 알 수 있다.
–『소크라테스 익스프레스』, 에릭 와이너
(인문/철학) |

이 예문에서 and가 조건으로 번역되는 게 나은 이유에 대해서 는 '생략'을 다룬 부분에서 자세히 언급했습니다.(▶ 생략)

| My initial attempts weren't encouraging. I didn't own a sword so used a fishing rod instead, but no matter how many times I stood in front of the bathroom mirror and tried, <u>I'd get as far as an inch and it would get stuck.</u>
– Factfulness, Hans Rosling | 초반의 시도들은 기대에 미치지 못했다. 나는 갖고 있던 칼이 없어, 대신 낚싯대를 사용했다. 그러나 욕실 거울 앞에 서서 몇 번을 시도해도 목구멍 안으로 겨우 2.5센티미터 정도 들어가면 막혔다.
–『팩트풀니스』, 한스 로슬링 (인문/교양) |

이 경우도 and를 앞뒤 문장을 연결하는 접속사로 보고 나열하 는 식으로 번역하는 것보다 조건으로 번역하는 게 더 낫게 느 껴질 겁니다.

조건법과 가정법   **201**

물론 가정법의 명확한 특징은 '조건절'보다 조건절과 연결되는 주절의 시제 표현에 있습니다. 첫째로는 조동사가 항상 과거형으로 쓰인다는 것입니다. 둘째로는 '조동사 과거형 + have PP'가 쓰인다는 것입니다. '조동사 과거형 + have PP'는 오로지 가정법에만 쓰이지만, '조동사의 과거형 + 동사 원형'은 직설법과 가정법, 두 곳 모두에서 쓰입니다. 따라서 맥락에 따라, 직설법으로 쓰였는지 가정법으로 쓰였는지 정확히 구분할 수 있어야 할 겁니다. 이를 구분하는 기준은 뒤에서 다시 살펴보기로 합시다.

… because a 'true' friend would not ask you to commit a dishonourable deed … – Friendship, Anthony C. Grayling	진정한 친구라면 당신에게 불명예스런 행동을 하라고 요구하지 않을 것이기 때문이다. – 『또 다른 나, 친구』, 앤서니 그레일링 (교양/철학)

true friend가 부정관사와 함께 쓰였기 때문에도 would는 가정법으로 쓰인 것으로 여겨집니다.

I wasn't frightened but, rather, curious to know what would happen next. – When God Spoke to Me, David Paul Doyle	나는 놀라지 않았다. 오히려 다음에 어떤 일이 일어날지 궁금했다. – 국내 미출간 도서

이 예문에서 would는 '과거의 미래'로 쓰인 것입니다. 즉, '과거의 시점에서 미래를 가리키는 would'입니다. 따라서 조건법이 아니라 직설법으로 쓰인 것입니다.(▶ 시간의 표현)

He was gradually returning to the public eye, sitting for print and television interviews in which he <u>would</u> always begin by apologizing for the chaos that his resignation had caused.
– The Iconoclast: Shinzo Abe and the New Japan, Tobias Harris

그는 조금씩 대중에게 돌아오며, 신문과 텔레비전 인터뷰를 가졌다. 그런 인터뷰를 할 때마다 그는 예전의 사임에서 비롯되었던 혼란을 사과하는 것으로 시작했다.
– 국내 미출간 도서

이때의 would는 과거에 자주 반복된 사건에 대해 언급할 때 사용되는 조동사입니다. 역시 직설법으로 쓰인 것입니다.(▶ 조동사)

결국 가정법으로 쓰인 문장을 판단하는 기준은 (1) 직설법에는 결코 쓰이지 않는 '조동사 과거 + have PP'가 주절에 쓰인 경우일 것입니다. if-절의 유무는 상관없습니다. if-절이 있으면, 관련된 조건절이 금세 판단되지만, if-절이 없더라도 크게 문제가 될 것은 없습니다. (2) 한편 '조동사의 과거형 + 동사 원형'은 앞에서도 말했듯이 가정법만이 아니라 직설법에도 쓰입니다. 그럼, 조건절과 함께 쓰이지 않은 조동사의 과거형이 가정법으로 쓰였다는 걸 판단하는 기준은 무엇일까요? 명확한 기준은 없습니다. 앞의 예에서 보았듯이 맥락으로 판단하는 수밖에 없습니다.

물론 조건절이 without, but for 등과 같이 '특별한 전치사 + 명사'로 쓰이는 경우가 있지만, 이때도 주절의 동사가 '조동사 과거 + have PP'나 '조동사의 과거형 + 동사 원형'으로 쓰이기 때문에 가정법 문장이란 걸 쉽게 알 수 있습니다. 아래의 세 예문은 모두 Number Don't Lie, Vaclav Smil (『숫자는 어떻게 진실을 말하는가』)라는 책에서 인용한 것입니다. 'without + 명사'가 똑같이 조건으로 쓰였지만, 저자가 상황과 시간에 따라 주절의 동사를 다른 식으로 표현했습니다. 이처럼 직설과 가정의 차이는 주절에 쓰인 동사의 표현에서 드러납니다.

조건법과 가정법

Without the low operating costs, high effi-
ciency, high reliability, and great durability of
diesel engines, it would have been impossible
to reach the extent of globalization that now
defines the modern economy.
– Number Don't Lie, Vaclav Smil

디젤 엔진의 낮은 운전 비용과 높은 효율성,
높은 신뢰성과 탁월한 내구성이 없었다면,
오늘날의 경제를 규정짓는 세계화가
지금처럼 진척되지 못했을 것이다.
– 『숫자는 어떻게 진실을 말하는가』,
바츨라프 스밀 (인문/교양/통계)

과거를 이야기하고 있으며, 이른바 '가정법 과거완료'로 쓰인
예입니다.

… crops now supply about 85 percent of
all food protein (with the rest coming from
grazing and aquatic foods), this means that
without synthetic nitrogen fertilizers, we could
not secure enough food for the prevailing diets
of just over 3 billion people.
– Number Don't Lie, Vaclav Smil

현재 농작물이 모든 음식 단백질의 약
85퍼센트를 제공하고, 나머지는 축산물과
수산물에서 얻는다. 다시 말해서, 합성
질소 비료가 없다면 30억 명을 먹이기에도
충분한 식량을 확보할 수 없다는 뜻이다.
– 『숫자는 어떻게 진실을 말하는가』,
바츨라프 스밀 (인문/교양/통계)

현재 상황에 대해 설명하며 '가정법 과거'로 쓰인 예입니다.
역시 같은 책에서 인용한 아래의 문장은 너무도 명백한 사
실을 진술하고 있어 가정법이 끼어들 여지가 없습니다. 따라
서 주절의 동사도 '직설'입니다.

But a smartphone is nothing without a net-
work.
– Number Don't Lie, Vaclav Smil

그러나 네트워크가 없으면 스마트폰은
아무것도 아니다.
– 『숫자는 어떻게 진실을 말하는가』,
바츨라프 스밀 (인문/교양/통계)

한편 주절의 동사가 가정법으로 쓰일 때, 조건절에서 if가 생
략되면 주어와 동사의 순서가 뒤집히기도 합니다. 따라서 의
문문도 아니면서 느닷없이 조동사의 과거형, had, were 등이
먼저 쓰이고 주어가 그 뒤에 오면, 주절의 동사가 어떻게 쓰였
는지 주목해야 합니다.

원서, 읽(힌)다

Think of all the political realignments and insurrections and crises of succession that never would have happened <u>had smallpox not so thoroughly infiltrated the ranks of the European elite</u>.
– Extra Life, Steven Johnson

천연두가 유럽 귀족 계급에 그처럼 철저히 침투하지 않았다면 결코 일어나지 않았을 정치적 개편과 반란 및 승계의 위기에 대해서도 생각해보라.
–『우리는 어떻게 지금까지 살아남았을까』, 스티븐 존슨 (교양/인류학)

They would only have laughed, <u>had anybody told them that human beings owe a debt of love to one another</u>, because there is no other method of paying the debt of love and care which all of us owe to Providence.
– The Miraculous Pitcher, Nathaniel Hawthorne

우리 모두가 하느님에게 빚진 사랑과 배려를 갚을 다른 방법이 없기 때문에 인간이 서로에게 사랑을 빚지고 있다고 누군가 그들에게 말했더라면 그들은 그저 웃기만 했을 것이다.
–『기적을 일으키는 주전자』, 너새니얼 호손 (소설)

물론 위의 두 예문에서 밑줄친 부분은 각각 다음과 같이 다시 쓰일 수 있습니다.

had smallpox not so thoroughly infiltrated the ranks of the European elite. → if smallpox had not so thoroughly infiltrated the ranks of the European elite.

had anybody told them that human beings owe a debt of love to one another, → if anybody had told them that human beings owe a debt of love to one another,

이런 단서 없이 주절의 동사가 '조동사 과거 + have PP'로 쓰였다면 그 문장이 가정법으로 쓰였다고 전제해야 합니다. 그러나 앞에서 말했듯이 주절의 동사가 '조동사의 과거형 + 동사 원형'으로 쓰였다고 그 문장을 무조건 가정법으로 생각할 필요는 없습니다. 직설법과 가정법을 구분하는 기준에 대해서는 뒤에서 보기로 하고, '조동사 과거 + have PP'가 쓰인 예를 먼저 보기로 하지요. 이때는 문장이 무조건 가정법으로 쓰인 경우이기 때문에 문장 내에서 적절한 '조건'을 찾아내야 합니다.

- 주어가 조건절로 쓰인 예

A younger Farr might have turned his focus immediately to the topographic maps, calculating where the deaths lay in relation to sea level.
– Extra Life, Steven Johnson

젊은 시절의 파였다면 즉각 지형도에 중점을 두고, 사망자 수와 해발 고도의 관련성을 계산했을 것이다.
–『우리는 어떻게 지금까지 살아남았을까』, 스티븐 존슨 (교양/인류학)

- 부사(otherwise)가 조건절로 쓰인 예

Because our mechanisms of open vigilance are mostly in the business of accepting messages that would otherwise have been rejected, their inactivation doesn't raise significant risks of accepting harmful messages.
– Not Born Yesterday, Hugo Mercier

열린 경계 기제는 다른 경우였다면 거부되었을 메시지를 받아들일 때 작동하기 때문에, 열린 경계 기제가 작동하지 않았다고 해로운 메시지를 받아들이는 위험이 크게 증가하지는 않는다.
–『대중은 멍청한가』, 위고 메르시에 (인문/교양)

- to-부정사절이 조건절로 쓰인 예

To speak of ordinary people would have been beneath the dignity of history?
– Threads Through Time, Sheila Rowbotham

평범한 사람들에 대해 말하면 역사의 위신을 깎는 짓이었을까?
– 국내 미출간 도서

원서, 읽(힌)다

일반적인 문법책에서 이런 예를 to-부정사가 조건절로 쓰인
예로 설명하지만, 엄격히 말하면 여기에서도 '주어'가 조건절
로 쓰인 것입니다. 다만 to-부정사절이 주어 역할을 한 것이
앞에서 언급한 '주어가 조건절로 쓰인 예'와 다를 뿐입니다.

He would have been glad to see her in tears. – Hard Times, Charles Dickens	그는 그녀가 눈물을 글썽이는 걸 보았다면 좋아했을 것이다. –『어려운 시절』, 찰스 디킨스 (소설)

이번에 쓰인 to-부정사는 조건절로 쓰인 게 맞는 듯합니다. 하
지만 이 경우는 to-부정사에서 부사적 용법, 특히 원인을 뜻하
는 부사적 용법으로 사용된 예라고 to-부정사에서 공부했습니
다. 그렇다면, 구태여 to-부정사가 조건절로 쓰인 예라기보다
부사(혹은 부사구)가 조건절로 쓰인 것이라 생각하면 편하지
않겠습니까?(▶ to-부정사)

직설법과 가정법의 판단 기준
다시 '조동사 과거 + 동사 원형'이 직설법으로 쓰였는지 가정
법으로 쓰였는지 판단하는 기준에 대해 생각해보겠습니다. '조
동사 과거 + 동사 원형'은 직설법으로 쓰이면 과거이고, 가정
법으로 쓰이면 '현재'에 대한 반대입니다. 요컨대 맥락상 과거
를 말하는지, 현재를 말하는지를 구분해내면 됩니다. 쉽지요?

Thers is your mistake. You want to prevent a woman from talking .... you might as well try to turn the course of the Danube. Take my advice; do not be jealous. Let your wife gossip and be merry. – Evenings with Prince Cambacérés, Baron Langon	거기에 당신의 실수가 있습니다. 당신은 여성이 발언하는 걸 막고 싶어합니다. … 차라리 다뉴브 강의 흐름을 바꾸려고 하는 게 나을 겁니다. 내 조언을 따르십시오. 질투하지 마십시오, 당신 부인이 남 얘기를 하고 재밌게 살도록 내버려 두십시오. – 국내 미출간 도서

조건법과 가정법   207

이 문장에서 you might as well이 가정법으로 쓰였다는 증거
는 앞뒤의 문장이 모두 '현재'이고, '다뉴브 강의 흐름'을 바꾼
다는 것은 불가능하다는 데 있을 겁니다. 물론 조동사를 공부
하는 곳에서 보겠지만 might는 may의 과거가 아닙니다.(▶ 조
동사)

In the meantime, the emerging orthodoxy combined bell-curve thinking and the efficient-market hypothesis to suggest that uncertainty in financial markets could be tamed or neutered altogether. In academia, this culminated in the award of five Nobel prizes to financial economists.
– Licence to be Bad, Jonathan Aldred

그 사이에 새로운 정통 이론은 종형 곡선 사고방식과 효율적 시장 가설을 결합해, 금융 시장의 불확실성은 완화되거나 완전히 무력화될 수 있다는 이론으로 발전했다. 학계에서 이 이론은 결국 다섯 명의 금융 경제학자에게 노벨상을 안겨주었다.
－『경제학은 어떻게 권력이 되었는가』, 조너선 앨드리드 (경제학 일반)

예문에서 전반적인 이야기가 과거의 사실을 언급하고 있으므
로, could는 can의 과거로 쓰인 직설법으로 보아야 마땅할 겁
니다.

원서, 읽(힌)다

관사와
한정사

원서, 읽(힌)다

품사는 영어로 part of speech라고 합니다. 직역하면 '말의 부분'이란 뜻입니다. 여기에서는 문법책에서 '관사'보다 '한정사'(determiner)라고 소개하는 범주에 대해 살펴보려 합니다. 한정사는 명사 앞에 쓰여서 명사와 함께 '명사구'(noun phrase)를 이루는 품사를 뜻합니다. 따라서 관사는 한정사의 일부라고 할 수 있습니다.

관사의 쓰임새를 설명할 때 우리는 흔히 부정관사와 정관사를 구분하고, 언급하지 않은 대상을 가리키는 명사 앞에는 부정관사, 언급한 대상을 가리키는 명사 앞에는 정관사가 쓰인다고 하며, 그런 구분을 일종의 규칙으로 삼습니다. 여기까지는 문법 규칙이라 할 수 있겠습니다. 그 밖에 부정관사가 이런저런 의미로 쓰인다고 언급되는 사례들은 모두 사전에서 확인되는 것입니다. 엄격히 말하면, 문법에서 다룰 부분이 아니라 어휘론(lexicology)에 속하는 것입니다. 이 책에서는 문법을 좁게 생각하며 구문론에 국한하기로 했습니다. 따라서 여기에서는 한정사에 속하는 단어가 무엇이고, 그런 단어들이 어떻게 결합되는지 정도로 살펴보도록 하겠습니다. 또한 한정사를 알아야 하는 이유는 등위접속과 밀접한 관계가 있기 때문이기도 합니다.(▶ 등위접속)

이후 소개하는 예문에서 출처를 따로 언급하지 않은 한, 모두 나폴리언 섀그넌(Napoleon Chagnon)의 『고결한 야만인(Noble Savages)』에서 인용한 것입니다.

일단 명사구는 '한정사 - (부사) - (형용사) - 명사'라는 구조를 띤다는 것을 전제로 이후 내용을 살펴보도록 하겠습니다.

명사 앞에 쓰이는 한정사의 종류

첫째로 한정사에는 부정관사와 정관사(a/an, the)가 있습니다.

The field research was the aspect of anthropology I most enjoyed because it was a constant process of discovery and learning.	내가 인류학을 공부하면서 현지 조사를 무엇보다 좋아했던 이유는, 현지 조사가 새로운 것을 발견하고 알게 되는 과정이기 때문이었다.

둘째로는 지시 형용사(this/that, these/those)가 있습니다.

This crucial transition is known only from historical archaeological studies in most parts of the world, but in the Yanomamö area I could actually detect and try to document it.	이런 중대한 변화는 세계 대부분의 지역에서 고고학적 연구를 통해서만 밝혀지지만, 야노마뫼족의 땅에서 나는 그런 변화를 두 눈으로 확인할 수 있었고 역사적 자료로 기록해둘 수 있었다.
When the Great Flood receded, the raharas—terrifying, dragon-like serpents something like the Loch Ness Monster—originally took up residence in the Orinoco River, somewhere near its headwaters. But since they have never been seen in the Orinoco, the presumption is that they migrated to other rivers after the Flood and now live in those rivers.	대홍수가 물러나자, 네스호의 괴물처럼 용을 닮은 무시무시한 뱀인 라하라들이 오리노코강의 원류 근처 어딘가를 본거지로 삼았다. 그러나 오리노코강에서는 라하라가 눈에 띈 적이 없었기 때문에, 대홍수 이후로 라하라들이 다른 강들로 이주해서 그 강들에 살고 있다고 추정했다.

셋째로는 소유 형용사(my, your, his, her, its, our, their)가 있습니다.

원서, 읽(힌)다

My hut was then visited by party after party of concerned Bisaasi-teri who strongly advised me against such a foolish thing. When their stories of lethal treachery failed to frighten me into canceling my plans, they began a new tactic: they told me about the much-dreaded raharas.

비사아시테리 사람들이 무리를 지어 연이어 내 오두막을 찾아와서는 그 어리석은 짓을 중단하라고 근심 어린 표정으로 충고했다. 목숨을 빼앗는 배신에 대한 그들의 이야기에도 내가 겁먹지 않고 계획을 취소하지 않자, 그들은 새로운 전술을 동원해서 무시무시한 '라하라'에 대한 이야기를 내게 해주었다.

넷째로는 이른바 '양화사'(quantifier) (all, every, most, many, much, some, few, little, any, no 등)가 있습니다. '양'과 관련된 단어들이지만 가산과 불가산 명사에 모두 쓰입니다. 쉽게 생각해서, "How many?"나 "How much?"라는 질문에 대한 답으로 쓰이는 단어라 생각하면 됩니다. 그 양의 정도를 0%부터 100%까지 나눴을 때 양화사는 대략 다음과 같이 정리됩니다.

	가산 명사 앞에	불가산 명사 앞에
100%	all	
	every	
	most	
	many	much
	some	
	(a) few	(a) little
	fewest	least
	any	
0%	no	

This rather complex task required that I know the names of every individual, as well as the names of each parent, each grandparent, etc.

이 까다롭고 복잡한 작업을 시작하려면, 모든 구성원의 이름만이 아니라 부모와 조부모의 이름까지 파악해야 했다.

This는 앞에서 언급된 '지시 형용사'입니다. 이름은 '형용사'이지만 rather(부사)보다 앞에 쓰인 게 보이십니까? 그러나 "부사는 형용사 앞에서 수식한다!"라는 규칙이 있죠. 그렇다면 지시 형용사는 '형용사'가 아닙니다. 결국 우리가 여기에서 규정하듯이 this는 '한정사'가 되어야 마땅합니다. every와 each도 한정사로 쓰인 양화사입니다.

After a few moments, they silently returned to the shabono and retired to their hammocks to wait for nightfall.

잠시 후, 그들은 소리 없이 샤보노에 돌아와서는 각자 해먹에 누워 휴식을 취하며 해가 지기를 기다렸다.

Most of the adult men decided to come along just to see my boat, but Sibarariwä was not among them. He had quietly left at dawn and returned to the small camp he and a few others had made some distance away.

대부분의 성인이 내 배를 보겠다며 따라나서기로 했지만 시바라리웨는 여전히 냉담했다. 그는 새벽에 조용히 야영지를 떠났다가 돌아왔지만, 무리와 약간의 거리를 두고 있었다.

여기에서 most는 대명사로 쓰였습니다. 그리고 some은 불가산 명사인 distance를 수식하는 한정사입니다. 뒤에서 다시 다루겠지만, 재밌는 것은 관사를 제외하면 한정사가 대명사로도 쓰인다는 것입니다.

원서, 읽(힌)다

다섯째로는 수형용사(기수와 서수 모두)가 있습니다.

After the first day I was alone with the Yanomamö. Barker had returned to Tama Tama downstream and I would not see him for three months.

첫날 이후로 나는 홀로 야노마뫼족과 함께 지내야 했다. 바커가 하류에 있는 타마타마로 돌아갔기 때문이었다. 그날 이후로 나는 바커를 석 달이나 보지 못했다.

The next morning there must have been several hundred termites in my shoes; it took me about fifteen minutes to reclaim them and get all the termites out of them.

이튿날 아침 수백 마리의 흰개미가 내 신발 안에서 우글거렸다. 흰개미들을 모두 쫓아내고 신발을 되찾는 데만도 거의 15분이 걸렸다.

several은 수형용사일까요, 양화사(수량 형용사)일까요? 양화사가 개수(個數)와 양을 표현하는 단어라면, 수형용사도 개수를 표현하는 단어인 것은 분명합니다. 차이가 있다면, 수형용사는 정확한 개수를 표현한다는 것이죠. 그렇다면 several은 양화사가 맞습니다.

끝으로는 의문 형용사(whose, what, which)도 한정사로 보는 게 좋습니다. '의문 형용사 + 명사'는 문장 앞에 이동한 것이 다를 뿐, 문장 내에서 '한정사 + 명사', 특히 '지시 형용사 + 명사'의 쓰임새와 다를 게 전혀 없습니다. 게다가 그 자체로 대명사로 쓰일 수 있다는 것도 지시 형용사와 다르지 않습니다.

I don't know whose idea it was to smoosh our faces together, but I could kiss them.
– The Guardian

나는 얼굴을 서로 밀착하며 키스하는 게 누구의 아이디어였는지 모르지만, 그래도 키스할 수는 있다.
– 가디언(영국 일간지)

By the end of the first day of travel Karina still did not know <u>which</u> side he had to pole on to make the canoe go to the left or right.	첫날의 항해가 끝날 때까지 카리나는 통나무배를 왼쪽이나 오른쪽으로 조종하려면 장대를 어느 쪽으로 밀어야 하는지 알아내지 못했다.
I pulled my canoe into the mouth of this small river and secured it to a tree with a rope. Then I would call my guides over to determine how far away and in <u>what directions</u> various villages and abandoned gardens were.	나는 통나무배로 이 작은 시내의 어귀까지 올라간 후 밧줄로 나무에 통나무배를 안전하게 묶어두고 안내자들을 불러 모아 곳곳에 흩어진 마을과 버려진 밭이 얼마나 멀리 떨어지고 어느 방향에 있는지를 알아냈다.

한정사는 결합해 쓸 수 있는가

지금까지 한정사에는 어떤 것이 있는지에 대해 살펴보았습니다. 한정사에 다양한 종류가 있는 걸 확인했는데 이 중 하나가 명사 앞에 쓰이면 다른 한정사는 못 쓰는 것일까요? 다시 말해서 지금까지 언급된 한정사들은 서로 배타적일까요, 아니면 서로 결합해 쓸 수 있을까요? 결합해 쓰인다고 해도 모든 종류의 한정사가 결합하지는 않는 것 같습니다. 부정관사와 정관사가 결코 함께 쓰이지 않듯이, 같은 범주에 속하는 한정사들은 배타적 관계에 있는 게 분명합니다. 그럼 어떤 한정사가 서로 결합해 쓰일 수 있는 걸까요?

이 질문의 답을 찾기 전에 꽤나 흥미로운 점을 언급해두고 싶습니다. 영어의 특징이라 할까요? 관사를 제외한 나머지 한정사들은 '대명사'로도 쓰인다는 것입니다. 물론 소유 형용사, every 등은 형태적 변화가 더해져야 하지만, 다른 한정사들은 형태적 변화 없이도 한정사와 대명사로 쓰일 수 있습니다.

Most of the maps I assembled from these various sources generally agreed on major items such as geopolitical boundaries, large rivers, general terrain, and large cities. But the devil must have been in charge of many important details because either these were not found on the maps or no two maps agreed on them.

이렇게 다양한 곳에서 확보한 지도들은 지정학적 경제와 큰 강, 일반적인 지형과 대도시 등과 같은 주요 항목에서는 대체로 일치했다. 그러나 많은 중요한 세부 항목에서는 제각각이었다. 아예 표기되지 않은 지도들도 있었고, 세부 항목에서 일치하는 지도가 하나도 없었다.

Since most Yanomamö villages are highly inbred and most people are closely related, the problem is compounded.

대부분의 야노마뫼족 마을들이 근친 관계에 있고 대부분의 주민이 가까운 친족이기 때문에 이 방법도 쉽지는 않다.

첫 번째 문장에서 most는 대명사로 쓰인 대표적인 예입니다. 정관사와 함께 쓰인 the most는 many나 much의 최상급으로 보는 게 맞고, 명사를 수식하는 한정사 most는 '대부분'이란 뜻을 갖습니다.

We spent the day lying in our hammocks. I was not feeling very well and needed some rest.

우리는 해먹에 누워 그날을 보냈다. 몸이 좋지 않아 휴식이 필요하기도 했다.

We had to cut some poles on the nearby bank to make a triangular Yanomamö hut from which to hang our hammocks.

우리는 삼각형 형태를 띤 야노마뫼족 임시 오두막을 세우고 해먹을 설치하기 위해 강둑에서 나뭇가지들을 꺾어야 했다.

Some of my Yanomamö friends tragically died from snakebite.

내 야노마뫼족 친구들 중에도 뱀에 물려 죽은 사람이 적지 않았다.

some이 차례로 불가산 명사, 가산 명사 앞에 쓰인 한정사이고, 마지막이 대명사로 사용된 예입니다.

The river had come up several feet since we had left the boat three days ago and the spot did not look the same.

우리는 사흘 전에 그곳을 떠났고 강물이 그새 상당히 불었기 때문에 주변이 달라 보였다.

A single jaguar managed to silently kill three of the men in rapid succession within minutes and was about to pounce on a fourth.

재규어 한 마리가 수분만에 세 사람을 연속으로 소리 없이 죽이고는 또 한 사람을 덮치려고 했다.

다음 예문들에서도 볼 수 있듯이, 관사와 일부 양화사를 제외한 한정사가 같은 형태의 대명사로도 쓰인다는 사실은 흥미롭습니다. 그 이유가 무엇일까요? 참 궁금합니다. 이 궁금증을 추적하는 것도 재밌겠지만, 그 과정을 쓰려면 한 권의 책이 필요할지도 모르겠습니다.

"I've finally figured out what they mean by a 'balanced' debate."
– Number Don't Lie, Vaclav Smil

그들이 말하는 '균형 잡힌' 토론이 무엇인지 이제야 알았습니다.
– 『숫자는 어떻게 진실을 말하는가』, 바츨라프 스밀 (인문/교양/통계)

Then I had to determine who married whom and, when multiple spouses were found, the sequence of the marriages (which was first, which second, etc.).
– Number Don't Lie, Vaclav Smil

따라서 나는 누가 누구와 결혼했고, 다수의 배우자가 있는 경우에는 결혼의 순서, 즉 어느 결혼이 처음이었고, 어떤 결혼이 두 번째였는지를 알아내기로 마음먹었다.
– 『숫자는 어떻게 진실을 말하는가』, 바츨라프 스밀 (인문/교양/통계)

What does the future hold for countries whose fertility has fallen below the replacement level?
– Number Don't Lie, Vaclav Smil

출산율이 인구 대체 출산율 밑으로 떨어진 국가의 미래는 장차 어떻게 될까?
– 『숫자는 어떻게 진실을 말하는가』, 바츨라프 스밀 (인문/교양/통계)

원서, 읽(힌)다

한정사들의 결합 관계

앞에서 분류한 한정사들은 정관사류와 부정관사류로 나뉩니다. 다시 말하면, 특정적이고 구체적인 대상을 가리킬 때는 한정적 한정사(specific determiner)가 사용되고, 어떤 대상을 일반적이고 불확정적으로 가리킬 때는 비한정적 한정사(general determiner)를 사용한다는 뜻입니다.

한정적 한정사에는 정관사, 지시 형용사, 소유 형용사가 있습니다. 물론 나머지 한정사는 모두 비한정적 한정사에 속합니다.

그 특징을 보면, 한정적 한정사들은 서로 함께 쓰이지 못합니다. 이 법칙은 조금만 생각해보면 충분히 이해됩니다. 정관사, 지시 형용사, 소유 형용사는 한정하는 방법이 다를 뿐, 뒤의 명사를 명확히 규정한다는 점은 같습니다. 따라서 어떤 명사를 서로 다른 방식으로 '한정'할 수는 없겠지요. 한정적 한정사에 부정관사까지 포함시켜 '주된 한정사'(main determiner)라 칭하기도 합니다.

또한 비한정적 한정사는 주된 한정사의 앞이나 뒤에 쓰이는 전(前)한정사와 후(後)한정사로 나뉩니다. 전한정사로 쓰이는 비한정적 한정사는 재밌게도 '양화사'뿐입니다. 그렇다고 모든 양화사가 전한정사로 쓰이는 것은 아닙니다.

We made the plane with plenty of time to spare. The Iyäwei-teri at Ocamo, to whom I gave half the meat, were very grateful.

다행히 우리는 여유 있게 활주로에 도착했다. 오카모의 이에웨이테리는 맥고기의 절반을 받자 무척 고마워했다.

We began working on the tree about eight in the morning. The axes were so badly worn and dull that progress was quite slow. These axes were nearly worn out and had been reduced to only half their original size.

아침 8시부터 우리는 그 나무를 베기 시작했다. 도끼가 무척 닳고 무뎌서 작업 속도가 상당히 느렸다. 거의 닳아 없어져 원래의 크기에서 절반으로 줄어든 상태였다.

| They knew that I always gave almost <u>all the</u> meat to them and kept only a small amount to last me a day or so. | 내가 사냥한 짐승들을 하루 치 정도만 남겨두고 거의 전부를 그들에게 준다는 걸 알고 있었다. |

| Rohariwe then slowly, very slowly, stood up; his body looked like a trunk with many branches. He walked ahead swaying, gave a horrid growl like a mad dog, lurched and fell forward on top of <u>all those</u> arrows. And so he died. | 루와히웨는 천천히 아주 천천히 다시 일어섰다. 그의 몸은 사방에 가지가 돋은 나무줄기처럼 보였다. 그는 비틀거리며 앞으로 걸어 나왔다. 미친개처럼 섬뜩하게 울부짖고는 그 모든 화살을 몸에 안은 채 앞으로 풀썩 쓰러졌다. 그리고 숨을 거두었다. |

| I was shocked how they prepare monkey meat the first time I saw. They smoke almost <u>all their</u> game—birds, fish, reptiles, and mammals—if they have more than they plan to eat when they bag it. | 나는 그들이 원숭이고기를 조리하는 방법을 처음을 보았을 때 상당한 충격을 받았다. 그들은 사냥감을 잡은 후에 단번에 먹지 않고 보관할 생각이면 새와 물고기, 파충류 동물과 포유류 동물 등 거의 모든 것을 훈제로 만들었다. |

결국 전한정사로 쓰이는 양화사는 all과 half로 국한되는 듯합니다. 여기에 덧붙여, 전한정사는 하나밖에 쓰이지 못하지만 후한정사는 하나 이상 쓰일 수 있다는 점도 유념해야 합니다.

다음 두 예는 '지시 형용사/소유 형용사 - 수형용사'는 물론 '정관사 - 수형용사'로도 가능합니다. 그런데 두 예에서 쓰인 수형용사가 하나는 기수, 다른 하나는 서수입니다. 그럼 서수 형용사와 기수 형용사는 서로 배타적일까요, 아니면 결합해 쓰일 수 있을까요? 답부터 말하면, 부분적인 결합이 가능합니다.

| Why should <u>these three</u> closely related groups be fighting with each other and threatening to kill each other? | 왜 밀접한 혈연관계에 있는 세 무리가 서로 싸우고 죽이겠다고 위협하는 걸까? |

원서, 읽(힌)다

They then placed a second referendum on the AAA ballot in June 2005. … Their second referendum also passed, but by a smaller margin: 846 to 338.	그리고 그들은 2005년 6월 미국 인류학회 회원들을 대상으로 다시 한번 투표를 실시했다. … 이번 투표도 통과되었지만 표차는 줄어들어 846대 338이었다.
Coiling the filaments, beginning in 1934, helped to bring incandescent efficacies to more than 15 lm/W for 100-watt lamps, which were the standard source of bright light during the first two post–Second World War decades. – Number Don't Lie, Vaclav Smil	1934년 탄생한 코일 필라멘트 덕분에, 제2차 세계대전 이후로 20년 동안 표준 광원이었던 100와트 백열전구의 효율이 15lm/W까지 높아졌다. –『숫자는 어떻게 진실을 말하는가』, 바츨라프 스밀 (인문/교양/통계)
It was as if the last two bastions of opposition to the theory of evolution by natural selection were fundamentalist fire-and-brimstone preachers and cultural anthropologists!	자연선택에 의한 진화 이론을 반대하는 최후의 두 보루는 근본주의적인 설교자들과 문화인류학자들인 듯했다!

last도 서수 형용사로 본다면 위의 예문이 가능합니다. 여하튼 서수와 기수는 함께 쓰일 때 서수가 항상 먼저 쓰이고 기수가 뒤에 놓입니다. 일부 문법책에서 last와 next를 서수 형용사로 분류하지만, 이런 분류를 인정하지 않는다면 기수 앞에 쓰이는 서수는 first가 유일합니다.

그럼 한정사가 포함되는 명사구는 어떻게 구성되는지 정리해봅시다.

비한정적 한정사	한정적 한정사		비한정적 한정사		형용사	명사
전한정사			후한정사			
양화사 all, half	정관사	부정관사	서수형용사	기수 형용사		
	지시형용사		first	all, half를		
	소유형용사		next	제외한 나머지		
			last	양화사		

물론 후한정사가 둘 이상이 쓰일 때는 '수형용사 + 양화사(all 과 half 제외)'로 쓰입니다. 물론 이때의 수형용사는 first로 국한됩니다. 그 이유는 조금만 생각해보면 이해가 됩니다. 앞에서 말했듯이, 기수 형용사도 일종의 양화사이기 때문입니다.

For the first several months of my field research I tried to make sense of what happened that first day when I duck-waddled into the shabono and was greeted by armed and angry men.

현지 조사를 시작하고 처음 수개월 동안, 내가 오리처럼 뒤뚱거리며 샤보노에 들어서서 무장하고 성난 표정의 남자들에게 환영을 받았던 첫날에 있었던 사건을 알아보려고 무진 애썼다.

따라서 수형용사가 한정사로 쓰이지만 한정사도 결국 명사 앞에 쓰이는 한정적 형용사의 일종이라고 한다면, 아래 예문에서 부사 almost의 수식을 받는 이유가 설명됩니다.

This was the first time that I had applied for a research permit from OCAI and been turned down. I had been studying the Yanomamö for almost twenty-five years by then.

내가 연구 허가를 신청했다가 OCAI로부터 거절당한 것은 그때가 처음이었다. 그때까지 나는 거의 25년 동안 야노마뫼족을 연구했었다.

이쯤에서 품사의 용어 정리를 해봅시다. 수형용사, 지시형용사, 소유형용사라는 이름에는 모두 '형용사'가 있습니다. 또 이들은 모두 명사 앞에 쓰인다는 점에서 한정적 형용사와 다를 바가 없습니다. 하지만 이 형용사들은 '한정적 형용사' 앞에 쓰이기 때문에 한정사가 됩니다. 헷갈리지요? 그래서 이 셋에 다른 이름을 붙여주고 싶지만, 그렇게 하면 더 어려워질 수 있어 전통적인 이름을 그대로 사용했습니다. 그냥 외웁시다. 명사에 앞에서 쓰이는 것은 모두 '한정적 형용사'인데 수형용사, 지시형용사, 소유형용사는 한정사로도 쓰인다고!
　　그런데 영어가 그렇게 호락호락하지 않습니다.

Almost all of the damage was being done in Brazil, where the history of the destruction of the rain forest was widely known in the international conservation community.	거의 모든 불법 행위가 브라질에서 행해지고 있었다. 실제로 브라질에서 자행되는 열대우림 파괴의 역사는 국제 자연보호 단체들에게 유명했다.

일단 여기에서 쓰인 all이 대명사라고 가정해봅시다. almost 가 부사라면, 부사가 대명사를 수식하는 게 됩니다. 하지만 부사는 형용사나 다른 부사, 혹은 문장 전체를 수식할 뿐입니다. 이 원칙을 무너뜨려서는 안 됩니다. 그럼 almost를 형용사라고 할 수 있을까요? 또 형용사라 하더라도 형용사가 대명사를 수식한다고 배웠나요? 대명사는 한정적 형용사의 수식을 받지 않습니다. 그럼 Almost all of the damage를 어떻게 설명해야 할까요? 저는 One of these breakthroughs ...라는 표현에서 그 답을 찾으려 합니다. 이 표현은 One (breakthrough) of these breakthroughs가 생략된 것입니다. 그럼 all of the damage는 all damage of the damage에서 앞의 damage가 생략된 형태로 볼 수 있고, 이때 all은 양을 뜻하는 양화사(형용사)라서 almost라는 부사의 수식을 받을 수 있습니다. 이렇게 설명하면 문법 규칙에서 예외를 인정하지 않고 Almost all of the damage가 가능한 이유를 설명한다는 점에서 나름대로 가치가 있는 듯합니다.

앞의 표에서 정리했듯이, 한정적 형용사는 한정사 뒤에 쓰이는 게 원칙입니다.

Then Harris took the podium. He began by saying that he could recognize three different kinds of sociobiology.	다음 차례로 해리스가 연단에 올랐다. 해리스는 사회생물학에는 세 가지 유형이 있는 듯하다고 말문을 떼었다.

그런데 희한하게도 이 원칙을 어기는 한정적 형용사 하나가 있습니다.

I had not looked at the shotgun for almost three days. I had tied it under my seat and it had spent much of the past three days under-water.	나는 지난 사흘 동안 산탄총에 눈을 돌릴 틈이 없었다. 내가 앉은 자리 아래에 산탄총을 묶어 두었기 때문에 산탄총은 거의 사흘 내내 물속에 잠겨 있었다.
In the past twenty or so years the field of cultural anthropology in the United States has come precipitously close to abandoning the very notion of science.	과거 20년 남짓한 기간 동안 미국의 문화인류학계는 무분별하게 과학이란 개념을 포기하는 지경까지 치달았다.
I had spent countless hours running an outboard motor during the past several weeks and had not gotten enough sleep.	지난 수 주 동안 통나무배를 운전하며 많은 시간을 보냈고 수면도 충분히 취하지 못했다.

위의 예에서 보듯이 past는 이상하게도 양화사(혹은 수형용사) 앞에 쓰입니다. 그렇다고 past가 특별한 형용사는 아닙니다. 아래에서 보듯이, 일반 명사 앞에 자연스레 쓰이기 때문이죠.

Although it had not rained much downstream for the past week, the trail here was unusually slippery and wet.	지난주에 하류에서는 많은 비가 내리지 않았지만, 그곳의 숲길은 무척 질퍽거렸다.
He sired forty-three children by eleven wives and was the past headman of his group.	그는 7명의 부인에게서 43명의 자식을 두었고, 전임 촌장이기도 했다.

물론 의미상 past가 양화사 앞에 쓰여야 하고, 그렇게 쓰이는 게 자연스럽습니다. 또 'past + 양화사'의 앞에는 항상 한정적 한정사가 쓰인다는 점도 흥미롭죠. 여기에 이 문제를 해결할 어떤 실마리가 있지 않을까요? the three days가 the + three days로 분석된다면, 또 이런 분석이 맞다면 past라는 형용사가 the와 three days 사이에 끼어드는 것은 당연합니다. 그렇다면 the beautiful three fountains은 문법적으로 틀리고, the three beautiful fountains로 써야만 이유는 어디에 있을까요? 여하튼 어떤 예외도 인정하지 않고 문법 규칙을 설명하는 게 어렵기는 합니다.

1 대명사

원서, 읽(힌)다

대명사

대명사는 '명사를 대신하는 단어나 구절'입니다. 엄격히 말하면, 대명사는 독립된 품사가 아니라고 말할 수 있습니다. '어떤 대상이나 개념을 가리키는 단어'인 명사의 자리에 쓰이지만 명사가 아닌 단어들이 존재합니다. 그 단어들이 '대명사'이고, 대명사에는 여러 유형이 있지만 수적(數的)으로는 명사와 달리 무척 제한적입니다.

　　대명사는 크게 두 종류로 나뉩니다. 앞에 쓰인 명사를 대신하는 대명사가 있고, 그와는 다른 기능을 하는 대명사가 있습니다. 이름을 기준으로 봤을 때, 지시 대명사는 앞에 쓰인 명사를 대신할 듯하지만 항상 그런 것만은 아닙니다. 또 부정 대명사의 '부정'은 '정해지지 않았다'라는 뜻이므로 앞에 쓰인 명사를 대신하지 않을 듯하지만 one이라는 대명사를 보면 항상 그렇지도 않습니다. 지금부터 인칭 대명사, 지시 대명사, 부정 대명사에 대해 하나씩 살펴보기로 합시다. 물론 여기에서도 기본적인 형태나 용법은 다루지 않을 생각이므로, 이에 대해서는 다른 문법책을 참조하십시오.

인칭 대명사

1인칭과 2인칭 대명사까지 거론하며 독자 여러분의 문법 실력을 의심하고 싶지는 않습니다. 3인칭 대명사의 쓰임새를 집중적으로 살펴보겠습니다. 일단 3인칭 대명사는 앞에 쓰인 명사를 대신하는 대명사입니다. 대명사가 언제 쓰이느냐는 앞 문장에 답이 있습니다. "대신하는 명사가 앞에 있어야 한다"라는 게 원칙이라고 학교에서 배웠습니다.

1) While he held Pascal in high esteem, and is even sometimes described as "the Pascal of the North," Kierkegaard was not taken in by Pascal's reasoning.
– Existentialist's Survival Guide, Gordon Marino

키르케고르는 파스칼을 존경한 까닭에 지금도 '북쪽의 파스칼'이라 칭해지지만, 파스칼의 추론에 현혹되지는 않았다.
–『진실한 삶을 위한 실존주의적 처방』, 고든 마리노 (철학)

위의 예에서 he에 해당하는 명사는 Kierkegaard입니다. 대명사가 명사보다 앞에 쓰였습니다. 기존의 '대명사 사용 법칙'에 어긋납니다. 그래서 인칭 대명사가 언제 쓰이는지에 대한 원칙을 수정하려 합니다. 위의 예를 다음과 같이 바꿔보겠습니다.

2) While Kierkegaard held Pascal ... , he was not taken in by Pascal's reasoning.

3) He was not taken in by Pascal's reasoning, while Kierkegaard held Pascal ... .

4) Kierkegaard was not taken in by Pascal's reasoning, while he held Pascal ... .

종속절과 주절의 위치를 바꾸고, Kierkegaard와 he의 위치를 바꿔 놓았습니다. 원래의 예문을 (1)이라 할 때, (2), (3), (4) 중 he가 Kierkegaard를 가리키지 못하는 문장 하나가 있습니다. 일단 (2)와 (4)에서는 he = Kierkegaard인 게 분명합니다. 대명사는 명사 뒤에 쓰이니까요. 흔히 쓰이는 형식 (1)에서도 he = Kierkegaard입니다. 그러나 (3)에서는 이런 관계가 불가능합니다. 왜냐하면 (3)의 He는 Kierkegaard가 아닌 앞서 언급된 다른 3인칭 남자를 가리키는 것일 수도 있습니다. 그럼 (1)과 (3)은 어떻게 다를까요? (1)에서는 대명사가 쓰인 종속절이 주절보다 앞에 쓰였고, (3)에서는 대명사가 쓰인 주절이 종속

원서, 읽(힌)다

절보다 앞에 쓰였습니다. 그럼 대명사의 쓰임은 이렇게 일반화됩니다. 첫째로는 대명사가 쓰인 구절이 문장 내에서 차지하는 위치와 상관없이, 명사 뒤에 쓰이면 됩니다. 둘째로는 대명사가 명사보다 앞에 쓰인 경우에는 대명사가 포함된 구절이 하위절(혹은 종속절)에 있어야 합니다. 이렇게 수정한 원칙을 의심하며, 예문보다 앞에 he를 Kierkegaard로 해석할 만한 문장이 있지 않겠느냐고 반박할 독자가 있을지 모르겠습니다. 이런 독자를 위해 이 예문에 속한 단락을 통째로 인용하겠습니다.

In his famous "wager argument," Blaise Pascal reasoned that since belief in God tenders an infinite gain against a finite loss, faith is a betting man's wager. Pascal did not imagine that belief itself would issue forth from the wager argument, but he hoped that it would at least convince people to go through the motions, taking the holy water and saying prayers. A behaviorist of sorts, Pascal believed that faith might follow along mechanically. While he held Pascal in high esteem, and is even sometimes described as "the Pascal of the North," Kierkegaard was not taken in by Pascal's reasoning.

이 단락의 번역을 제공하지는 않을 생각입니다. 제가 일반화한 법칙을 의심한 대가라 생각하시고 직접 해보십시오. 이 단락을 처음 시작하는 곳에서도 제가 말한 원칙, "대명사가 명사보다 앞에 쓰인 경우에는 대명사가 포함된 구절이 하위절(혹은 종속절)에 있어야 한다"가 적용되는 걸 확인할 수 있습니다. his가 누구입니까? Blaise Pascal입니다. Blaise Pascal은 주절에 있고, his는 하위절, 여기에서는 전치사구 내에 있습니다. 그럼 이 원칙이 정확히 적용된 예가 되겠지요.

유럽의 온라인 신문, euobserver에 실린 기사에서도 명사와
대명사의 유사한 관계가 확인됩니다.

For his part, Mike Pence, the US vice-president, urged the EU to fall in line on Iran in a speech shortly after Merkel's one in Munich on Saturday.	토요일 뮌헨에서 메르켈 총리의 연설이 있는 직후의 연설에서, 미국 부통령, 마이크 펜스는 유럽 연합에 이란에 대한 문제에 협조하라고 촉구했다.

여기에서도 his = Mike Pence이며, 둘 사이의 관계는 앞의 경
우와 똑같은 이유로 설명됩니다.
    같은 구조로 쓰인 다음 예에서도 "대명사가 명사보다 앞에
쓰인 경우에는 대명사가 포함된 구절이 하위절(혹은 종속절)
에 있어야 한다"라는 원칙은 확인됩니다.

Though he recognizes how the stylus aids memory, Plato seems dubious about the written word's ability to empower the good and just life. – Existentialist's Survival Guide, Gordon Marino	플라톤은 글을 쓰는 게 기억의 향상에 도움을 준다는 걸 인정하지만, 글을 쓰는 능력이 선하고 정의로운 삶을 가능하게 해준다는 속설은 의심한 듯하다. –『진실한 삶을 위한 실존주의적 처방』, 고든 마리노 (철학)

인칭 대명사라고 부르지만, 1인칭과 2인칭만이 항상 사람이
고, 3인칭은 사람을 대신하는 경우도 있지만, 아래의 예처럼
사물을 대신하는 경우도 있습니다. 물론 여기에서도 앞서 정
리한 대명사의 두 번째 원칙이 적용되었습니다.

원서, 읽(힌)다

Pasteur had hit upon the technique that would ultimately bear his name: by heating it to around 130 degrees Fahrenheit, wine could be successfully prevented from spoiling without affecting its flavor in a detectable way.
– Extra Life, Steven Johnson

파스퇴르는 훗날 자신의 이름을 영원히 남기게 되는 기법을 문득 생각해냈다. 포도주를 섭씨 55도 정도로 가열함으로써 본래의 향미에 별다른 영향을 주지 않고 부패하는 걸 성공적으로 예방할 수 있는 기법이었다.
–『우리는 어떻게 지금까지 살아남았을까』, 스티븐 존슨 (인문/교양)

지시 대명사

지시 대명사는 that/this, those/these로 구분되고, 시공간의 원근에 따라 그 형태가 선택된다는 어휘론적 사실은 잘 알고 계실 겁니다.
아래의 예에서 that은 무엇을 가리키는지 생각해보십시오.

Where there is sorrow there is holy ground. Some day people will realise what that means. They will know nothing of life till they do.
– De Profundis, Oscar Wilde

고통이 있는 곳에 신성한 땅이 존재한다. 언젠가 사람들은 이 말이 무엇을 뜻하는 깨닫게 될 것이다. 그때까지 사람들은 삶에 대해 아무것도 모를 것이다.
–『옥중기』, 오스카 와일드 (수필)

The idea that French wine consumption is now a third of what it was a century ago is amazing to me because of what it might reveal about how society is changing. While young French people are drinking less alcohol overall, the consumption of mineral and spring water has doubled since 1990. Does that mean the French are becoming more health conscious?
– What sweat, wine, and electricity can teach us about humanity, GatesNote(The Blog of Bill Gates)

현재 프랑스의 포도주 소비가 한 세기 전의 3분의 1에 불과하다는 사실은 사회가 어떻게 변하고 있는가를 여실히 보여주는 것일 수 있기 때문에 무척 놀랍다. 프랑스 젊은층은 전반적으로 알코올을 덜 마시는 반면에 광천수의 소비는 1990년 이후로 두 배나 증가했다. 이런 변화는 프랑스인들이 건강을 더욱 의식하고 있다는 뜻일까?
–「땀, 와인, 전기가 인류에게 알려주는 것」, 게이츠노트 (빌 게이츠의 블로그)

that이 특별히 가리키는 명사가 없습니다. 앞 문장 전체를 대신한다고 보는 게 나을 겁니다. 이와 같은 that/this의 사용은 that/this is why/how ...에서 가장 뚜렷이 나타납니다.

The whole pattern did not fit right. His expectations were violated, and he realized he did not quite know what was going on. <u>That was why</u> he ordered his men out of the building.
– Farsighted, Steven Johnson

전반적인 상황이 일반적인 예상과 맞아떨어지지 않았다. 소방대장은 자신이 예상이 빗나가자, 자신이 집안에서 어떤 일이 일어나고 있는지 제대로 모른다는 걸 깨달았다. 그래서 그는 대원들에게 바로 집 밖으로 나가라고 명령했다.
– 『미래를 어떻게 결정할 것인가』, 스티븐 존슨 (경영/전략)

"There's no sense crying over every mistake. You just keep on trying till you run out of cake." <u>This is how</u> the game of life is won. <u>This is</u> all I can control.
– Solve For Happy, Mo Gawdat

"실수할 때마다 한탄해도 소용없어. 에너지가 떨어질 때까지 계속 시도하는 편이 훨씬 낫지!" 이 노랫말이 삶이란 게임에 승리하는 법이며, 내가 통제할 수 있는 모든 것이다.
– 『행복을 풀다』, 모 가댓 (자기 관리)

일반적으로 that은 앞 문장, this는 뒤에 쓰이는 문장을 가리킨다고 말하지만, 이런 주장은 위의 두 예문에는 적용되지 않습니다. 항상 맥락을 중심으로 판단하는 게 좋습니다.

그렇다면 that which .../those who ...에서 that과 those를 굳이 구분한 이유는 대체 무엇일까요?

The standard practice of open discussion gives too much weight to the opinions of <u>those who</u> speak early and assertively, causing others to line up behind them.
– Farsighted, Steven Johnson

공개 토론이란 일반적인 관례에서는 남보다 먼저 단정적으로 발언하는 사람의 의견이 훨씬 중요하게 여겨지기 때문에 다른 사람들은 그 뒤에 줄을 서게 된다.
– 『미래를 어떻게 결정할 것인가』, 스티븐 존슨 (경영/전략)

원서, 읽(힌)다

As a businessman I've learned that we can improve only on that which we measure. So set yourself a fun quota. I do!
– Solve For Happy, Mo Gawdat

기업에서 일하며 나는 측정되는 것만을 개선할 수 있다고 배웠다. 따라서 재미 할당량을 정해보라. 나도 그렇게 하고 있다.
–『행복을 풀다』, 모 가댓 (자기 관리)

위의 예에서 보듯이, those와 that은 지시 대명사라는 명칭과 달리 특정한 대상을 가리키지 않습니다. 이때의 that과 those 는 '정해지지 않았지만 관계절로 제한되는' 사물과 사람을 차 례로 가리킵니다. 지시 대명사라는 이름이 무색할 지경입니 다. 언어의 이런 변덕스러움은 사람과 닮았습니다.

그런데 that/those가 관계절이 아니라 'of + 명사'로 제한 되면 앞에 쓰인 명사를 대신하는 대명사가 됩니다. 이때 that/ those가 대신하는 명사는 거의 언제나 사물입니다. those가 사람을 가리키는 경우가 있지만 그때는 반드시 those of us, those of you라는 형태로 쓰입니다.

Most of our understanding of brain specialization was based on case studies like that of Phineas Gage, the nineteenth century railroad worker. (that = the case study)
– Farsighted, Steven Johnson

우리가 알고 있던 뇌의 세분화는 19세기 철도 노동자, 피니어스 게이지의 경우를 비롯해 여러 사례 연구를 기초한 것이다.
–『미래를 어떻게 결정할 것인가』, 스티븐 존슨 (경영/전략)

More troublingly, she developed symptoms that resembled those of typhoid, suggesting perhaps that the constant immersion in water at Malvern may not have been as sanitary as Gully claimed. (those = the symptoms)
– Farsighted, Steven Johnson

당혹스럽게도 그녀는 장티푸스와 유사한 증상까지 보였다. 걸리가 주장하는 것과 달리, 몰번의 물이 위생적이지 않을 수 있다는 뜻이었다.
–『미래를 어떻게 결정할 것인가』, 스티븐 존슨 (경영/전략)

The distinction between bilingualism (or multilingualism) and monolingualism proves even more difficult to define and more arbitrary than is the distinction between a language and a dialect. … What about languages that you can read but not speak - e.g., Latin and classical Greek for those of us who learned those languages at school?
– The World until Yesterday, Jared Diamond

이중언어(혹은 다중언어)와 단일언어 사용의 구분은 언어와 방언의 구분보다 훨씬 어렵고 자의적이다. …예컨대 우리가 학교에서 배우는 라틴어와 고대 그리스어처럼 읽을 줄은 알지만 말하지는 못하는 언어는 어떻게 해야 할까?
– 『어제까지의 세계』, 재레드 다이아몬드 (세계/문화사)

For those of you familiar with statistics and correlation coefficients, the correlation coefficient for blood pressure is 0.63 between identical twins, 0.25 between fraternal twins or parent and biological child, and 0.05 between adopted siblings or parent and adopted child.
– The World until Yesterday, Jared Diamond

통계학과 상관계수를 아는 독자를 위해서 덧붙이면, 혈압의 상관계수가 일란성 쌍둥이는 0.63, 이란성 쌍둥이 혹은 부모와 친자식은 0.25, 입양한 형제자매 혹은 부모와 입양한 자식은 0.05이다.
– 『어제까지의 세계』, 재레드 다이아몬드 (세계/문화사)

that of …와 경쟁적으로 쓰이는 one of …

that of …와 one of … 이 둘은 대체 어떻게 다를까요? 문법책에서는 one은 앞에 언급한 것과 종류는 같지만 대상은 다른 경우에 쓰이는 (부정) 대명사이고, that은 앞에 언급한 것과 같은 대상을 특정하고 다시 언급할 때 쓰이는 (지시) 대명사라고 설명합니다. that of …는 앞서 살펴보았고, one of …에서 one은 that과 어떻게 다를까요?

그럼 다음 문장에서 one은 무엇을 대신하는 대명사일까요?

The focus of the portrait—the dots of blue that are the sitter's eyes—is off center. His stark and skeptical gaze, directed once at the artist, and now at us, is <u>one</u> of both pain and recognition.
– Portrait of Dr. Gachet, Cynthia Saltzman

이 초상화의 초점, 즉 푸른 점처럼 표현된 노인의 눈동자는 중심에서 벗어나 있다. 회의에 싸인 듯한 차가운 눈길, 당시에는 화가를 향하고 있었겠지만 이제는 우리를 쏘아보는 그 눈길은 고뇌와 깨달음을 동시에 간직한 눈빛이기도 하다.
–『가세 박사의 초상』, 신시아 살츠만
(미술사)

여기에서 one은 분명히 gaze를 대신하는 대명사입니다. 앞에서 언급한 원칙대로 다시 쓰면, one = a gaze가 됩니다. '눈빛'이란 범주에 속한 '하나의 특정한 눈빛'이니까요(= a gaze).
that which ...와 대응되는 one that ...이란 구문도 있습니다.

Most of the story of our doubled life expec-tancy comes from triumphing over threats that we had faced for millennia: killer viruses, bacterial infections, hunger. But starting in the nineteenth century a genuinely new kind of threat emerged, <u>one that</u> required a different set of solutions to combat. (one = a threat)
– Extra Life, Steven Johnson

두 배로 늘어난 기대수명에 대한 이야기는 수천 년 동안 인간을 위협하던 것들, 예컨대 치명적인 바이러스, 세균 감염, 굶주림 등을 정복한 것에서 시작된다. 그러나 19세기 들어, 완전히 새로운 차원의 위협이 나타났다. 그런 위협과 싸워 이기려면 다양한 해결책이 필요했다.
–『우리는 어떻게 지금까지 살아남았을까』,
스티븐 존슨 (인문/교양)

The question that most intrigued my UCLA students was <u>one that</u> hadn't registered on me: How on earth could a society make such an obviously disastrous decision as to cut down all the trees on which they depended? (one = a question)
– Why Do Some Societies Make Disastrous Decisions? Jared Diamond

이에 대해 UCLA 학생들이 가장 관심을 보인 의문은 나도 미처 생각해본 적이 없던 것이었다. "어떻게 한 사회가 전적으로 의존해 살아가던 생존 수단인 나무들을 모조리 베어내는 재앙과 같은 결정을 내릴 수 있는가?"라는 의문이었다.
–『컬처 쇼크』-「왜 어떤 사회는 재앙적 결정을 내리는가」, 재레드 다이아몬드
(인문/교양)

대명사
235

that which ...는 '...라는 것'으로 여기서 that은 앞에 쓰인 명사를 대신하는 대명사가 아니지만, one that ...에서 one은 앞에 쓰인 명사를 대신하는 대명사입니다. 지시 대명사와 부정 대명사라는 that과 one의 참으로 희한한 차이가 아닐 수 없습니다. 다음의 예에서 one이 가리키는 명사를 찾아보십시오. 거듭 말하지만, one that ...에서 one은 앞에 쓰인 명사를 대신합니다

In a sense, by assigning a dollar value to the cost of carbon, regulators were adding a predictive stage to decisions that involved fossil fuels, one that offered a long-term view. (one = a stage)
– Farsighted, Steven Johnson

어떤 의미에서 규제 기관은 탄소 비용에 달러 가치를 부여함으로써 화석 연료와 관련된 결정에 예측 단계, 더 정확히 말하면 장기적 관점에서 예측하는 단계를 더해주었다.
–『미래를 어떻게 결정할 것인가』, 스티븐 존슨 (경영/전략)

물론 ones that ...도 존재합니다. 그렇다고 those who ...처럼 사람을 가리키지는 않습니다. ones는 앞에서 복수로 쓰인 비한정적인 명사를 대신하는 대명사입니다.

I began to realize that what Prigogine and his group and Monod and François Jacob and others were talking about in France and Belgium were self-reinforcing systems—not ones that would run away like a snowball down a hill but ones that were more like bandwagons, any of which could gain momentum if they got off to a good start. (ones = systems)
– Does Technology Evolve? W. Brian Arthur

프리고진과 그의 연구원들, 그리고 모노와 프랑수아 자콥이 프랑스와 벨기에를 오가며 자기강화 시스템을 연구하고 있다는 것을 그때 알게 됐다. 눈덩이 하나가 언덕 아래로 떨어지는 방식의 시스템이 아니라, 순조롭게 출발해야 가속도를 얻을 수 있는 방식과 유사한 시스템이었다.
–『컬처 쇼크』-「테크놀로지는 진화하는가?」, 브라이언 아서 (인문/교양)

재밌는 것은 the one that ..., the ones that ...처럼 '정관사 + one(s)'이란 형태도 가능합니다. 물론 이때의 one(s)도 앞에 쓰

원서, 읽(힌)다

인 명사를 대신합니다.

And the most emotional topics always deal with changes such as the one the Underhills faced—the loss of a child, a brush with death, a rite of passage, an abandonment, a change in a relationship to a loved one. (the one = the change)
– Wordcraft, Jack Hart

지극히 감성적인 논제에서는 언더힐 부부가 부딪친 변화 같은 것, 예컨대 자식의 죽음, 절체절명의 위기, 통과의례, 이별, 사랑하는 사람과의 관계에서의 부정적인 변화 같은 것이 항상 다루어진다.
—『퓰리처상 문장 수업』, 잭 하트 (글쓰기)

On May 25, 1940, Florey performed the first real test of penicillin's effectiveness. He deliberately infected eight mice with the bacteria responsible for strep throat. He then gave four of them penicillin—in differing doses—and gave the remaining four nothing. … All four controls died. The ones that had been given penicillin all lived. (the ones = the four mice)
– Extra Life, Steven Johnson

1940년 5월 25일, 플로리는 페니실린의 효능에 대한 시험을 처음으로 진지하게 시행했다. 플로리는 패혈성 인두염을 유발하는 박테리아들로 여덟 마리의 생쥐를 감염시켰다. 그러고는 네 마리에게는 페니실린을 각각 용량을 달리해서 주었고, 나머지 네 마리에게는 아무것도 주지 않았다. … 통제 집단이었던 네 마리는 모두 죽었지만, 페니실린을 받은 생쥐들은 모두 살았다.
—『우리는 어떻게 지금까지 살아남았을까』, 스티븐 존슨 (인문/교양)

문장 구조로 보면, 위의 예문에서 one(s) that …과 the one(s) that …은 차이가 없는 듯합니다. the one(s)이 앞에서 '한정적 한정사 + 명사'를 대신하지는 않습니다. 쓰인 결과를 두고 차이를 말할 수 있을 뿐입니다. 정리하면, one은 '앞에 쓰인 명사의 종류'를 대신하고, the one에서 one은 '앞에 쓰인 명사'를 대신합니다. 그렇다면 the one(s)은 지시 대명사 that/those와 다를 바가 없습니다. 특히 뒤에서 관계절보다 전치사구가 수식하는 경우에 그렇습니다. 그 이유는 one(s) that …과 that/those which/who …의 차이를 설명한 부분을 참조하면 이해가 될 것입니다.

If the positions of the red and blue keys are reversed to create confusion— i.e., if the red key is on the left side of the keyboard but the blue flashing square is the one on the left side of the screen— then bilinguals perform better than monolinguals.
– The World until Yesterday, Jared Diamond

그러나 혼동을 주려고 키보드에서 붉은 키와 푸른 키의 위치를 바꿔놓자, 다시 말해서 붉은 키는 키보드의 왼쪽에 있고, 푸른색으로 반짝이는 커서는 모니터의 왼쪽에서 반짝이는 커서가 되자, 이중언어 사용자가 단일언어 사용자보다 더 잘 해냈다.
–『어제까지의 세계』, 재레드 다이아몬드 (세계/문화사)

여기에서 the one = the flashing square이고, the one을 that 으로 바꿔 쓰더라도 아무런 문제가 없습니다.

But the great men or great women are the ones with the brains, courage or luck to make breakthroughs that others do not.
– A History of The World, Andrew Marr

그러나 남녀를 막론하고 위대한 인물은 뛰어난 두뇌와 용기 및 남들과 달리 돌파구를 마련하는 행운을 지닌 사람이었다.
–『세계의 역사』, 앤드류 마 (세계사)

여기에서 the ones는 the great men or great women을 가리 키고, those로 바꿔쓸 수 있습니다.

대명사 one

one은 그 자체로도 무척 흥미로운 대명사입니다. 인칭 대명사 와 지시 대명사는 형용사와 함께 쓰이지 못합니다. 물론 관사 와 함께 쓰이지도 않습니다. 그런데 one은 대명사에 가해지 는 이런 모든 제약을 거부합니다. 당연한 말이겠지만, 이때의 one도 앞에 쓰인 명사를 대신합니다.

원서, 읽(힌)다

The relationship between economic and health progress in the Global South is almost certainly a symbiotic one. (부정관사 - 형용사 - one)
– Extra Life, Steven Johnson

남반구에서 경제 발전과 보건 증진은 공생 관계에 있는 게 거의 확실하다.
– 『우리는 어떻게 지금까지 살아남았을까』, 스티븐 존슨 (인문/교양)

"Put the matter into a phial of the smallest size, well corked and immersed in a larger one filled with water and well corked," he wrote. "It would be effectually preserved against the air." (부정관사 - 형용사 - one)
– Extra Life, Steven Johnson

"그 물질을 아주 작은 유리병에 넣고, 그 병을 코르크 마개로 막은 뒤에 물로 채운 더 큰 유리병에 넣고 역시 코르크 마개로 막으십시오. 그럼 그 물질이 공기와 효과적으로 차단되지 않을까 싶습니다."
– 『우리는 어떻게 지금까지 살아남았을까』, 스티븐 존슨 (인문/교양)

If your time is competing for television and movies, once you run into diminishing returns in movies - you've seen all the good ones that are on -you tend to say, okay, I will balance that out with whatever, reading books or television or something. (정관사 - 형용사 - ones)
– Does Technology Evolve? W. Brian Arthur

한정된 시간을 두고 텔레비전과 영화가 경쟁할 때 현재 상영 중인 좋은 영화를 모두 보았기 때문에 영화에서 얻는 만족감이 줄어들면, "독서나 텔레비전, 여하튼 뭐로든 균형을 맞추겠어"라고 말하게 마련이다.
– 『컬처 쇼크』-「테크놀로지는 진화하는가?」, 브라이언 아서 (인문/교양)

the other와 함께 쓰이는 one

one이 앞에 쓰인 명사를 특별히 가리키지 않지만, the other 와 함께 쓰이면 글을 해석하는 데 많은 도움을 주는 경우가 있습니다. one과 the other가 함께 쓰일 때는 무조건 두 개의 무언가가 먼저 언급되어야 합니다. one은 '어떤 하나'이고, the other는 '나머지 하나'이기 때문입니다.

The trails of the world be countless, and most of the trails be tried;
You tread on the heels of the many, till you come where the ways divide;
And one lies safe in the sunlight, and the other is dreary and wan,
Yet you look aslant at the Lone Trail, and the Lone Trail lures you on.
– The Lone Trail, Robert W. Service

세상에 길은 무수히 많고, 대부분이 이미 누군가 걸은 길,
그대는 많은 사람의 뒤를 따라가네,
갈림길이 나타날 때까지.
하나는 환한 햇살이 비추는 안전한 길, 다른 하나는 음울하고 어두운 길,
하지만 그대는 외로운 길을 곁눈질하고, 외로운 길은 그대를 유혹하네.
–「외로운 길」, 로버트 W. 서비스

divide는 엄격하게 말하면 '여러 갈래로 갈라지다'라는 뜻입니다. 두 번째 행에서는 길이 몇 군데로 갈라지는지 모릅니다. 하지만 다음 행에서 one과 the other를 보고, 두 갈래로 갈라진다고 번역하게 됩니다. 이처럼 번역가에게 one과 the other는 글을 더 정확히 보게 해주는 단서가 됩니다.

one - the other는 둘을 전제로 하지만, 둘 중 어느 것이 one이고, 어느 것이 the other인지 모릅니다. 달리 말하면, 둘을 '전자'와 '후자'로 구분하는 경우에는 the one - the other가 쓰입니다.

In A Moveable Feast, Hemingway recalls the days when he and Fitzgerald careered through the Spanish countryside in an open car, playing the metaphor game. One would point to an object as it came into view. The other would generate a figure of speech involving it.
– Wordcraft, Jack Hart

헤밍웨이는『호주머니 속의 축제』에서, 피츠제럴드와 함께 오픈카를 타고 스페인 시골 지역을 달리며 은유 게임을 하던 때를 회상한다. 한쪽이 눈에 들어오는 어떤 대상을 가리키면, 상대는 그 대상을 비유적으로 표현하는 게임이었다.
–『퓰리처상 문장 수업』, 잭 하트

원서, 읽(힌)다

여기에서 one과 the other는 Hemingway이면서도 Fitzgerald
입니다. 비유 게임의 주도권을 서로 주고받았기 때문입니다.
이렇게 one, the other는 두 대상 중 누구인지 명확히 규정하
지 않기 때문에 아래 예문을 번역할 때도 주의해야 합니다.

That is the point so deftly made by the novel,
that the encounter between Africans and Eu-
ropeans went so poorly not because one was
inferior to the other, but because they failed to
understand each other and, as a direct result,
to respect each other.
– 101 Letters to a Prime Minister, Yann
　Martel

이 점이 소설에서 말하려는 핵심입니다.
아프리카인과 유럽인의 만남이 불행한
방향으로 흘러간 이유는 어느 한쪽이
열등한 때문이 아니라, 둘 모두가 상대를
제대로 이해하지 못한 탓이라고, 따라서
서로 상대를 존중하지 않은 탓이라는
겁니다.
–『각하, 문학을 읽으십시오』, 얀 마텔
　(편지/에세이)

인종차별적인 생각이겠지만, 아프리카인이 유럽인보다 열등
하다고 생각하는 사람이 아직도 많습니다. 그래서 one을 '전
자'로 보고 Africans, the other를 '후자'로 보고 Europeans로
번역할 사람이 있을 수 있습니다. 거듭 말하지만, one - the
other에는 그런 구분이 없습니다. 전자와 후자를 구분하려면
the one - the other를 쓰는 게 좋습니다. 하지만 안타깝게도
많은 저자가 one - the other/the one - the other를 명확히 구
분하지 않고 쓰는 듯합니다. A History of The World(『세계의
역사』)를 쓴 앤드류 마(Andrew Marr)는 영문학을 전공한 저널
리스트입니다. '세계의 역사'라는 책의 제목이 의미하는 바에
서도 알 수 있듯이 신중한 저자이기도 합니다. 그러나 다음 예
문에서는 one - the other/the one - the other가 구분되지 않
았습니다.

Rome and Han China emerged at roughly the same time and ruled over roughly the same number of people – 45 million in the case of Rome at its imperial peak, 57.6 million according to a Han tax census. Both covered roughly the same amount of territory, some four million square kilometres, though <u>one</u> was based on the edges of an inland sea, and <u>the other</u> on vast plains intersected by rivers.
– A History of The World, Andrew Marr

로마와 중국의 한나라는 거의 같은 시기에 등장해서 거의 비슷한 수의 주민을 지배했다. 정확히 말하면, 로마의 경우에는 전성기에 인구수가 4,500만 명이었고, 한나라의 경우에는 과세를 위한 인구조사에 따르면 5,760만 명이었다. 두 제국이 차지한 면적도 얼추 비슷해서 약 400만 제곱킬로미터였지만, 로마는 내해(內海)에 면한 땅을 기반으로 삼았고 한나라는 두 강이 교차하는 광활한 평야를 기반으로 삼았다.
– 『세계의 역사』, 앤드류 마 (세계사)

의미상 one은 앞에서 쓰인 Rome, the other는 뒤에 쓰인 Han China가 될 수밖에 없습니다. 이렇게 되면 Martel이 수상에게 보낸 편지도 오해를 불러일으킬 위험이 있습니다. 따라서 억지로 원칙에 맞추어 번역하고 싶습니다. one을 one of both로 보면 그만이고, 반드시 '로마'를 가리킨 것이 아니라고 우길 수도 있겠죠. 하지만 왜 하필이면 각각의 지리적 구조에 맞추어 전자(로마)와 후자(한나라)를 언급했는지는 의구심이 듭니다.

전자와 후자를 가리키는 the one - the other의 대표적인 예는 Virtue and vice are before you; <u>the one</u> leads to happiness, <u>the other</u> to misery.(미덕과 악덕이 눈앞에 있다. 미덕은 당신에게 행복을, 악덕은 고통을 안겨준다.)일 것입니다.

하지만 지금까지 많은 책을 번역하며 영어를 읽은 기억에 따르면, 전자-후자를 the one - the other로 표현하는 경우는 상투적인 문구에서 보았고, 요즘 저자들이 쓴 책에서는 보지 못한 듯합니다. 앤드류 마(Andrew Marr)도 전자-후자를 명확히 하고 싶을 때는 the former/the latter를 씁니다.

원서, 읽(힌)다

The most pressing problems for would-be democracies and open societies—and Athens was really more the latter than the former—have never been about the minutiae of voting systems, or even about the right balance of powers.
— A History of The World, Andrew Marr

역사적으로 민주주의와 개방사회—엄격한 의미에서 아테네는 민주주의라기보다는 개방사회에 가까웠다—에서 가장 절박한 문제는 투표제도도 아니었고, 적절한 세력 균형도 아니었다.
—『세계의 역사』, 앤드류 마 (세계사)

이렇게 보면, 앞의 예에서 one-the other는 굳이 전자/후자로 구분하지 않고, '한 나라는 … 다른 한 나라는 …'라고 번역해도 큰 문제는 없겠지만, 앞에서 말한 대로 지리적 구조에 대한 언급 때문에 여전히 찜찜합니다.

여하튼 아래에 제시한 문장은 현재는 이집트의 기업가이자, 구글에서 구글X 프로젝트의 신규 사업 개발 총책임자를 지낸 모 가댓(Mo Gawdat)의 글에서 인용한 것입니다. 여기에서 쓰인 one과 that의 차이를 분석하는 것으로 대명사에 관한 공부를 일단락짓고자 합니다. 아래에서 one은 무엇이고, that은 무엇일까요? 답은 번역을 참고하십시오.

An observing life-form could have been one of ours or that of an extraterrestrial residing outside our own universe.
— Solve For Happy, Mo Gawdat

관찰하는 생명체는 우리 중 한 명일 수도 있었고, 태양계 밖에 존재하는 외계인일 수도 있었다.
—『행복을 풀다』, 모 가댓 (자기 관리)

시간의 표현

원서, 읽(힌)다

일반적으로 시제는 크게 세 종류, (1) 기본 시제, (2) 완료 시제, (3) 진행형으로 나뉩니다. 기본 시제에는 현재, 과거, 미래가 있습니다. 각 시제가 완료 또는 진행형, 또는 양쪽 모두와 결합해 여러 시제를 만들어냅니다. 따라서 이론적으로 영어는 12가지 형태의 시제가 가능합니다. 아래에서 제시된 예문은 메이슨 커리(Mason Currey)의 Daily Rituals(『리추얼』)에서 인용한 것입니다.

① 현재 시제

Here I sleep ten hours every night without being disturbed by any care.	이곳에서 나는 누구에게도 방해받지 않고 매일 10시간씩 잠을 잔다.

② 과거 시제

Descartes was a late riser.	데카르트는 늦게 일어나는 사람이었다.

③ 미래 시제

I only regret that I will not be able to see this beautiful country anymore.	이 아름다운 땅을 다시 볼 수 없다는 게 안타까울 뿐이다.

④ 현재 진행형

I am feeling revived and strengthened by sleep.	수면으로 원기를 되찾아 기운이 생긴 듯한 기분이다.

⑤ 과거 진행형

Joyce <u>was struggling</u> to find a publisher for Dubliners, and <u>was teaching</u> private piano lessons at home.	조이스는 『더블린 사람들』을 출간해줄 출판사를 찾느라 동분서주했고, 집에서 피아노를 가르쳤다.

⑥ 미래 진행형

Later, in cooler weather, I <u>will be walking</u> to my office.	나중에 날씨가 시원해지면 걸어서 사무실까지 갈 생각이다.

⑦ 현재완료 시제

I think Christ <u>has recommended</u> rising early in the morning, by his rising from the grave very early.	그리스도께서 무덤에서 이른 새벽에 일어나신 것으로 판단하건대 우리에게도 아침 일찍 일어나라고 충고하신 듯하다.

⑧ 과거완료 시제

At age thirty-four, when he <u>had worked</u> at the bank for five years, Eliot admitted that "the prospect of staying there for the rest of my life is abominable to me."	그 은행에서 5년째 일하던 해, 즉 34세에 엘리엇은 "평생 은행 직원으로 살아야 한다고 생각하면 소름이 돋는다."라며 푸념했다.

⑨ 미래완료 시제

... for the duration of a story you <u>will have entered</u> the being of an African- American woman. You <u>will have heard</u> voices that you might otherwise never have heard. – 101 Letters to a Prime Minister, Yann Martel	소설을 읽는 동안 내내 당신은 아프리카계 미국 여성의 삶에 들어가게 될 것입니다. 그리고 다른 곳에서는 결코 듣지 못했을 목소리들을 듣게 될 것입니다. –『각하, 문학을 읽으십시오』, 얀 마텔 (에세이)

원서, 읽(힌)다

⑩ 현재완료 진행형

I thought someone had broken in. I was fighting with those boys but it was Christine. I must have been dreaming or something.	누군가 침입한 거라고 생각했습니다. 그래서 그 사람이랑 싸웠습니다. 헌데 크리스틴이었습니다. 내가 꿈을 꾸었던 것 같습니다.

⑪ 과거완료 진행형

The previous night, he explained, he and his wife had been sleeping in the van ….	그의 설명에 따르면, 전날 밤 그와 그의 아내는 밴에서 잠을 자고 있었다.

⑫ 미래완료 진행형

In September, she will have been living in France for a year.	9월이면 그녀는 프랑스에서 1년 동안 지내는 것이 된다.

여기에서 '태'(능동태와 수동태)와 '법'(직설법과 가정법)을 더하면, 동사의 표현이 더 다양해지지만 태와 법은 시제 자체가 변한 것은 아닙니다. 요컨대 시제의 형태에서 태와 법의 차이는 고려되지 않았습니다.

이 책에서는 일반적인 문법책처럼 각 시제의 용례와 특징을 일일이 언급하지는 않겠습니다. 현재-과거-미래 시제 및 진행형(① ~ ⑥)은 우리말에도 존재하므로 이 정도로 살펴보고, 우리말에 없는 '완료 시제'를 중점적으로 살펴보도록 하겠습니다.

현재완료의 사용

현재완료의 형태에 대해서는 굳이 언급할 필요가 없을 것입니다. 과거에 일어났지만 현재와 관련된 사건을 언급할 때 '현재완료'가 사용됩니다. 달리 말하면, 화자가 이야기하는 중심 시점이 현재라는 뜻입니다.

그러면 현재완료의 용법을 좀 더 구체적으로 알아보겠습니다.

① 과거로부터 지금까지의 경험

첫째로 현재완료는 지금까지의 경험을 언급할 때 사용됩니다. 이때 경험한 행동은 완료된 행동이며, 경험의 시간 폭은 중요하지 않습니다.

When I reach the head of my line, I show a piece of paper (my flight itinerary) to someone I've never seen before and will probably never see again (a check-in clerk).

마침내 내 차례가 되면, 나는 전에도 본 적이 없었고 앞으로도 볼 일이 없을 사람(접수대 직원)에게 서류(내 비행 일정표)를 보여준다.

Table 1.1 shows that certain types of useful raw materials have been traded by many societies around the world.

표 1.1.에 따르면, 유용한 원재료는 세계 전역의 많은 사회에서 거래되었다.

두 예에서 '만남'과 '거래'가 예전부터 있던 경험적 사건임을 쉽게 파악할 수 있습니다. 이처럼 현재완료는 구체적인 시간을 언급하지는 않지만, 첫 예문처럼 ever, never, before, in my life, so far과 같은 일반적 시간을 사용하는 표현과 함께 쓰이는 경우가 많습니다.

So far, we have considered trade from the perspective of members of traditional societies.
– The World Until Yesterday, Jared Diamond

지금까지 우리는 무역 또는 거래를 전통 사회 구성원의 관점에서 살펴보았다.
– 『어제까지의 세계』, 재레드 다이아몬드
(세계/문화사)

In the course of my life I have had hundreds of conversations with American and European veterans, some of them close friends or close relatives, but not one has ever related to me how he killed, as have many of my New Guinea friends.
– The World Until Yesterday, Jared Diamond

나는 지금까지 미국과 유럽의 참전 군인들과 많은 대화를 나누었다. 그들 중에는 나와 절친한 친구와 친척도 있었지만, 내 뉴기니 친구들과 달리 누구도 적군을 어떻게 죽였는지 내게 말해준 적이 없었다.
– 『어제까지의 세계』, 재레드 다이아몬드
(세계/문화사)

② 과거로부터 현재까지 계속되는 행위나 상태

과거에 시작되었지만 현재까지 끝나지 않은 행위를 표현할 때도 현재완료가 사용됩니다. 특히 현재완료를 최상급과 함께 사용해 현재까지 끝나지 않은 어떤 독특한 경험을 표현할 수 있습니다. 이때 문장에는 현재까지 '최고'였다는 뜻이 내포될 것입니다.

What is the best book that you have read?라는 질문에 어떻게 대답하시겠습니까?

→ The best book that I have read is The World Until Yesterday.

위의 대답에는 적어도 현재까지는 『어제까지의 세계』가 내가 읽은 최고의 책이지만, 앞으로 달라질 수 있다는 뜻이 내포되어 있습니다.

여기에 ever가 현재완료와 함께 사용되면 문장에서 경험의 뜻이 더욱 강조됩니다. 하지만 이때의 경험은 평생의 경험(whole life experiences)에 대한 것이므로 최근의 경험에 대해 말할 때는 ever를 쓰지 않습니다.

The best book that I have ever read in my life is The World Until Yesterday.(o)

시간의 표현

The best book that I <u>have ever read</u> recently is The World
Until Yesterday.(x)

이때 행동이 시작된 때나 행동 기간을 표시하는 경우라면 아
래 예문과 같이 for와 since가 사용됩니다.

The island's western half, formerly part of the Dutch East Indies, <u>has been since 1969</u> a province of Indonesia. – The World Until Yesterday, Jared Diamond	그 섬의 서쪽 절반은 과거에 네덜란드령 동인도 제도의 일부였지만, 1969년부터 인도네시아의 한 주(州)로 편입되었다. –『어제까지의 세계』, 재레드 다이아몬드 (세계/문화사)
… <u>since</u> the rise of the first state governments in the Fertile Crescent about 5,400 years ago, people <u>have</u> more or less willingly <u>surrendered</u> some of their individual freedoms, … – The World Until Yesterday, Jared Diamond	…약 5,400년 전 '비옥한 초승달' 지역에서 최초의 국가 정부가 탄생한 이후로, 사람들은 다소 자발적으로 개인의 자유를 부분적으로 포기했고 … –『어제까지의 세계』, 재레드 다이아몬드 (세계/문화사)
Such restorative justice programs <u>have been</u> operating <u>for</u> up to 20 years in Australia, Canada, New Zealand, the United Kingdom, and various American states. There is still much experimentation going on. – The World Until Yesterday, Jared Diamond	이런 회복적 사법 프로그램은 오스트레일리아, 캐나다, 뉴질랜드, 영국을 비롯해 미국에서도 몇몇 주에서 길게는 20년 전부터 시행되고 있으며, 지금도 많은 실험이 진행되고 있다. –『어제까지의 세계』, 재레드 다이아몬드 (세계/문화사)

결국 since, for가 현재완료와 함께 쓰이면, 과거의 특정한 시
점에 시작되어 현재까지 진행 중인 사건이나 상황을 표현합니
다. 따라서 관련 행위가 아직 완료되지 않은 것으로, 현재부터
과거의 특정 시점까지 되돌아보는 것이 됩니다.

원서, 읽(힌)다

③ 최근에 끝난 행위나 상태

한편 얼마 전에 끝난 행위나 상태를 표현할 때도 현재완료가 사용됩니다. 이때 just, recently 등의 부사가 흔히 함께 사용됩니다.

For each of these societies that I <u>have just mentioned</u>, warfare had been endemic long before European arrival, but effects of Europeans caused an exacerbation of warfare for a few decades … before it died out. – The World Until Yesterday, Jared Diamond	내가 방금 언급한 이런 사회들에서는 유럽인들이 도래하기 훨씬 전에도 전쟁이 만연했지만, 유럽인이 도래한 후로 수십 년 동안 … 전쟁이 더욱 격화된 후에야 점차 사그라졌다. –『어제까지의 세계』, 재레드 다이아몬드 (세계/문화사)
Developing countries that <u>have recently been</u> growing more affluent and Westernized have correspondingly been growing more diabetic. – The World Until Yesterday, Jared Diamond	근래에 다소 풍요로워지고 서구화된 개발도상국들에서도 당뇨병 환자가 증가했다. –『어제까지의 세계』, 재레드 다이아몬드 (세계/문화사)

④ 현재완료 진행형

부사 just, recently 등과 함께 사용되어 최근에 끝난 행위를 나타내는 현재완료가 '행위가 완료된 시점'에 초점을 맞춘 표현이라면, 현재완료 진행형은 '행위 자체'에 초점을 맞출 때에 사용됩니다. 바로 앞에 인용된 예문에서도 '증가'라는 현상에 초점이 맞추어진 표현(have correspondingly been growing more diabetic)을 확인할 수 있습니다.

이와 관련해 좀 더 예를 들어보겠습니다.

We <u>have been discussing</u> how traditional peoples cope with the danger of starvation arising from unpredictable fluctuations in food supply. – The World Until Yesterday, Jared Diamond	지금까지 우리는 전통 사회가 식량 공급의 예측하기 힘든 변동에서 비롯되는 기아의 위험에 어떻게 대처하는지 살펴보았다. –『어제까지의 세계』, 재레드 다이아몬드 (세계/문화사)

시간의 표현

Traditional Mediterranean peoples, Eurasian herders, and Eurasian farmers respectively have been preparing and storing those same products for thousands of years.
– The World Until Yesterday, Jared Diamond

지중해의 전통 사회 사람들, 유라시아의 목축민들, 유라시아의 농경인들은 위에서 언급한 식품들을 차례로 수천 년 동안 만들어서 저장해왔다.
– 『어제까지의 세계』, 재레드 다이아몬드 (세계 / 문화사)

거듭 말하지만, 현재완료는 특정한 시기를 언급하지 않습니다. 또한 행위가 완료되었더라도 그 결과가 현재와 관련성을 갖기 때문에 현재완료라 일컫는 것입니다. 따라서 예문에 대한 설명을 덧붙이자면, 우리가 지금까지 살펴본 덕분에 "전통 사회 사람들이 기아의 위험에 어떻게 대처하는지 알게 되었다"라는 뜻이 담겨 있습니다.

물론 과거의 어느 시점에 시작되었지만 지금도 계속되는 행위를 표현할 때도 현재완료 진행형이 사용됩니다.

Those former local "dialects" of Beccles and other English districts have been undergoing homogenization and shifts towards BBC English, as access to television has become universal in Britain in recent decades.
– The World Until Yesterday, Jared Diamond

텔레비전이 지난 수십 년 전부터 영국에 전반적으로 보급된 까닭에, 베컬스를 비롯해 영국 여러 지역에서 과거에 사용하던 지역 '방언'들이 BBC 영어로 동질화되고 있다.
– 『어제까지의 세계』, 재레드 다이아몬드 (세계 / 문화사)

방언의 동질화가 지금도 진행되고 있다는 뜻이 담겨 있다는 것을 충분히 짐작할 수 있습니다.

⑤ 현재완료와 과거의 차이

과거와 현재완료가 '현재'를 중심으로 존재하는 시제인 것은 분명합니다. '현재'가 없으면 '과거'가 없을 테고, 현재완료는 그 이름에서부터 '현재'와 관련된 시제라고 말하고 있기 때문입니다. 그럼 현재완료와 과거는 어떻게 다른 걸까요?

원서, 읽(힌)다

과거는 '과거의 특정한 시점'을 언급할 때 사용합니다. 그 행동은 과거에 끝났기 때문에, 그 결과는 현재와 관계가 없습니다. 따라서 yesterday, two weeks ago, last year, in 1995 등과 같이 '명확한 과거'(definite time in the past)를 표현하는 시간 부사와 함께 쓰입니다.

New Guinea Highlanders in 1931 were scantily clothed in grass skirts, net bags over their shoulders, and headdresses of bird feathers, but in 2006 they wore the standard international garb of shirts, trousers, skirts, shorts, and baseball caps.
– The World Until Yesterday, Jared Diamond

1931년 뉴기니 고원지대 사람들은 풀로 만든 치마로 중요한 부분만 가리고 새의 깃털로 만든 머리 장식을 쓴 채 망태기를 어깨에 걸고 있었지만, 2006년의 뉴기니 사람들은 세계 어디에서나 흔히 볼 수 있는 셔츠와 바지, 치마나 반바지를 입고 야구 모자를 쓰고 있었다.
–『어제까지의 세계』, 재레드 다이아몬드 (세계/문화사)

한편 현재완료는 '과거에 일어났지만 현재까지 연결되는 사건'에 대해 언급할 때 사용된다고 했습니다. 따라서 함께 사용되는 시간 부사는 '지금까지의 시간'(time up to now)을 가리킵니다. 예를 들면, today, this week, in/within the last six months 등이 있습니다.

In short, the status of old people in modern Western societies has changed drastically and paradoxically within the last century.
– The World Until Yesterday, Jared Diamond

요약하면, 현대 서구 사회에서 노인의 위상은 지난 세기에 역설적으로 현격히 바뀌었다.
–『어제까지의 세계』, 재레드 다이아몬드 (세계/문화사)

Rules of bad behavior toward out-groups reached their high point in the last 1,500 years.
– The World Until Yesterday, Jared Diamond

다른 무리는 가차 없이 죽여야 한다는 잘못된 행동 규범은 지난 1,500년 동안 거의 극한으로 치달았다.
–『어제까지의 세계』, 재레드 다이아몬드 (세계/문화사)

시간의 표현

위의 예문들은 똑같이 in/within the last (+ 시간)가 쓰였지만 하나는 현재완료, 다른 하나는 과거로 쓰였습니다. 현재완료와 과거의 차이를 명확히 이해하면, 위의 두 문장에 어떤 차이가 있는지 짐작할 수 있습니다.

지금까지 인용한 예문은 재레드 다이아몬드(Jared Diamond)의 The World Until Yesterday(『어제까지의 세계』)라는 인류학과 관련된 주제를 다룬 논픽션 작품에서 발췌한 것입니다. 따라서 객관적인 사실을 기술하는 데 초점을 맞추고 있습니다. 이번에는 화자의 주관성이 개입된 문장을 살펴보기 위해 작가가 자신의 작업 습관을 언급한 책인 메이슨 커리(Mason Currey)의 Daily Rituals(『리추얼』)에서 예문을 다시한 번 인용해 보겠습니다.

부사 today가 '오늘날, 요즘'이라는 뜻이면 당연히 현재 시제와 함께 쓰이겠지만, '오늘'이라는 뜻으로 사용되면 현재, 과거, 현재완료 시제와 모두 함께 쓰일 수 있습니다. 물론 미래 시제와도 함께 쓰일 수 있습니다.

Today we need ten television commercials and five radio commercials and two print ads.	오늘은 10건의 텔레비전 광고 방송, 5건의 라디오 광고 방송, 2건의 인쇄물 광고를 위한 문안이 필요하다.

Today again from seven o'clock in the morning till six in the evening I worked without stirring except to take some food a step or two away.	오늘도 아침 7시부터 저녁 6시까지 배를 채우려고 한두 걸음 발을 떼었을 뿐, 꼼짝 않고 작업에 열중했다.

현재 시제로 쓰인 문장은 '오늘' 해야 할 일에 대한 지시일 수 있습니다. 따라서 시간상 오늘이 시작된 아침일 가능성이 큽니다. 반면에 과거로 쓰인 문장은 '오늘이 끝나지 않았지만 거의 끝나갈 무렵'이란 추정이 가능합니다. 실제로 이 문장은 반고흐가 동생에게 보낸 편지의 일부입니다.

원서, 읽(힌)다

그런데 today가 현재완료와도 함께 쓰일 수 있다고 했습니다. 이론상으로는 분명히 그렇습니다. 하지만 today가 쓰이지 않는 경우가 today가 쓰인 경우보다 훨씬 더 많습니다. 아마도 '오늘'이라는 뜻의 단어 today는 일상생활에서 말할 때 굳이 언급할 필요가 없기 때문일 겁니다. 영국 일간지 The Guardian(『더 가디언』)에서 '크리스마스의 푸드 뱅크(Christmas at a food bank)'를 다룬 기사는 "Not a little bit peckish because they skipped breakfast or <u>haven't had</u> lunch."라는 전문가의 말을 인용합니다. 이 문장에는 분명히 today가 생략되어 있습니다. 아침과 점심이 비교됩니다. '그들'이 배가 고픈(peckish) 이유가 아침을 건너뛰거나 점심을 아직 먹지 않았기 때문이 아니라는 것입니다. 여기에서 <u>haven't had</u> lunch (today)에는 '아직 오늘(크리스마스)이며 점심을 먹기에 시간이 너무 많이 지난 때는 아니다'라는 뜻이 함축되어 있습니다.

과거완료의 사용

① 대과거: 과거의 과거

과거완료의 쓰임새로 가장 먼저 떠오르는 용법은 '대과거'라 칭하며 '과거의 과거'로 쓰이는 경우입니다. 이 경우에는 한 문장에서 과거의 두 사건이 언급될 때, 두 사건 중 먼저 일어난 사건을 강조하며 과거완료가 사용됩니다. 여기에서 언급되는 예문들도 별도의 표기가 없으면 재레드 다이아몬드(Jared Diamond)의 The World Until Yesterday(『어제까지의 세계』)에서 인용한 것입니다.

… most of the people crammed into that air-port hall <u>were</u> strangers who <u>had never seen</u> each other before, but there was no fighting going on among them.

… 그날 공항에 운집한 사람들의 대부분이 전에는 일면식도 없던 사이였지만 서로 적대시하지 않았다는 점이다.

Aboriginal Australian and !Kung and African Pygmies then still <u>preserved</u> many ways of life that <u>had characterized</u> all of the world until 9000 BC.

오스트레일리아 원주민들과 아프리카의 !쿵족과 피그미족은 기원전 9000년경에 살았던 사람들과 많은 면에서 유사한 생활방식을 그대로 유지하고 있었다.

be와 see, preserve와 characterize에 해당하는 두 사건의 순서가 '과거 - 과거완료'로 명확히 구분되어 있습니다.

During my first visit to Indonesian New Guinea in 1979, my helicopter pilot <u>told</u> me of a terrifying visit that he <u>had</u> recently <u>made</u> to a just-discovered group of Fayu nomads.

내가 인도네시아령 뉴기니를 처음 방문했던 1979년, 헬리콥터 조종사는 얼마 전에 발견된 유목민 파유족을 방문해서 겁먹은 때를 이야기해주었다.

② 간접 화법에 사용되는 과거완료 (▶ 화법)
직접 화법에서 전달 동사가 과거이고 옮겨지는 전달문이 과거인 문장이 간접 화법으로 바뀌면 전달문은 과거완료로 표현됩니다.

Gao quickly <u>said</u> that he <u>had heard</u> that the father of someone living at Khadum had the same name as Gao's own father,

가오는 하둠에 사는 누군가의 아버지가 자기 아버지와 이름이 같다는 말을 들었다고 서둘러 말했다.

→ Gao quickly said, "I heard that the father of someone living at Khadum had the same name as my own father."

I <u>asked</u> Gideon whether there <u>had</u> also <u>been</u> any hugging, and whether for instance he and the father <u>had hugged</u> each other.

나는 기드온에게 포옹도 있었느냐고 물었다. 예컨대 그와 빌리 아버지가 울면서 서로 꺼안았느냐고 물었다.

→ I asked Gideon, "Was there also any hugging, and for instance he and the father hugged each other?"

원서, 읽(힌)다

해당 내용과 관련된 보다 자세한 내용은 화법을 다룬 장을 참
조하기 바랍니다.(▶ 화법)

③ 가정법 과거완료에 사용되는 과거완료 (▶ 조건법)

If Malo <u>had stopped</u> and <u>gotten</u> out to help Billy, he <u>might well have been</u> killed by low-lander bystanders, and possibly his passengers <u>would have been</u> dragged out and killed as well.	말로가 자동차를 멈추고 빌리를 도와주려고 자동차에서 내렸다면 주변의 저지대 사람들에게 맞아 죽었을 것이다. 심지어 그의 동승객들도 자동차에서 끌려 나와 맞아 죽었을지도 모른다.
I felt as if I <u>had</u> suddenly <u>parachuted</u> into a small-scale version of Manhattan.	나는 맨해튼의 축소판에 낙하산을 타고 내린 기분이었다.
He[= my father] had seen things that made him think my husband would not be around for me and my daughter in the ways he would have hoped. I wish I <u>had told</u> him that I was in the middle of leaving. He would have been relieved. He would have stopped worrying. Why does this matter, as dirt is falling on a coffin? It does though. It matters. – Violet Hour, Katie Roiphe	아버지는 자신의 바람과 달리 남편이 나와 내 딸의 곁을 조금씩 떠나고 있다는 낌새를 눈치채고 있었다. 나는 아버지에게 우리 부부가 별거 중이라고 털어놓고 싶었다. 그랬더라면 아버지가 시름을 덜어내고 한결 편하게 눈을 감았을 것이다. 먼지가 관에 내려앉는 순간에도 그런 것이 중요할까? 그렇다, 중요하다. 정말 중요하다. –『바이올렛 아워』, 케이티 로이프 (인문/교양/철학)

당연한 말이겠지만, as if와 I wish 뒤에 과거완료로 표현된 문
장은 실현되지 않은 과거 사실을 가정합니다. 특히 둘째 예문
은 그렇게 되었기를 바라는 소망도 표현하고 있습니다.

④ 과거완료와 현재완료의 차이
현재완료는 화자의 시점이 현재라고 했으므로 과거완료는 화
자의 시점이 과거일 것이라는 추정이 가능한데, 실제로 그렇

습니다. 다시 말하면, 현재완료는 '과거에 시작되었지만 말하는 시점까지 이어지는 사건'을 표현하는 시제이지만, 과거완료는 '과거의 어느 시점까지 일어난 사건'을 표현하는 시제입니다. 영어로 요약하면, 현재완료는 'time up to now'이고, 과거완료는 'time up to then'이 됩니다.

더 쉽게 말하면, 현재완료는 기준점이 현재이지만 과거완료는 과거입니다. 현재완료는 '말하는 시점'이 현재이지만, 과거완료는 '말하는 시점'이 과거로 옮겨간 경우라고 생각하면 됩니다. 앞의 예들은 '말하는 시점'이 모두 현재입니다. 따라서 과거 완료가 독립절에 단독으로 쓰이지 못하는 겁니다. 그러나 '말하는 시점'이 과거로 옮겨가면, 현재완료로 쓰여야 할 것이 과거완료로 쓰이게 됩니다. 결국 독립절에 과거완료가 단독으로 쓰이면 이런 관점에서 접근해야 합니다.

In 1931 no New Guinean born in Goroka <u>had ever visited</u> Wapenamanda a mere 107 miles to the west.	1931년 당시, 고로카에서 태어난 뉴기니 사람 중에서 서쪽으로 겨우 172킬로미터 떨어진 와페나만다까지 여행한 사람은 한 명도 없었다.
The Eyak language, formerly spoken by a few hundred Indians on Alaska's south coast, <u>had declined</u> by 1982 to two native speakers, Marie Smith Jones and her sister Sophie Borodkin.	알래스카 남쪽 해안에 살던 수백 명의 원주민이 과거에 사용하던 에야크어는 사용자가 감소해 1982년에 두 명의 사용자, 마리 스미스 존스와 그녀의 누이 소피 보로드킨만이 남았다.

원서, 읽(힌)다

They[= The African young people I knew] knew the names of Kenya's national soccer champs and long-distance runners, but they were equally familiar with American, British, German, and Brazilian superstars. They <u>had heard of</u> the Lone Ranger, Wilt Chamberlain, and Muhammad Ali and were constantly asking me what life was like in the U.S.
– The World Until Yesterday, Jared Diamond

그들은 케냐 국가대표 축구 선수들, 장거리 육상 선수들의 이름도 훤히 꿰고 있었지만, 미국과 영국, 독일과 브라질의 슈퍼스타들에 대해서도 잘 알았습니다. 미국 서부 영화 주인공 론 레인저, 농구 선수 월트 체임벌린, 권투 선수 무하마드 알리에 대해서도 들었던지 나에게 미국 사람들은 어떤 식으로 사느냐고 지겨울 정도로 물었습니다.
–『어제까지의 세계』, 재레드 다이아몬드
　(세계/문화사)

⑤ 과거완료 진행형

과거의 특정 시점 전에 시작되었지만 과거의 어느 시점까지 그 영향이 계속되는 사건이나 행위를 표현할 때 과거완료 진행형이 사용됩니다.(▶ 현재완료 진행형이 사용되는 경우와 비교해보십시오.)

In those photographs the Highlanders, who <u>had been living</u> for millennia in relative isolation with limited knowledge of an outside world, stare in horror at their first sight of Europeans.
– The World Until Yesterday, Jared Diamond

그 사진들에서, 고원지대 사람들은 수천 년 동안 외부 세계를 제한적으로 알며 상대적으로 고립된 채 살았던 까닭에 유럽인들을 처음 보았던지 두려움에 가득한 눈빛이다.
–『어제까지의 세계』, 재레드 다이아몬드
　(세계/문화사)

사진을 찍은 때가 '과거'이고, 고원지대 사람들이 그 이전에 살았던 조건을 강조하려는 의도에서 과거완료 진행형이 쓰였습니다. 과거완료 진행형의 이런 용법은 특별한 것이 아닙니다. 현재완료 진행형의 용례와 조금도 다르지 않습니다. 그저 시간의 중심축이 이동한 것만 다를 뿐입니다.

시간의 표현　　　　**259**

미래완료의 사용

① 미래의 특정 시점까지 완료되는 행위나 상태

미래의 어느 때까지는 끝나는 사건이나 행위를 표현할 때 미래완료가 사용됩니다. 예컨대 미래의 어느 시점에 가서 과거를 되돌아본다고 생각해보십시오. 그때 미래완료가 사용되는 겁니다.

All of you readers will have had your own nightmares and frustrations from dealing with actual bureaucracies.
– The World Until Yesterday, Jared Diamond

실제의 관료제도를 경험하게 될 때 불만과 좌절감을 경험하지 않는 현대인은 한 명도 없을 것이다.
– 『어제까지의 세계』, 재레드 다이아몬드
(세계/문화사)

Old parents left to themselves in our empty-nest society are unlikely to find themselves still living near life-long friends. About 20% of the American population changes residence each year, so that either old parents, their friends, or probably both will have moved repeatedly since childhood.
– The World Until Yesterday, Jared Diamond

미국과 같은 빈 둥지 사회에 남겨진 노부모가 평생을 함께하는 친구 곁에 있을 가능성은 무척 낮다. 미국인의 약 20퍼센트가 매년 거주지를 옮긴다. 달리 말하면, 노부모나 그들의 친구 또는 그들 모두가 어린 시절 이후로 반복해서 거주지를 옮긴다는 뜻이다.
– 『어제까지의 세계』, 재레드 다이아몬드
(세계/문화사)

첫째 예문의 번역에서 나타나듯이, 관료제도를 실제로 경험하게 되는 '미래의 그 어느 시점'에 경험하게 되는 사건이나 행동을 미래완료로 표현합니다. 하지만 미래의 시점을 구체적으로 명시하기도 합니다.

In just a decade or two, elder thickets and birch trees will have become firmly established, maturing to dense woods of spruce, larch and chestnut by the end of the first century after the apocalypse.
– The Knowledge, Lewis Dartnell

10년이나 20년이 지나지 않아, 오래된 잡목들과 자작나무들이 굳건히 터전을 잡을 것이고, 종말이 있고 한 세기쯤이 지나면 가문비나무와 낙엽송 및 밤나무가 빽빽이 숲을 이룰 것이다.
—『사피엔스가 알아야 할 최소한의 과학 지식』, 루이스 다트넬 (인문/교양)

Emperor Marcus Aurelius was a Stoic and some of his pronouncements are on the gloomy side: "Soon you will have forgotten the world, and soon the world will have forgotten you," is a fairly typical pronouncement of his.
– 101 Letters to a Prime Minister, Yann Martel

마르쿠스 아우렐리우스 황제는 스토아 철학자여서, 그의 생각은 때때로 음울한 면을 띕니다. "곧 그대가 세상을 잊을 것이고, 곧 세상이 그대를 잊을 것이다."라는 말에서 그의 전형적인 생각이 드러납니다.
—『각하, 문학을 읽으십시오』, 얀 마텔 (에세이)

이쯤에서 미래와 미래완료의 차이가 궁금해집니다. 미래는 '현재 시점에서 본 미래'이고, 미래완료는 '미래의 시점에서 본 과거'입니다. 따라서 이론적으로는 Soon you will forget the world, and soon the world will forget you.도 가능합니다. 그럼 이 문장은 마르쿠스 아우렐리우스 황제의 말과 의미상 어떤 차이가 있을까요? 미래로 표현된 문장은 '추측'이나 '불가피한 결과'를 뜻할 수 있고, 미래완료로 표현된 문장은 '미래의 어느 시점에 완료된 행위'를 보여줄 수 있습니다.

② 미래완료 진행형
한편 미래완료 진행형은 '미래의 어느 시점에 과거를 되돌아보며, 어떤 행위나 사건의 지속 기간을 강조'할 때 사용됩니다. 달리 말하면, 미래의 어느 시점까지 계속될 행위나 사건을 표현할 때 사용됩니다. 그 행위는 '과거'나 '현재' 또는 '미래'에 시작되지만, 미래까지 계속되는 것으로 여겨집니다. 따라서

시간의 표현

대략 '미래 어느 시점까지 계속해서 ...하는 중일 것이다'라고
번역하는 게 좋습니다.

여하튼 예문을 통해 미래완료 진행형을 설명해보겠습니다.

I've just started my third internship. At the end of it, I will have been working unpaid for a year. It feels as though I am not in control of my own life, that I am helpless. – The Guardian, What I'm really thinking: The unpaid intern.	나는 세 번째 인터십을 막 시작했다. 인턴십을 끝낼 쯤에는 1년 동안 무급으로 일한 게 될 것이다. 내가 내 삶을 마음대로 하지 못하는 것 같아 무력감을 느낀다. – 가디언(영국 일간지)

인턴십 기간이 1년이란 걸 짐작할 수 있을 겁니다. '완료형 ...
for 기간'은 '... 동안 ~ 하다'로 번역해도 되지만, ' ...전부터 ~
하다'라고 번역하면 훨씬 이해하기가 쉽지요. 하지만 여기에
는 그냥 정통적으로 번역해보았고, 다음 예문에는 이해하기
쉽게 번역했으니 비교해서 좋은 쪽을 선택하십시오.

If they are more advanced than us, then they will have been tinkering with radio (and successor technologies) for 14 million years. – Farsighted, Steven Johnson	그 행성의 주인들이 우리보다 앞섰다면, 무선과 그 후속 테크놀로지를 1,400만 년 전부터 만지작거렸을 것이다. – 『미래를 어떻게 결정할 것인가』, 스티븐 존슨 (경영/전략)

지금까지 살펴본 완료 시제를 기초로 다음 예에서 '과거 완료'
와 '미래 완료 진행'이 어떻게 사용된 것인지 분석해보십시오.
그 답은 번역에서 추론할 수 있을 겁니다.

원서, 읽(힌)다

Charles Darwin clearly disliked the mad rush to publish 'On the Origin of Species'. It was full of risks to his reputation, to his health, and to his peace of mind. He had spent many a restless night, worrying over the shape of the arguments in each chapter, checking and rechecking the language to ensure that all the sentences sounded authoritative, measured, and balanced.
– Darwin's Lost World, Martin Brasier

찰스 다윈은『종의 기원』의 출간을 서두르지 않았다. 행여 자신의 명성과 건강과 평안을 해칠까봐서였다. 책의 각 장마다 논증의 얼개를 짜고, 모든 문장이 설득력과 정확성과 균형을 갖추도록 글을 다듬고 또 다듬으면서 이미 숱한 불면의 밤을 보낸 터였다.
–『다윈의 잃어버린 세계』, 마틴 브레이저
  (자연과학/생물)

They[= Parents] have also been watching their children's teachers teach on Zoom or Teams, and many will have been engaging with them on a daily or weekly basis to swap notes and get advice.
– The Independent, Parents have seen inside the black box of teaching,

부모들은 아이들의 선생님이 가르치는 모습을 줌이나 팀즈로 지켜보았다. 앞으로는 많은 부모가 매일 혹은 주 단위로 교사와 접촉을 유지하며 정보를 교환하고 조언을 얻고 있을 것이다.
- 인디펜던트(영국 일간지)

조동사

원서, 읽(힌)다

먼저 조동사라는 이름에 담긴 뜻부터 생각해봅시다. 조동사는 이름 그대로 동사를 도와주는 단어를 가리킵니다. 달리 말하면, 동사가 없으면 조동사도 필요없으며, 조동사는 문장 내에서 홀로 쓰이지 못한다는 뜻입니다. 조동사는 문장에서 주된 동사, 즉 본동사를 '돕는다'고 합니다. 그런데 어떤 식으로 돕는다는 것일까요? 일단 본동사가 시제(tense), 법(mood), 태(voice)를 표현하는 데 도움을 주는 조동사(auxiliary verb)가 있고, 본동사에 가능성과 필연성 등 양태적 의미를 더해주는 법조동사(modal auxiliary verb)가 있습니다. 우리가 영문법을 배울 때 흔히 조동사라는 범주 안에서 공부하는 것들은 후자입니다.

시제를 표현하는 조동사

Similarly hidden to some is the destruction of the natural world. We thought it didn't affect us, because it <u>was happening</u> elsewhere.
– Let Us Dream, Pope Francis

자연계의 파괴도 마찬가지로 확연히 눈에 띄지는 않습니다. 환경 파괴는 다른 곳에서 일어난 현상이었기 때문에 우리에게 영향을 미치지 않는 것이라 생각했습니다.
–『렛 어스 드림』, 프란치스코 교황 (종교)

Many breakthroughs <u>have happened</u> in councils and assemblies throughout the Church's history.
– Let Us Dream, Pope Francis

교회의 역사를 보면, 공의회와 협의회를 통해 돌파구가 마련된 적이 많았습니다.
–『렛 어스 드림』, 프란치스코 교황 (종교)

In every personal "Covid," so to speak, in every "stoppage," what is revealed is what needs to change: the idols we <u>have been serving</u>, the ideologies we have tried to live by, the relationships we have neglected.
– Let Us Dream, Pope Francis

이를테면 코로나-19의 시대, 모든 것이 '멈춘' 시대에, 분명히 드러난 것은 변화의 필요성입니다. 우리가 섬겨온 우상들, 우리가 삶의 기준으로 삼으려 했던 이데올로기들, 우리가 도외시한 관계들에서 변화가 있어야 합니다.
–『렛 어스 드림』, 프란치스코 교황 (종교)

세 예문의 시제는 순서대로 과거 진행, 현재완료, 현재완료 진행입니다. 동사가 happening, happened, serving이라면 조동사는 was, have, have been입니다. 조동사가 본동사를 대신해 시제 자체를 표현한다고 말할 수는 없습니다. 그저 '도울 뿐'입니다. 또 '완료 진행'이란 명칭에서 알 수 있듯이, 시제를 표현하는 조동사는 둘 이상 결합해 쓰일 수 있습니다.

수동태와 능동태를 구분해주는 조동사

능동 구문에는 '태'(voice)와 관련된 조동사가 쓰이지 않습니다. 능동 구문을 수동 구문으로 바꿀 때 '태의 조동사'가 끼어들며, 동사는 과거분사로 바뀝니다. 요약하면 V → be pp가 됩니다. 요컨대 be가 '태의 조동사'입니다. 이런 이유에서 능동 구문이 수동 구문 대비 기본형으로 여겨집니다. 또한 수동 구문에서 조동사로 쓰인 be와 연결 동사(be, sound, become 등)를 구분할 수 있어야 합니다.

The idea was dismissed as fanciful by the Giuliani administration when it was first proposed, but rapidly gathered momentum.
– Farsighted, Steven Johnson

루돌프 줄리아니가 시장이던 때 그 아이디어가 처음 제안되었지만, 당시 뉴욕 시정부는 그 아이디어를 허황되다며 묵살해버렸다. 그러나 그 아이디어에 동조하는 세력이 점점 커졌다.
–『미래를 어떻게 결정할 것인가』, 스티븐 존슨 (경영/전략)

The game was designed to be played on a special map that could track everything from ocean currents to trade routes.
– Farsighted, Steven Johnson

그 게임은 해류부터 무역로까지 모든 것을 추적할 수 있는 특별한 지도에서 행해지도록 설계되었다.
–『미래를 어떻게 결정할 것인가』, 스티븐 존슨 (경영/전략)

But in less formal group deliberation, the different kinds of expertise in the room can easily remain unacknowledged, making it more likely that hidden profiles will remain hidden.
– Farsighted, Steven Johnson

그렇다고 집단 심의가 격식을 무시하면, 다양한 전문 지식이 인정받지 못하고, 숨겨진 프로필도 드러나지 않을 가능성이 더 높아진다.
–『미래를 어떻게 결정할 것인가』, 스티븐 존슨 (경영/전략)

원서, 읽(힌)다

처음 두 예문은 수동 구문이 분명합니다. 따라서 was가 조동사, dismissed와 designed가 동사로 쓰인 예입니다. 반면에 마지막 예문에서 remain은 동사, unacknowledged와 hidden은 보어로 쓰인 형용사로 보아야 할 것입니다. 이처럼 연결 동사 뒤에 과거분사가 쓰일 경우에는 수동 구문인지, 일반적인 '주어 - 동사 – 보어'로 쓰인 구문인지 헷갈리는 경우가 있습니다. 연결 동사는 be동사가 아닙니다. 태의 조동사는 be가 유일합니다. 이 원칙을 명심하면, 헷갈릴 것이 없습니다.

그럼 'be + 과거분사'에서 과거분사가 보어로 쓰인 경우는 어떻게 되는지 묻고 싶으신 분이 있을지도 모르겠습니다. 일단 자동사가 과거분사 형태로 be동사 뒤에 쓰일 경우는 없습니다. 타동사의 과거분사가 be 뒤에 쓰일 경우가 문제이지만, 이 경우는 수동태라 생각하면 됩니다. 그런데 언어라는 것이 항상 이렇게 딱 맞아떨어지지는 않습니다.

Medieval agriculturalists recognised that their land <u>became tired</u> and productivity plummeted if cereals were grown on it season after season. – The Knowledge, Lewis Dartnell	중세의 농학자들은 한 농지에서 연이어 농작물을 재배하면 그 땅이 지쳐서 생산성이 급락한다는 걸 알아냈다. —『사피엔스가 알아야 할 최소한의 과학 지식』, 루이스 다트넬 (과학 일반)

tired가 문제입니다. 사전을 분석하면 tire(지치게 하다)라는 타동사의 과거분사인 게 분명한 듯합니다. 그런데 지금까지 많은 책을 보았지만 이상하게도 be tired by라는 수동 구문을 본 적이 없습니다. 케임브리지 사전에서도 예로 제시하듯이, 오히려 tire를 자동사로 사용해서 Even walking up the stairs at work tires me these days(요즘에는 직장에서 계단으로 걸어 올라가는 것에도 지친다)라는 형식은 가끔 눈에 띄어도 These days I am tired by even walking up the stairs at work.라고 쓰지는 않습니다. 오히려 tire를 자동사로 사용해서, Even walking up the stairs at work makes me tire these days.로 쓰는 편이 더 낫습니다.

물론 be tired라는 형태가 전혀 존재하지 않는 것은 아닙니다.

He is not very strong and he has got a great deal of ambition and grit. … Even if he <u>was</u> <u>tired</u>, he would not tell you so.
– Leadership in Turbulent Times, Doris Kearns Goodwin

그는 그다지 건강하지는 않지만 야망과 투지가 대단한 청년입니다. …… 피곤에 지쳐도 절대 피곤하다고 말하지 않을 겁니다.
–『혼돈의 시대 리더의 탄생』, 도리스 컨스 굿윈 (리더십)

No matter how <u>tired</u> they <u>were</u>, Lyndon scoured the countryside for votes, even if the car had to travel to a single farm at the end of an unpaved road.
– Leadership in Turbulent Times, Doris Kearns Goodwin

지독한 피로에도 린든은 표를 얻기 위해 시골 지역을 샅샅이 뒤지고 다녔다. 비포장도로 끝에 위치한 한 집도 간과하지 않았다.
–『혼돈의 시대 리더의 탄생』, 도리스 컨스 굿윈 (리더십)

이때 tired가 과거분사일까요, 형용사일까요? 과거분사이면 위의 예문이 수동 구문일 것이고, 단순 형용사이면 이른바 2형식 문장일 것입니다.

일단 no matter how가 무엇을 수식하는지 기억을 더듬어 보십시오. 형용사나 부사를 수식한다고 배웠습니다. 'No matter how 형용사/부사 + 주어 + 동사'라는 형태의 양보절을 기억하실 겁니다. 따라서 위의 예에서 tired는 형용사입니다.

그런데 tired가 형용사라는 또 다른 증거가 있습니다. tired를 수식하는 부사에서도 tired의 품사를 짐작할 수 있습니다. very는 형용사와 부사를 수식하는 반면에, much는 비교급과 과거분사를 수식하는 것으로 배웠습니다. 실제로 쓰인 예를 보면,

I did not wake up fully until dawn. I was very weak and very tired, but feeling good enough to chat with the Iwahikoroba-teri. – Noble Savages, Napoleon A. Chagnon	나는 새벽이 되어서야 눈을 떴다. 힘이 없고 몹시 피곤했지만 이와히코로바테리와 이런저런 이야기를 나눌 수 있을 정도로 기분은 한결 나아졌다. –『고결한 야만인』, 나폴리언 섀그넌 (인류학)

이런 식으로 연결 동사로 쓰인 be와 수동 구문의 조동사로 쓰인 be를 구분하면 될 겁니다.

의문문이나 부정문에 쓰이는 조동사

의문문이나 부정문에 쓰이는 조동사는 do입니다. 영어에서 가장 먼저 배우는 조동사, 즉 가장 기본적인 조동사이므로 한두 개의 예문을 제시하는 것으로 그치겠습니다.

Do you know that there is a certain anthropologist, a man who has become famous for his long-term studies of Amazon Indians? – Noble Savages, Napoleon A. Chagnon	어떤 인류학자, 아마존 원주민을 오랫동안 연구해서 유명해진 인류학자가 있다는 걸 아십니까? –『고결한 야만인』, 나폴리언 섀그넌 (인류학)
Brewer did not even know about the departure and was left behind. – Noble Savages, Napoleon A. Chagnon	브루어는 그 출발에 대해 전혀 몰랐던 까닭에 뒤에 남겨지고 말았다. –『고결한 야만인』, 나폴리언 섀그넌 (인류학)
Cultural success does not always lead to biological success, an exception to the general theoretical proposition developed by William Irons. – Noble Savages, Napoleon A. Chagnon	문화의 성공이 항상 생물학적 성공으로 이어지지는 않지만, 이 일반적인 이론에 대해 William Irons가 제시한 예외가 있기는 하다. –『고결한 야만인』, 나폴리언 섀그넌 (인류학)

조동사로만 쓰이는 조동사

지금까지 언급된 조동사는 시제와 관련된 will을 제외하면 be, have, do가 전부입니다. 이 셋은 일반 동사로도 사용됩니다. 따라서 조동사로 사용되는 경우와 일반 동사로 사용되는 경우를 구분해야 합니다. 반면에, 애초부터 조동사로만 쓰이는 조동사가 있습니다. 우리가 흔히 조동사로 알고 있고, 조동사로 배우는 것들입니다. 이에 대해 일반적인 용법이나 뜻은 접어두고, 구조적으로 구분할 필요가 있는 것들을 중심으로 살펴보려 합니다.

① used to V와 be used to V

We used to choose a car based on the design of its fins or its zero-to-sixty acceleration. But in the future, some of us may choose to buy a car based on its moral values. – Extra Life, Steven Johnson	과거에 우리는 테일 핀이나 시속 0에서 100킬로미터까지 가속하는 데 걸리는 시간을 기준으로 자동차를 선택했다. 그러나 미래에는 자동차에 프로그램된 도덕적 가치를 기준으로 자동차의 구매를 결정할 사람이 있을지도 모른다. –『우리는 어떻게 지금까지 살아남았을까』, 스티븐 존슨 (인문/교양)
Vaccines had saved many lives over the pre-ceding century, it was true, but the rest of the field of medicine had barely advanced from the mercury poisoning that was used to treat the mad king George. – Extra Life, Steven Johnson	백신이 19세기에 많은 생명을 구한 것은 사실이지만, 다른 분야에서 의약은 미친 조지 왕을 치료하는 데 사용되었던 수은 중독의 수준을 거의 넘어서지 못했다. –『우리는 어떻게 지금까지 살아남았을까』, 스티븐 존슨 (인문/교양)

used to는 지금은 끝난 상황이나 과거의 습관을 말할 때 사용되는 조동사입니다. 한편 X - be used to V는 수동 구문이므로, 관련된 능동 구문은 S - use - X - to V입니다. 그럼 이 구조에서 V의 주어는 X가 됩니다. 수동 구문에서도 마찬가지입

원서, 읽(힌)다

니다.(▶ to-부정사) used to와 be used to를 구분하기는 전혀 어렵지 않습니다.

오히려 be used to + N/V-ing가 더 흥미롭습니다. 이 구조는 '...에 익숙하다'라는 의미입니다. 그럼 여기에서 to는 전치사이고, 전치사의 목적어는 N(명사)만이 가능하므로, 명사 역할을 하는 V-ing(동명사)가 쓰일 수밖에 없습니다. be used to V와 be used to V-ing의 차이를 아래의 예에서 실감해보십시오.

They were increasingly being used to explain economic and political behavior as well. – God: A Human History, Reza Aslan	이 개념들은 경제적이고 정치적인 행위를 설명하는 데도 점점 더 사용되었다. –『인간화된 신』, 레자 아슬란 (인문/교양)
The earliest expressions of the Greek gods were not the heroic statues we are used to seeing in museums. – God: A Human History, Reza Aslan	그리스 신들이 처음에 형상화된 모습은 요즘의 박물관에서 흔히 볼 수 있는 늠름한 조각상이 아니었다. –『인간화된 신』, 레자 아슬란 (인문/교양)

② used to V와 would V

used to V가 과거의 '습관'을 나타내는 조동사라 했습니다. 그런데 would V도 과거에 자주 반복한 행동을 나타내는 조동사라고 배웠습니다. '습관'도 반복되는 행위라서 일부 문법책에서 would는 과거의 불규칙적인 습관, used to는 과거의 규칙적인 습관을 표현할 때 사용된다고 설명합니다. 하지만 개인적인 경험에서 보자면 이런 구분은 정확히 맞아떨어지는 것은 아닌 듯합니다. 그럼 used to와 would는 어떻게 다를까요? 두 조동사가 나타내는 '반복'은 어떻게 다른 걸까요?

She(= My mother) used to live in Manchester when she was young, a long time ago.

used to V가 '지금은 아니지만, 과거의 일정한 기간 동안 지속된 상황이나 습관'을 뜻하므로, "내 어머니가 어렸을 때 맨체스터에 살았지만 지금은 그곳에 살고 있지 않다."라는 뜻이 함축되어 있습니다. 따라서 My mother now lives in Wales although she used to live in Manchester when she was young, a long time ago.라는 문장이 성립됩니다.

그런데 위의 문장에서 used to V는 would V로 바꾸어 쓸 수 없습니다.

She would live in Manchester when she was young, a long time ago. (×)

어떤 의미에서 애초의 문법적 원칙을 더 꼼꼼이 읽어보면 used to V와 would V의 차이가 더 명확히 드러납니다. used to V는 '과거의 일정한 기간 동안 반복되고 지속된 행동이나 상황'을 표현하고, would V는 '과거에 몇 번이고 거듭해서 간헐적으로 반복된 행동이나 상황'을 표현하는 조동사입니다. "그녀가 맨체스터에서 살았다"는 것은 간헐적으로 반복된 행동이나 상황은 아니므로, She would live in Manchester when she was young, a long time ago.는 문법적으로 불가능합니다.

이번에는 He used to go to church every Sunday.라는 문장을 봅시다. "그는 일요일마다 교회에 갔다"라는 행위는 몇 번이고 반복된 행위라고 볼 수 있으므로 He would go to church every Sunday.가 가능합니다. 여기에 과거의 특정 기간을 나타내는 When he was at school이라는 부사절을 더하면, used to V와 would V 중 어느 것을 써야 할지 더욱 확실해질 겁니다. 결론적으로 used to V와 would V의 차이를 다음과 같이 요약할 수 있을 것입니다.

used to V는 '과거의 일정한 기간 동안 지속되는 행동이나 상황'을 표현하고, would V는 '과거에 몇 번이고 거듭해서 간헐적으로 반복된 행동이나 상황'을 표현한다고요.

③ would와 should

would를 보았으니 should를 살펴보지 않을 수 없겠지요. 이둘은 또 어떻게 다를까요? 물론 will과 shall의 과거형이기도 하지만, would와 should가 그 자체로 조동사로서 갖는 의미와 용법을 집중적으로 살펴보려고 합니다.

조동사로 쓰인 would는 앞에서 보았듯이 '과거에 몇 번이고 반복된 행동이나 상황'을 나타낼 때는 과거에 해당하지만, 현재에 사용될 때는 일반적으로 '가능성', '의도', '바람', '정중한 요구'를 나타낸다고 설명합니다. 하지만 will이 미래를 가리킨다면 미래는 확정된 것일 수 없기 때문에 결국 '가능성'이고 '바람'이므로, 그와 같은 희망 사항에 대한 '정중한 요구'로 그 뜻이 확대된다고 추론할 수 있을 것입니다. 또한 가정법에 쓰이는 would는 will보다 더 완곡한 뜻을 가진 조동사로 쓰입니다.

"Zack, would you please pass me the jelly?"
"Yes, Sofia—I mean Lydia. I would be glad too."
"Colt, I would like a slice of toct—mean toast please."
"Here you go, Lila, would you like some butter for your toast?"
– The Shot, Asa Walker

"자크, 젤리를 좀 넘겨주겠어요?"
"그래요, 소피아. 미안, 리디아. 당연히 해드려야죠."
"콜트, 나는 톡트, 그러니까 토스트를 먹고 싶습니다."
"여깄어요, 릴라. 버터도 좀 바르겠어요?"
– 국내 미출간 도서

위의 대화문에서 쓰인 would는 과거가 아니라 현재의 '완곡한 요구', '바람' 등에 해당하는 조동사라는 것을 쉽게 파악할 수 있습니다.

한편 should는 현재로 사용될 때 '의무'(obligation)와 '필연성'(necessity)을 나타냅니다. 의무이고 필연성이므로, 조언

조동사

을 하거나 옳다고 생각하는 바를 말할 때 should가 사용됩니다. 더 구체적으로 말하면, 주어가 사람일 때는 의무나 필연성, 주어가 무생물일 때는 필연성을 뜻합니다.

Many scholars now believe we <u>should</u> be looking beyond even our Neanderthal cousins for evidence of prehistoric religious expression. – God: A Human History, Reza Aslan	지금은 많은 학자가 선사 시대 종교적 표현의 증거를 찾아 네안데르탈인 이전까지 고려해야 한다고 생각할 정도이다. –『인간화된 신』, 레자 아슬란 (인문/교양)
If the ancient Sumerian epic of Atrahasis and the flood, composed more than four thousand years ago, sounds familiar, it <u>should</u>. – God: A Human History, Reza Aslan	아트라하시스와 대홍수에 대한 고대 수메르 서사시가 4,000년 이상 전에 쓰었더라도 그 이야기가 무척 귀에 익은 이유는 당연하다. –『인간화된 신』, 레자 아슬란 (인문/교양)

둘째 예문에서 it should는 it should sound familiar에서 sound familiar가 생략된 형태이고, it = the ancient Sumerian epic, 즉 무생물이므로 이때의 should는 '필연성'으로 해석되어야 합니다.

④ ought to와 must

조동사 ought to와 must도 should처럼 주어에 따라 '의무'와 '필연성'을 나타냅니다. should와 ought to는 쓰임새가 무척 유사해서 둘 다 무언가를 조언하거나 옳다고 생각하는 바를 말할 때 사용됩니다. 반면에 must는 '조언'보다는 '명령'에 가까운 느낌입니다.

원서, 읽(힌)다

Nature has placed mankind under the governance of two sovereign masters, pain and pleasure. It is for them alone to point out what we ought to do, as well as to determine what we shall do.
– Farsighted, Steven Johnson

자연은 인류를 고통과 쾌락이라는 두 주인의 지배하에 두었다. 따라서 고통과 쾌락만이 우리에게 무엇을 해야 하는지 알려주고, 어떻게 해야 하는지를 결정한다.
–『미래를 어떻게 결정할 것인가』, 스티븐 존슨 (경영/전략)

There is only one God, Arius claimed. This God must be, by definition, indivisible, uncreated, and existing from all time.
– God: A Human History, Reza Aslan

오로지 한 신만이 존재하며, 당연한 말이겠지만 그 신은 만들어지지 않고 애초부터 항상 존재했으며 분할되지 않는 신이어야 한다는 게 아리우스의 주장이었다.
–『인간화된 신』, 레자 아슬란 (인문/교양)

… monotheistic systems must often be brutally enforced in order to overcome people's natural beliefs and assumptions.
– God: A Human History, Reza Aslan

일신교적 체제가 사람들의 자연발생적인 믿음과 추정을 억누르기 위해 어쩔 수 없이 폭력적으로 강요되는 경우가 적지 않다.
–『인간화된 신』, 레자 아슬란 (인문/교양)

⑤ should have P.P./ought to have P.P./
must have P.P.
과거의 일에 대해 말하는 표현들이며, 여기에서도 should,
ought to와 must가 구분됩니다.

But when Enlil smelled the sacrifice and saw the boat, he was furious. Once again, he called the divine assembly to order. "We, all of us, agreed together on an oath. No form of life should have escaped. How did any man survive the catastrophe?"
– God: A Human History, Reza Aslan

그러나 엔릴이 제물의 냄새를 맡고 방주를 보고는 격노했다. 엔릴은 신들의 총회를 다시 소집했다. "우리 모두가 약속을 지키기로 합의했소. 그 약속이 지켜졌다면 단 하나의 생명도 구원받지 못했어야 마땅했겠지요. 그런데 어떻게 인간이 그 재앙에 살아남았단 말입니까?"
–『인간화된 신』, 레자 아슬란 (인문/교양)

For Durkheim, religion is "an eminently social thing," which is why, for it to have endured as a social construct in our early development, it must have been firmly planted in the real.
– God: A Human History, Reza Aslan

뒤르켐에게 종교는 "대단히 사회적인 것"이었다. 이런 이유에서 종교가 인류 진화의 초기 단계에 사회적 구성물로서 존속하기 위해 '실재하는 것'에 굳게 기반을 두어야 했던 게 분명하다.
–『인간화된 신』, 레자 아슬란 (인문/교양)

should have P.P.는 과거에 일어나지 않은 일에 대한 아쉬움을 표현하는 반면, must have P.P.는 과거 일에 대한 강력한 추론을 나타냅니다. 따라서 과거에 누군가를 처음 보고 나이를 짐작한 경우에는 He must have been near eighty years of age.라고 말해야 합니다.

그런데 문법책에서 ought to have P.P.는 should have P.P.처럼 과거에 일어나지 않은 사건에 대한 아쉬움을 표현한다고 쓰여 있지만, 실제로 요즘 책에서 그렇게 사용된 경우는 보지 못했습니다. 여하튼 콜린스 사전에서 보았던 예문을 인용해보겠습니다. I ought to have spoken up earlier. I'm sorry.(더 일찍 말했어야 했는데, 죄송합니다.) I'm sorry로 보아, I ought to have spoken up earlier.에는 그렇게 하지 못했다는 아쉬움이 진하게 묻어납니다.

다른 예를 하나 더 들면,

"France needs to do everything it ought to have done for years, especially since the attack on Charlie Hebdo. This year, we have experienced six attacks on French soil. We need to institute a major policy which would reestablish our own borders.
– National Public Radio(NPR)

프랑스는 수년 전부터, 특히 『샤를리 에브도』에 대한 공격이 있은 후에 당연히 취했어야 할 모든 조치를 이제부터라도 취해야 합니다. 올해에만 프랑스 땅에서 6차례의 공격이 있었습니다. 우리 국경을 재설정하는 대대적인 정책이 도입되어야 합니다.
– National Public Radio(NPR)

원서, 읽(힌)다

⑥ would rather와 had better

would는 과거 형태를 띠면서도 시점은 현재인 조동사구 would rather를 만들어냅니다. 게다가 비슷한 뜻을 지닌 had better도 형태는 과거이지만 현재에 적용됩니다. 이 두 가지는 정말 많이 닮았습니다.

There's no way that I'll subject myself to a tasteless low-fat diet and destroy my pleasure in food, just in order to live 10 more years! I'd rather enjoy 70 years filled with great food and wine than 80 years of tasteless low-salt crackers and water. – The World Until Yesterday, Jared Diamond	나는 맛없는 저지방 다이어트를 받아들일 수 없다. 10년을 더 살자고, 어떻게 음식을 먹는 즐거움을 버리란 말인가? 물과 맛없는 저염분 크래커를 먹으면서 80세까지 사느니, 맛있는 음식을 실컷 먹고 포도주를 마시면서 즐겁게 70세까지 살겠다! –『어제까지의 세계』, 재레드 다이아몬드 (세계/문화사)
When an unokai gives an order to some man in the village, that man had better do what is asked of him. – Noble Savages, Napoleon A. Chagnon	우노카이가 마을의 어떤 사람에게 명령을 내리면, 그 사람은 자신에게 요구된 우노카이의 명령대로 행동하는 편이 낫다. –『고결한 야만인』, 나폴리언 섀그넌 (인류학)

위의 예문처럼 would rather가 반드시 than과 함께 사용되지는 않습니다. 예문에서 than 이하가 없더라도 문장의 의도를 이해하는 데는 큰 문제가 없습니다. 사전적 뜻을 보면, would rather는 '(...보다) 차라리 ~하겠다(~하고 싶다, ~하는 게 낫다)'이고, had better는 '...하는 게 낫다'입니다. 이런 면에서 두 조동사의 뜻은 상당히 비슷합니다. 하지만 영어를 만든 사람들이 완전히 같은 뜻으로 쓰이는 조동사 두 개를 만들지는 않았을 겁니다. 그렇다면 어떤 차이가 있을까요?

would rather에는 '더 좋다'라는 뜻이 함축되어 있습니다. 그래서 I'd rather enjoy 70 years filled with great food ... = I prefer enjoying 70 years filled with great food ...가 됩니다.

반면에 had better에는 강력히 조언하거나 추천한다는 뜻이 함축되어 있습니다. 그래서 '당위성'이라는 면에서 should가 동의어로 소개됩니다.

한편 would rather와 had better는 흥미로운 공통점이 있습니다.

첫째로는 둘 다 과거 형태를 띠지만 현재로 사용된다는 것입니다. 다음은 문법책에서 흔히 제시되는 예문이지만, tonight과 now라는 부사 덕분에 시제가 뚜렷이 드러나 여기에서도 인용하려 합니다.

I <u>would rather</u> stay at home (than go out) tonight.
You <u>had better</u> leave now.

둘째로는 부정문을 만들 때 not이 본동사 앞에 쓰인다는 것입니다. 달리 말하면 would rather와 had better를 한 덩어리로 본다는 것입니다.

Far more humiliating would be to not make the 100-nomination threshold. Those who know Johnson portray him as a politician who … lives on adulation and approval. If he cannot feel wanted he <u>would rather not be</u> involved.
– The Guardian

총리 경선 출마에 필요한 지지 의원 100명을 확보하지 못하면 훨씬 더 굴욕적일 것이다. 존슨을 아는 사람들은 그를 … 칭찬과 인정을 좋아하는 정치인으로 묘사한다. 존슨은 주변에서 원한다는 분위기를 느끼지 못하면 출마하지 않는 게 나을 것이다.
– 가디언(영국 일간지)

원서, 읽(힌)다

If Hungary fails to implement the expected reforms, the EU Council could vote in December to suspend part of the EU funding for the country. ... Such a scenario is not on the cards for Poland. Not yet. The prime minister had better not take this matter lightly, because if Brussels follows through on its threats, Poland will suffer enormous damage.
– Eurotopics

헝가리가 기대만큼 개혁을 시행하지 못하면 유럽연합 이사회는 12월의 투표에서 헝가리에 대한 지원의 일부를 유예하는 결정을 내릴 수 있다 … 이런 시나리오가 폴란드에게도 일어날 것 같지는 않다. 아직은 아니다. 그래도 폴란드 총리는 이 문제를 가볍게 취급해서는 안 된다. 브뤼셀이 그 위협을 실제로 행사한다면 폴란드가 상당한 피해를 입을 것이기 때문이다.

셋째로는 축약되는 형태가 똑같습니다. 흥미롭지 않습니까?

would rather → 'd rather

had better → 'd better

be to V

형태적으로는 be to만이 조동사입니다. be to V가 조동사로 쓰이면 (1) 예정, (2) 의무 (3) 가능의 의미를 나타냅니다. 이런 의미로 쓰인 예를 차례로 소개하면 다음과 같습니다.

① On the day of the festival itself, 5 April, it is reckoned that some two million people arrived in the square – the biggest protest since the Communists had come to power in 1949. Was this to be the beginning of a general uprising?
– A History of the World, Andrew Marr

축제날인 4월 5일, 약 200만 명이 광장에 구름처럼 모였다. 그리고 1949년 공산당이 집권한 이후로 가장 큰 시위가 벌어졌다. 이 시위가 대대적인 폭동의 신호탄이었던 것일까?
–『세계의 역사』, 앤드루 마 (인문/교양/ 서양사)

② What is Israel to do in return for the Arab states' taking steps to normalize relations?
– Making the Future, Noam Chomsky

아랍 국가들이 관계 정상화를 위해 조치를 취한다면, 이스라엘은 무엇으로 보답해야 할까?
–『촘스키, 만들어진 세계 우리가 만들어갈 미래』, 노엄 촘스키 (정치 비평)

③ If any important decision is to be made, they discuss the question when they are drunk, and the following day the master of the house … submits their decision for reconsideration when they are sober. If they still approve it, it is adopted; if not, it is abandoned.
– Histories, Herodotus

중요한 결정을 내려야 할 때 그들은 술에 취한 상태에서 그 문제를 토론한다. 다음 날, 그들이 맑은 정신을 되찾으면 집주인이 그들에게 전날 내린 결정을 알려주며 다시 논의해 달라고 요청한다. 그들이 여전히 똑같은 결정을 내리면 그 결정이 채택되고, 그렇지 않은 경우에는 폐기된다.
–『역사』, 헤로도토스 (인문/교양/서양사)

그런데 S be to V가 분석하기에 만만한 구조는 아닙니다. S가 주어, be to는 조동사이고, V는 주된 동사로 쓰인 예를 지금까지 보았지만, be가 연결 동사이고 S = to V인 경우도 있습니다. 겉모습이 똑같기 때문에 생기는 문제입니다.

④ All you have to do is to shoot Gandhi … You will be surprised how quickly the trouble will die down.
– A History of the World, Andrew Marr

간디를 죽이기만 하면 그만이다. …… 그럼 당신도 놀랄 정도로 분란이 순식간에 가라앉을 것이다.
–『세계의 역사』, 앤드루 마 (인문/교양/서양사)

⑤ Today, the best way of getting some idea of what they must have been like is to attend a Russian service in one of the Orthodox churches in Moscow or Kiev.
– A History of the World, Andrew Marr

오늘날 비잔틴 제국의 예배가 어떤 모습이었을지 짐작해보려면, 모스크바나 키예프의 동방정교회 교회에서 러시아식 예배에 참석해보면 충분하다.
–『세계의 역사』, 앤드루 마 (인문/교양/서양사)

원서, 읽(힌)다

두 문장에서 is to는 결코 조동사가 아닙니다. 만약 조동사라면 is to를 생략하더라도 S와 V의 관계가 성립되어야 합니다. 조동사는 동사를 돕는 단어에 불과하므로 언제라도 삭제할 수 있기 때문입니다.

①, ②, ③에서 be to를 생략하면 아래 문장들이 성립합니다.

This (= the biggest protest) is the beginning of a general uprising.

Israel does what in return for the Arab states' taking steps to normalize relations.

If any important decision is made ...

하지만 ④, ⑤에서 be to를 생략하면 아래와 같이 비문법적인 문장들이 됩니다.

All you have to do <u>shoots</u> Gandhi ... (×)

the best way of getting some idea of what they must have been like <u>attends</u> a Russian service ... (×)

shoot과 attend의 주어는 '사람'이어야 하기 때문입니다. 따라서 is to는 조동사가 아니라는 뜻입니다. 그럼 무엇이겠습니까? 그렇습니다. S - be - to V의 구문으로 쓰인 문장입니다.

다음 문장은 우리나라에도 『스파르타쿠스』라는 소설로 알려진 미국 소설가, 하워드 패스트(Howard Fast)의 『Literature and Reality』에서 발췌한 문장입니다. 여기에서 is to V는 무엇으로 쓰였는지 생각해보십시오. is to의 생략 여부에서 해답을 찾을 수 있습니다.

Writers, being human, have been moved by the suffering of other men. What is a writer to use as his material, if not the lives of his fellows?

– Howard Fast, Literature and Reality

작가도 인간이 까닭에 다른 사람들의 고통에 마음을 아파했다. 작가가 동료들의 삶이 아니라면 무엇을 소재로 사용하겠는가?

– 국내 미출간 도서

그 밖에도 may(might), can(could), need, dare 등의 조동사가 있습니다. 다만 제가 조동사를 소개하며 꼬리를 물고 분석한 방법을 참조해서 여러분도 공부해 보시면 좋겠습니다.

원서, 읽(힌)다

화법

원서, 읽(힌)다

화법은 문법책에서 '화법의 전환'이란 이름으로 다루어지는 부분입니다. 문법책에서는 특히 '직접 화법'으로 표현된 문장이 '간접 화법'으로 전환될 때 무엇이 어떻게 변하는지에 초점을 맞추어 설명합니다. 여기에서도 이런 기본적인 부분을 간과할 수는 없겠지만, 현실에서 실제로 쓰이는 문장들을 정확히 이해하려면 오히려 '간접 화법'으로 쓰인 문장이 '직접 화법'에서는 어떻게 쓰이는지를 거꾸로 분석하는 편이 더 낫습니다.

대부분의 경우 '직접 화법'으로 쓰인 문장을 이해하기가 더 쉽습니다. 화자와 청자가 나와 있는 것은 물론, 전달문도 따옴표로 명확히 표시되지 않습니까. 그렇다면, '간접 화법'으로 쓰인 문장은 머릿속에서 '직접 화법'으로 전환하는 과정을 거쳐야 합니다. 여하튼 그 전환 과정에 대해 하나씩 살펴봅시다. 그래야 간접 화법의 일부로 여겨지는 '묘출 화법'(represented speech)도 명확히 파악할 수 있기 때문입니다.

일단 '화법의 전환'에 대해 개략적으로 살펴봅시다. 여기에서 인용되는 예문은 별도의 표기가 없으면 도리스 컨스 굿윈(Doris Kearns Goodwin)이 링컨과 존슨, 그리고 시어도어와 프랭클린 루스벨트의 리더십을 다룬 Leadership: In Turbulent Times(『혼돈의 시대, 리더의 탄생』)에서 발췌한 것입니다.

화법 전환 시 바뀌는 인칭 대명사와 시제

Speaking in a similar vein, he said: "I claim not to have controlled events, but confess plainly that events have controlled me."

→ Speaking in a similar vein, he said that he claimed not to have controlled events, but confessed plainly that events had controlled him."

비슷한 맥락에서 그는 "내가 사건을 통제한 것은 아니다. 솔직히 말하면 사건이 나를 통제했다."라고 말했다.

to-V와 시제의 표현에서 설명한 내용을 제대로 이해했다면, to have controlled는 변하지 않고, have controlled가 had controlled로 변한 이유를 이해할 수 있을 겁니다.

그런데 시제의 변화는 상당히 흥미롭습니다. 아래의 예문으로 살펴봅시다.

"Nothing so much marks a man as bold imaginative expressions," Ralph Waldo Emerson wrote in his diary, speaking of Socrates and the golden sayings of Pythagoras.

철학자 랠프 월도 에머슨은 일기에서 소크라테스와 피타고라스의 금언에 대해 언급하며, "대담하고 창의적인 표현만큼 인간을 특징짓는 것은 없다."라고 썼다.

"Nothing so much marks a man as bold imaginative expressions"가 에머슨의 시대에만 통용되었다면, 간접 화법으로 전환될 때 marks → marked로 변하겠지만 이 말이 시대를 초월하는 명언으로 여겨진다면 mark가 굳이 과거로 변할 이유가 없습니다.

요컨대 상황이 똑같으면 동사의 시제를 바꿀 필요가 없지만, 상황이 달라지면 동사의 시제도 바꾸어야 합니다. 온라인 영어 문법 사이트에서 발견한 재미있는 예문을 여기에 소개하려 합니다. 화자가 "Bill's Pizza is good."이라고 2년 전에 말했는데, 지금은 빌의 피자 가게가 파산해서 문을 닫았다면, 이 경우에는 I said that Bill's Pizza was good.이라고 말해야 합니다. 즉, 전달문의 동사 시제가 현재에서 과거로 바뀌어야 합니다. 하지만 빌의 피자 가게가 여전히 성업 중이라면 전달문의 시제가 바뀌어도 되고 바뀌지 않아도 상관없습니다. 즉, Jason said that Bill's Pizza was good. 또는 Jason said that Bill's Pizza is good.이 모두 가능합니다.

원서, 읽(힌)다

Truman was deeply touched. "You[= Johnson] have done me a great honor in coming here today," Truman said.

트루먼은 크게 감동하며 "오늘 여기까지 찾아와 주다니, 나로서는 더할 나위 없는 큰 영광이네."라고 말했다.

→ Truman was deeply touched. He said that Johnson had done him a great honor in coming there that day.

여기에서 간접 화법으로 바꿀 때 you를 Johnson으로 바꾸었습니다. 직접 화법에서 인칭 대명사가 구분되지만 간접 화법에서는 you도 he로 바뀌기 때문에 me가 바뀐 him과 헷갈릴 염려가 있기 때문입니다.

물론 today가 간접 화법에서 항상 that day로 바뀌는 것은 아닙니다. 그렇지 않으면 ... said that ~ today, ... told someone that ~ today라는 표현이 불가능하게 됩니다. 그런데도 대부분의 문법책에서는 직접 화법에서 간접 화법으로 전환될 때 변하는 시간 부사와 장소 부사를 나열하며, 직접 화법에 쓰이는 시간 부사와 간접 화법에 쓰이는 시간 부사가 다른 것처럼 말합니다. 대표적인 경우만 예로 들어보겠습니다.

직접 화법	간접 화법
today	that day
yesterday	the day before 또는 the previous day
ago	before
this/these	that/those
here	there

하지만 이렇게 나열하고 나서 항상 덧붙이는 말이 있습니다. 상황에 따라서는 예외적으로 이렇게 바뀌지 않을 수도 있다고요. 엄격히 말하면, 화법의 전환에 따른 시간과 장소 부사의 변화는 문법적 차원이 아니라 어휘론적 차원의 변화입니다. 따라서 이 책에서 말하려는 예외 없는 문법 규칙에는 아무런 영향을 주지 않습니다. 게다가 조금만 논리적으로 생각해 보면, 전달 동사의 상황에 따라 전달문에 today나 yesterday가 쓰이고, 어떤 경우에는 that day나 the day before가 쓰이는 이유를 이해할 수 있습니다. 그렇지 않고 위의 전환 방식을 문법 규칙으로 규정한다면 S said that ... today라는 문장 자체가 불가능해질 것입니다. 하지만 위에서 언급된 전환이 무조건 적용되는 것은 아닙니다. 결국 부사의 전환은 규칙이 아니라, 맥락에 따라 달라진다고 할 수 있습니다.

Each oil company camp has a medical office with doctors and nurses. Among the employees in these medical offices, the oil company now includes trained New Guinean health workers, to advise oil company employees about a healthy lifestyle and healthy eating habits. On my last visit to the oil field, the doctor and nurse told me that, when these New Guinean health workers come to the oil field to start advising New Guineans about healthy lifestyles, and when they start eating in the cafeteria, within less than a year the health workers themselves start to come down with the symptoms of heart disease and diabetes.
– Comparing Human Societies, Jared Diamond

석유 회사는 현장마다 진료소를 두고 의사와 간호사를 상주시키고 있으며, 뉴기니 출신의 건강 전문가까지 고용해 직원들에게 건강한 식사법과 생활방식을 가르치고 있습니다. 최근에 유전 지대를 방문했을 때 나는 진료소의 의사에게, 건강한 생활방식에 대해 조언하려고 유전 현장에 파견된 뉴기니 출신의 건강 전문가들도 구내식당에서 식사하기 시작하면 1년이 지나지 않아 심장질환과 당뇨의 징후를 보여주기 시작한다는 말을 들었습니다.
– 『재레드 다이아몬드의 나와 세계』, 재레드 다이아몬드 (인문/교양)

여기에서 these New Guinean health workers = trained New Guinean health workers who advise oil company employees about a healthy lifestyle and healthy eating

원서, 읽(힌)다

habits입니다. 다시 말하면 이때의 these는 공간적으로 가깝고 먼 것을 나타내는 지시 형용사가 아니라, New Guinean health workers를 수식하는 구절을 '대신'하는 지시 형용사입니다. 예문이 간접화법이므로 직접화법으로 바꾸면 ... the doctor and nurse told me, "when these New Guinean health workers come to the oil field to start advising New Guineans about healthy lifestyles ..."가 될 것이고, 따라서 these가 간접 화법에서 그대로 유지된 이유를 충분히 이해할 수 있을 겁니다.

Aarav looked at him unflinchingly and answered in a bold voice. "We all have come to meet our Grandma who lived here, she had asked us to come here today. Where is she now?" – The Adventures of Aarav and Raghu, Laxmi Natraj	아라브가 그를 똑바로 쳐다보며, 대담한 목소리로 대답했다. "여기에 살던 할머니를 만나려고 왔습니다. 할머니가 우리에게 오늘 여기에 오라고 부탁하셨거든요. 지금 할머니는 어디에 계십니까?" – 국내 미출간 도서

따옴표 안에 있는 첫 문장의 here, 마지막 문장의 now는 직접 화법에 쓰인 겁니다. 한편 둘째 문장은 직접 화법 내의 간접 화법입니다. 이 문장은 she said to us, "Come here today." 가 변한 것으로 볼 수 있습니다.

명령문을 간접 화법으로 전환 시에 사용되는 to-V

To ease the matter, he gave Platt "a list of four good machine men" and told the Boss to select any one of the four.	상황을 정돈하려고 "당조직에 충실한 네 명의 명단"을 플랫에게 건네며 그중 한 명을 선택하라고 말했다.

→ ... said to the Boss, "Please select any one of the four."

예문의 Platt은 당시 공화당 실세인 Thomas Platt을 말하며 그는 Boss라는 별명으로 불렸습니다. 그런 사람에게 말한 내용을 직접 화법으로 표현하면 당연히 please가 들어갈 겁니다. 다음과 같이 격식이 필요한 경우도 마찬가지일 겁니다.

On their second date he <u>asked</u> her <u>to marry him.</u>	두 번째 데이트할 때 그는 그녀에게 청혼했다.
→ On their second date he said to her, "Please marry me."	

그런데 Let's ...로 시작하는 명령문이 있습니다. 이 명령문은 일방적인 지시가 아니라 일종의 제안입니다. 따라서 ask나 tell이라는 전달 동사는 그다지 만족스럽지 않습니다. '제안'이란 뜻이 담겨 있으므로 Let's ...로 시작되는 명령문은 간접 화법에서 suggest나 propose를 전달 동사로 취합니다.

"<u>Let's go</u>," he said to his chauffeur.	"갑시다." 그는 운전기사에게 말했다.
→ He <u>suggested</u>(또는 <u>proposed</u>) to his chauffeur that they should go.	→ 그는 운전기사에게 가자고 말했다.
He began with civil rights leaders A. Philip Randolph, Martin Luther King, and Roy Wilkins. He didn't want to be quoted, he told them, but he suggested that they concentrate all their focus on getting "every friend to sign that petition the moment it's laid down."	존슨은 시민권 운동 지도자들, 예컨대 A. 필립 랜돌프, 마틴 루서 킹, 로이 윌킨스 등을 먼저 만났다. 존슨은 자신의 생각이 외부에 알려지는 걸 원하지 않았지만, "심사 배제 요청이 제시되면 모든 친구가 그 요청에 서명하도록" 압력을 가하는 데 힘을 집중해 달라고 그들에게 부탁했다.

He는 케네디의 뒤를 이어 미국 대통령을 지낸 린든 존슨입니다. 여기에서 간접 화법으로 표현된 문장을 직접 화법으로 전환하면 아래와 같습니다.

→ "I don't want to be quoted," he said to them, but he said, "Let's concentrate all our focus on getting every friend to sign that petition the moment it's laid down."

의문문을 간접 화법으로 전환하는 경우에 바뀌는 인칭 대명사와 시제

"Hello, Tom," said the young patrician, smiling warmly and extending his hand in greeting. "How do you do, Mr. Roosevelt?" asked the puzzled painter. "No, call me Franklin. I'm going to call you Tom," he declared.

"안녕하세요, 톰?" 젊은 귀족이 온화한 미소를 지으며 손을 내밀었다. 화가는 어리둥절해서 물었다. "어이쿠, 안녕하십니까, 루스벨트 씨?" 프랭클린 루스벨트는 "아닙니다. 그냥 프랭클린이라 불러주세요. 그래야 나도 당신을 톰이라고 부르지요."라고 말했다.

여기에 기계적인 원칙을 적용해서 "How do you do, Mr. Roosevelt?" asked the puzzled painter. → the puzzled painter asked Mr. Roosevelt how he did.라고 화법을 전환하는 게 억지스런 면이 있기는 합니다. 오히려 the puzzled painter asked Mr. Roosevelt how he was doing으로 하는 편이 더 나을지 모르겠습이다. 여기서 요지는 간접 화법에 쓰이는 의문문은 간접 의문문이 된다는 겁니다.(▶ 의문사)

그렇다면 위 예문의 직접 화법에서 Hello가 들어간 문장은 간접 화법에서 어떻게 바뀔까요?

"Hello, Tom," said the young patrician.
→ The young patrician <u>said hello to</u> Tom. 또는
The young patrician <u>greeted</u> Tom.

간접 의문문을 살펴본 곳에서 의문문과 감탄문이 비슷하게 쓰

인다고 했습니다. 화법의 전환에서도 감탄문과 기원문은 의문
문의 경우를 따릅니다.

"What a depth of devotion, sympathy, and reassurance were conveyed through his smile," a Wisconsin soldier recalled.	위스콘신 출신의 한 병사는 "그의 미소를 보며 우리는 집중하고 감응하며 확신할 수 있었다."라고 회상했다.

→ A Wisconsin soldier exclaimed what a depth of devotion,
sympathy, and reassurance had been conveyed through
his smile.

여기에서 감탄문을 유도하는 동사로 exclaim을 쓰지 않고,
recall을 써도 큰 문제는 없습니다.

결국 우리가 실제로 보는 문장은 간접 화법이나 직접 화법
으로 표현된 문장입니다. 두 화법의 전환 관계는 문법을 위한
문법으로 존재할 뿐, 우리가 문장을 이해하는 데 크게 도움이
되지는 않습니다. 앞에서도 말했듯이, 화법의 전환에 따른 시
간 부사와 장소 부사의 변화는 어휘론 범주에 속합니다. 이런
변화는 우리말에서도 마찬가지입니다.

"그는 '어제 나는 그녀를 만났다'라고 말했다."라는 문장을
예로 들어봅시다. 그가 말한 '어제'가 언제인지 분명하지 않습
니다. 따라서 간접 화법으로 표현하면 "그는 전날 그녀를 만났
다고 말했다."가 됩니다. '어제'는 '오늘의 하루 전'입니다. 반
면에 '전날'은 '특정한 날의 하루 전'입니다. 결국 그가 언제 그
렇게 말했는지 불분명하기 때문에 간접 화법에서 '어제'는 '전
날'이 될 수밖에 없습니다. 그러나 "오늘 그는 '어제 나는 그녀
를 만났다'라고 말했다."라고 한다면, "오늘 그는 어제 그녀를
만났다고 말했다."가 되어야 합니다. 영어에서도 달라지는 건
없습니다.

He said, "I saw her yesterday."

→ He said that he had seen her <u>the day before.</u>

Today he said, "I saw her yesterday."

→ <u>Today</u> he said that he had seen her <u>yesterday.</u>

물론 전달 동사가 과거인 경우에는 간접 화법으로 쓰이는 문장의 시제가 영향을 받습니다. 하지만 장소 부사와 시간 부사는 전반적인 맥락에 따라서 변화 유무가 결정됩니다. 위의 예에서 보았듯이, 전달 동사가 과거라고 해도 today 같은 명확한 시간 부사가 있으면, 전달되는 문장 내에서 시간을 나타내는 부사는 별다른 영향을 받지 않습니다.

묘출 화법 (represented speech)

언어 활동에서 화자의 말을 인용해 재현하는 데는 세 가지 방법이 사용됩니다. 첫째는 말한 것을 그대로 옮기는 '직접 화법'이고, 둘째는 말한 것을 화자의 관점에서 전달하는 '간접 화법'입니다. 이 두 화법에 대해서는 이미 앞에서 살펴보았습니다. 그리고 '묘출 화법'이라는 것이 있습니다. 주로 소설에 쓰이며, 등장인물이 말로 표현하지 않은 생각이나 감정을 독자에게 전달할 때 사용되는 화법입니다. 요컨대 실제로 등장인물이 말하지는 않지만 작가의 글로 대변(representation)된다는 이유에서 represented speech라고 불립니다.

또한 작가의 글을 통해 화자의 생각을 전달하며, 화자의 독특한 어법을 유지하는 것도 묘출 화법의 주된 특징입니다. 이런 점에서 묘출 화법은 '전달 동사가 없는 간접 화법'이라 할 수 있습니다. 따라서 묘출 화법에서 인칭과 시제는 간접 화법의 용례를 따릅니다. 다음 문장을 예로 들어봅시다.

In the months of recovery that followed, DeHaven found himself dwelling on the different outcomes of the crash. ⓐ <u>Why had he been spared?</u> A more spiritually inclined survivor might have assumed there was some kind of divine intervention at work. But DeHaven had a secular explanation: ⓑ <u>something in the design of the plane had protected him.</u>
– Extra Life, Steven Johnson

수개월 동안 계속된 회복 기간에, 데헤이븐은 충돌의 피해를 다양한 관점에서 연구했다. 왜 나는 죽지 않았을까? 데헤이븐이 더 영적인 성향을 띠었더라면, 신이 개입한 것이라 추정했을 것이다. 그러나 데헤이븐은 세속적인 관점에서 그 이유를 추적했다. 비행기 설계에서 어떤 특징이 그를 살린 것이라 생각했다.
–『우리는 어떻게 지금까지 살아남았을까』, 스티븐 존슨 (역사/과학)

이 예문에서 밑줄 친 ⓐ, ⓑ의 시제를 주목해보십시오. 시제가 뜬금없이 과거완료로 변했습니다. 시제의 사용에서 과거완료가 언제 사용되는지는 앞에서 살펴보았습니다.(▶ 시간의 표현) 이때의 과거완료는 '묘출 화법'이 아니면 설명되지 않습니다. 두 용례 모두에서 he와 him은 DeHaven입니다. 그럼 시제는 어떻게 되어야 할까요? 직접 화법이라면 'Why was I spared?', 'something in the design of the plane protected me.'가 되었을 겁니다. 이런 점을 고려해 예문을 번역하면 위와 같습니다.

위의 예문에서 묘출 화법이 쓰인 두 문장의 차이가 눈에 들어옵니까? ⓐ는 묘출 화법으로 쓰였다고 추정할 만한 근거가 앞에 전혀 없지만, ⓑ에는 had a secular explanation이라는 일종의 전달 동사구가 앞에 주어집니다. 결국 묘출 화법이 ⓐ처럼 쓰일 때는 묘출 화법의 용례로 추정할 근거는 시제밖에 없습니다. 반면에 ⓑ처럼 쓰이면, 전달 동사와 콜론(:) 및 시제가 묘출 화법의 근거가 됩니다.(▶ 구두법) 묘출 화법을 유도할 때 콜론이 사용된다는 원칙은 다음 문장에서도 확인됩니다.

원서, 읽(힌)다

If we hadn't actually had recent history to tell us the result, we might have wondered: could a society without writing really master it within a single generation?
– The World Until Yesterday, Jared Diamond

이런 현격한 변화를 우리에게 말해주는 현대사마저 없었다면, "글도 없던 사회가 어떻게 한 세대 만에 그런 변화를 이루어낼 수 있었을까?"라는 의문을 품을 수밖에 없었을 것이다.
–『어제까지의 세계』, 재레드 다이아몬드 (역사/세계/문화사)

묘출 화법으로 표현된 문장은 사실 여부를 떠나 '보편적 의문'을 표현하고 있습니다. 따라서 그 자체가 과거 시제일 필요는 없습니다.(can a society without writing really master it within a single generation?) 물론 can 대신 could가 사용된 것은 완곡어법으로 설명될 수 있을 겁니다.

지금까지 언급한 묘출 화법의 예는 논픽션에서 발췌한 것입니다. 그러나 앞에서 말했듯이 묘출 화법은 주로 픽션에서 사용됩니다.

Flossie told me Mom moved the jar into a different drawer each night, which was why I tried to never feel blindly into a drawer. But that day, the nylons were so very soft. I closed my eyes and let my hand sink deeper. It wasn't long before my fingertips brushed against something.

Had I found a serpent tongue fallen out of the jar?

I wrapped my hand around what I felt.
– Betty, Tiffany McDaniel

플로시는 어머니가 그 병을 매일 밤 다른 서랍으로 옮기기 때문에 무작정 서랍에 손을 넣고 나일론의 촉감을 느껴보려고 해서는 안 될 거라고 나에게 말했다. 그러나 그날 나일론 스타킹은 촉감이 너무너무 부드러웠다. 나는 눈을 감고, 손을 더 깊이 넣었다. 이윽고 손끝에 뭔가가 닿았다.

혹시 병에서 빠져나온 뱀 혀를 내가 만진 것일까?

나는 손끝에서 느껴지는 걸 손으로 감쌌다.
– 국내 미출간 도서

이탤릭체로 쓰인 문장이 묘출 화법으로 쓰인 예입니다. 따라서 이야기가 '과거'이므로 문장의 시제가 과거완료로 쓰였습니다. 물론 이야기의 주체가 I이기 때문에 묘출 화법에서도 I 가 변할 이유는 없습니다.

다음 예문에서도 멋진 묘출 화법의 예를 만날 수 있습니다. 어느 부분인지 직접 찾아보십시오.

With that I offered in as many words to marry her, but before she could answer, down came this brother of hers, running at us with a face on him like a madman. He was just white with rage, and those light eyes of his were blazing with fury. What was I doing with the lady? How dared I offer her attentions which were distasteful to her? Did I think that because I was a baronet I could do what I liked? If he had not been her brother I should have known better how to answer him. As it was I told him that my feelings towards his sister were such as I was not ashamed of, and that I hoped that she might honour me by becoming my wife.
– The Hound of the Baskervilles, Arthur Conan Doyle

그와 함께 나는 그녀에게 많은 말로 결혼해 달라고 프러포즈했어요. 그런데 그녀가 대답하기도 전에 그녀의 오라비가 미친 사람 같은 얼굴을 하고 우리를 향해 달려왔어요. 그는 분노로 얼굴이 하얗게 변했고, 두 눈은 격분해서 이글이글 타올랐어요. 도대체 내가 숙녀에게 무슨 짓을 했다고? 내가 싫다는 사람을 억지로 붙들고 늘어지기라도 했다는 건가? 내가 준남작이라고 해서 무슨 짓이든 마음대로 할 수 있다고 생각했다는 건가? 그 작자가 숙녀분의 오라비만 아니었다면 나는 가만히 있지 않았을 겁니다. 사실 나는 그자에게, 당신 누이동생에 대한 내 감정에 부끄러운 점은 요만치도 없고, 당신 누이가 내 아내가 되어준다면 정말 좋겠다고 말했어요.
– 『바스커빌 가문의 개』, 아서 코난 도일 (추리 소설)

제가 읽기에는 What was I doing with the lady? How dared I offer her attentions which were distasteful to her? Did I think that because I was a baronet I could do what I liked? 가 묘출 화법으로 표현된 문장입니다. 번역할 때는 일종의 독백처럼 번역하는 편이 더 낫습니다. 안타깝게도 제가 참조한 번역본에는 이 부분도 앞뒤의 문장처럼 경어로 번역되었더군요. 독백하면서 경어로 중얼거리는 사람은 없을 테니 위에서 제시한 번역이 더 타당할 겁니다.

원서, 읽(힌)다

혼합 화법 (mixed speech)

앞에서 묘출 화법은 '전달 동사가 없는 간접 화법'이라 했습니다. 따라서 묘출 화법에서는 전달문이 '간접 화법'으로 표현됩니다. 반면에 묘출 화법처럼 인용 부호가 없는 것은 똑같지만 전달문이 인칭, 시제, 구조에서 직접 화법으로 쓰이는 경우가 있습니다. 이런 경우를 묘출 화법과 구분해서 '혼합 화법'이라 칭하는 경우가 많습니다.

Lying awake at 2 A.M., though, even the most apparently successful among us might wonder: Did I somehow take the wrong turn in the road? What went wrong? How did I come to be so dissatisfied with everything? A good deal of this malaise can be blamed on the American cult of speed.
– Book By Book, Michael Dirda

무척 성공한 것처럼 보이는 사람조차 새벽 2시까지 잠을 이루지 못하고 이런저런 생각에 잠긴다. 어떻게 하다 내가 나쁜 길로 들었을까? 뭐가 잘못된 걸까? 어째서 내가 매사에 이처럼 불만인 걸까? 이런 불안감은 속도에 길들여진 미국 문화의 탓일 수 있다.
–『북 BY 북』, 마이클 더다 (인문/독서)

콜론 이후의 문장에서 뜬금없이 I가 주어로 쓰였습니다. the most apparently successful among us가 직접 화법으로 말하는 것처럼 실감 나게 쓰였습니다.

For example, my students wondered, what did the Easter Islanders say as they were cutting down the last palm tree? Were they saying, Think of our jobs as loggers, not these trees? Were they saying, Respect my private property rights?
– Why Do Some Societies Make Disastrous Decisions? Jared Diamond

학생들은 예컨대 다음과 같은 의문을 품었다. 이스터 섬사람들은 마지막 야자나무를 베어내면서 과연 무슨 말을 했을까? "우리 직업이 나무꾼이란 것을 생각해야지, 이 나무들을 생각할 건 없어!"라고 말했을까? 아니면 "내 사유 재산권을 존중해줘"라고 말했을까?
–『컬처 쇼크』-「왜 어떤 사회는 재앙적 결정을 내리는가?」, 재레드 다이아몬드 (인문/교양)

이 예문에서 전달 동사가 과거이므로, 이스터 섬사람들에 대한 상상이 묘출 화법이라면 시제가 과거완료가 되어야 했을 겁니다. 하지만 단순한 과거로 표현되었기 때문에 묘출 화법이 아니라 혼합 화법의 용례로 보아야 합니다.

I wondered about what she and her friends were learning at school and whether they would develop the tools that Arielle felt had been withheld from her until she took my class. And eighteen years later, would my daughter ask a professor the same question Arielle asked me? Or more likely, she'd ask me, which would make me feel even worse.
– Chatter, Ethan Kross

나는 큰딸과 그 친구들이 학교에서 무엇을 배우는지, 또 아리엘이 느낀 것처럼 내 강의를 듣기 전까지 들어본 적 없었다는 도구를 개발하는지도 알고 싶었다. 18년 후에 내 딸도 아리엘이 나에게 던진 질문을 어떤 교수에게 똑같이 하지는 않을까? 어쩌면 "무엇이 나를 점점 더 불안하게 만드는 것일까요?"라고 나에게 물을 가능성도 있었다.
─『채터: 당신 안의 훼방꾼』, 이선 크로스
 (심리/교양)

저는 번역할 때 혼합 화법으로 쓰인 문장을 인용 부호로 감싸곤 합니다. 달리 말하면 직접 화법으로 쓰인 것처럼 번역한다는 말입니다. 그렇다고 항상 이런 식으로 번역해야 하는 것은 아닙니다. 또한 묘출 화법을 이런 식으로 번역할 수 없는 것도 아닙니다. 상황에 따라 유연하게 대처하면 됩니다. 끝으로 덧붙이면, 혼합 화법은 대체로 의문문에 쓰인다는 문법책의 설명은 맞는 듯합니다.

원서, 읽(힌)다

의문절

원서, 읽(힌)다

이 장에서는 대명사를 다룬 곳에서 미처 말하지 못한 의문 대명사에 대해 살펴보고 의문 대명사, 의문 형용사, 의문 부사가 간접 의문문에서 어떻게 쓰이는지도 개략적으로 살펴볼 생각입니다. 직접 의문문에 쓰이는 의문사는 기초적인 문법인 데다 간접 의문문에 쓰인 경우에 비추어보면 충분히 짐작되기 때문에 특별한 경우가 아니면 다루지 않으려 합니다.

의문 대명사/의문 형용사/의문 부사로
시작하는 의문절

의문절을 이끄는 의문사들을 정리하면 다음과 같습니다.

의문 대명사: who/whom, whose, which, what
의문 형용사: whose, which, what
의문 부사: how, why, when, where

이 형태는 어딘가에서 많이 보았습니다. 맞습니다. 관계절에서 보았습니다. 이른바 관계 대명사/관계 형용사/관계 부사와 형태가 똑같습니다. 그렇다면 문법적으로 이 두 가지 절이 어떻게 구분되는지 살펴봐야 할 것입니다. 그리고 when은 시간을 나타내는 종속 접속사로도 쓰입니다. 따라서 when은 의문절, 관계절, 종속절에서 쓰이는 것입니다. 간단한 문제이지만 이 절들이 어떻게 구분되는지도 간략히 살펴보겠습니다. 여기에서 인용하는 예문은 별도의 표기가 없는 한, 작가들의 작업 습관을 소개한 메이슨 커리(Mason Currey)의 Daily Rituals(『리추얼』)에서 발췌한 것입니다.

간접 의문문에서 언제나
명사 기능을 하는 의문절

간접 의문문에서 의문절은 항상 명사 기능을 한다는 점에서 선행사를 수식하는 형용사절이나 부사적으로 기능하는 관계절과는 다릅니다.(▶ 관계절) 의문 대명사/의문 형용사/의문 부사로 시작하는 의문절은 의문사가 무엇이든 상관없이 항상 명사로 기능합니다.

"Tell me what you eat, and I shall tell you what you are," the French gastronome Jean Anthelme Brillat-Savarin once wrote. I say, tell me what time you eat, and whether you take a nap afterward. (의문 대명사 - 의문 대명사 - 의문 형용사)	프랑스의 식도락가, 장 앙텔름 브리야 사바랭은 "그대가 무엇을 먹는지 말해보시오. 그럼 당신이 어떤 사람인지 말해주겠소."라고 말했다. 나도 독자에게 이렇게 말하고 싶다. 당신이 언제 식사를 하는지 말해보시오. 그럼 당신이 식사 후에 꼬박꼬박 한숨을 자는지 말해주겠소.
Given his inherited income, one may wonder why Green bothered going in to the office at all—he certainly didn't need the money. (의문 부사)	그린이 유산으로 많은 재산을 물려받아 굳이 돈을 벌어야 할 필요가 없었을 것이기 때문에, 사무실에 근무하는 걸 귀찮아했을 거라고 생각할 사람도 있을 것이다.
"I never know when you write your books, because I've never seen you writing, or even seen you go away to write." (의문 부사)	"네가 소설을 언제 쓰는지 모르겠다. 네가 글을 쓰는 걸 한 번도 본 적이 없거든. 심지어 네가 글을 쓰겠다고 어디론가 떠난 적도 없잖아."
They knew which one of us was Shaki, and they were looking at me. I asked him where I was to set up my hammock .(의문 형용사 – 의문 부사) – Noble Savages, Napoleon A. Chagnon	그들은 우리 중 누가 '샤키'인지 알고 있었던지, 모두의 눈길이 나를 향하고 있었다. 나는 그에게 내 해먹을 어디에 설치해야 하느냐고 물었다. –『고결한 야만인』, 나폴리언 섀그넌 (인류학)

위의 예에서 의문절은 모두 동사의 목적어로 쓰였습니다. 문장 내에서 의문절의 문법적 기능을 판단하는 데 의문사 자체의 성격은 중요하지 않습니다. 물론 의문절은 전치사의 목적어로도 쓰입니다.

원서, 읽(힌)다

I would like to pray, but to <u>whom</u> — some God of the Sunday school classroom, some provincial king whose prerogatives and rites remain unclear?	오히려 기도하고 싶다. 하지만 누구에게 기도한단 말인가? 주일학교의 신에게? 특권과 의례가 여전히 불분명한 지방의 군주에게?
All of them made the time to get their work done. But there is infinite variation in <u>how</u> they structured their lives to do so.	그들 모두가 어떻게든 자기만의 시간을 내어 작업을 완성해냈고, 그런 목적을 이루기 위해 삶을 꾸려간 방법은 무한하다고 할 정도로 다양하다.

명사는 문장 내에서 목적어뿐만 아니라 보어 역할도 합니다. 그렇다면 의문절도 보어 역할을 해야 합니다. 이와 관련된 예문도 어렵지 않게 찾을 수 있습니다.

There's no one way—there's too much drivel about this subject. You're <u>who you are</u>, not Fitzgerald or Thomas Wolfe.	한 가지 방법만 있는 게 아닙니다. 수많은 방법이 있습니다. 나는 나이지, 피츠제럴드도 아니고 토마스 울프도 아닙니다.
"A man of small virtue, inclined to extravagance and alcoholism" is <u>how</u> the Irish novelist once described himself.	"무절제하고 술에 기대는 경향을 띠지만 약간의 미덕을 지닌 남자." 아일랜드 소설가, 제임스 조이스는 자신을 이렇게 평가했다.

물론 명사는 주어로도 쓰입니다. 그런데 지금까지 제시된 예문에서 의문절이 주어로 사용된 것은 없습니다. 이상하지요? 그렇다면 간접 의문문에서 의문절이 주어로는 사용되지 못하는 것일까요? 다음 예문을 보십시오.

"I discovered him to be a very lively man who was always in motion and could not spend a minute without some occupation," Meyerovich wrote. It was a mystery <u>how</u> he managed to compose so much music.	메예로비치는 "그는 끊임없이 움직이며 잠시도 가만히 있지 못하는 무척 활달한 사람이었다"라고 말했다. 그처럼 부산스러운 사람이 수많은 곡을 작곡했다는 게 미스터리였다.

의문절   303

This comfortable bachelor's life ended abruptly in late 1649, when Descartes accepted a position in the court of Queen Christina of Sweden … It's not entirely clear <u>why he</u> agreed to the appointment.

이처럼 편안한 독신의 삶은 1649년 말 갑작스레 끝났다. 데카르트가 스웨덴 크리스티나 여왕의 초빙을 받아들였기 때문이었다. … 데카르트가 그 초빙을 받아들인 이유는 아직까지 명확하지 않다.

밑줄 친 부분이 있는 문장들에서 주어로 쓰인 it은 비인칭 대명사, 즉 가주어로 쓰였고, 의문절이 진주어로 쓰였습니다. '가주어 - 진주어' 구조에서는 진주어 자리에 명사가 쓰이지는 않습니다. 명사적 기능을 하는 to-V나 that-절이 쓰이는데, 여기에 의문절이 추가됩니다.(▶ 비인칭) 일반적으로 비인칭 주어가 가주어로 사용된 문장은 진주어가 원래대로 주어 자리에 들어가도 문법적으로는 문제가 없습니다.

It is necessary for you to be more economical.
→ For you to be more economical is necessary.

It is necessary that you should be more economical.
→ That you should be more economical is necessary.

이렇게 교체할 수 있듯이 위의 예문도 바꿀 수 있습니다.

It was a mystery how he managed to compose so much music.
→ How he managed to compose so much music was a mystery.

It's not entirely clear why he agreed to the appointment.
→ Why he agreed to the appointment is not entirely clear.

원서, 읽(힌)다

여기에서 How he managed to compose so much music과 Why he agreed to the appointment가 의문절이라고 단언할 수는 없습니다. 관계절에서 보았듯이, 관계부사가 쓰인 관계절은 선행사가 생략된 상태로 쓰이기 때문입니다. 따라서 The way how he managed ...와 The reason why he agreed ...라고 생각한다면 주어로 쓰인 것은 관계절이 수식하는 명사이지 의문절이 아닙니다.

그러나 잡지 Time(『타임』)에서 발췌한 다음 예문을 보십시오. 의사이며 작가인 낸시 스나이더맨(Nancy Snyderman)이 쓴 글의 일부입니다.

It does not matter what time of day you eat. It is what and how much you eat and how much physical activity you do during the whole day that determines whether you gain, lose, or maintain your weight.	몇 시에 먹느냐는 중요하지 않다. 무엇을 얼마나 많이 먹고, 하루에 육체 활동을 얼마나 많이 하느냐가 체중의 증감 및 유지를 결정한다.

예문의 It does not matter what time of day you eat.에서 진주어를 주어 자리에 놓으면 What time of day you eat does not matter가 됩니다. 이때 주어로 쓰인 What time of day you eat은 의문절이 분명합니다. 따라서 앞의 How he managed to compose so much music과 Why he agreed to the appointment를 굳이 관계절로 생각할 이유가 없는 것입니다. 의문절은 간접 의문문에서 주어로도 쓰입니다. 따라서 의문절은 명사의 모든 기능을 할 수 있다고 결론지을 수 있습니다. 이런 결론은 다음 문장에서도 다시 확인됩니다.

We know that what we eat matters, but does when we eat also matter? – American Society for Nutrition, Eric Graber	우리가 무엇을 먹느냐가 중요하지만 언제 먹느냐도 중요하다. – 에릭 그래버가 ASN에 기고한 글 중에서

물론 what we eat matters를 관계절로 분석할 수 있지만, when we eat과 짝지어 생각하면 의문절로 생각하는 편이 더 균형적입니다.

구조적으로 동일한 의문절과 관계절

의문절과 관계절은 구조적으로 똑같습니다. 다시 말하면, 의문절이나 관계절에서 의문사나 관계사가 차지하는 위상이 똑같다는 뜻입니다. 따라서 그 자체로는 의문절인지 관계절인지를 파악하기가 불가능합니다. 이 둘은 문장에서 차지하는 자리에 따라 구분됩니다.

Larkin admitted to wondering what would have happened had he been able to write full-time.	라킨은 전업으로 글을 쓸 수 있었다면 어떻게 되었을지 생각해보지 않았던 것은 아니라고 인정했다.
I would realize what I'd been working on all week was bad.	한 주일 내내 내가 집필한 글이 마음에 들지 않았습니다.

둘 다 what이 쓰였지만, 전자는 의문사이고 후자는 관계사입니다. 결국 둘의 구분은 주절의 동사와 밀접한 관계가 있습니다. 따라서 문장의 내용을 파악하는 것이 중요합니다.

한편 주절의 동사가 애매할 때나 의문 대명사 what과 의문 부사가 사용된 때는 의문절/관계절의 가능성을 모두 갖습니다. what은 선행사를 포함하는 관계사로도 쓰이고, how, why, when, where는 관계부사로도 쓰이기 때문입니다.

Amis always made sure to stop writing when he knew what would come next, making it easier to begin the next day.	에이미스는 이튿날 조금이라도 쉽게 시작하기 위해서 다음에 어떻게 써야 할지 분명하게 아는 곳에서 항상 글쓰기를 중단했다.

위의 예문은 what을 의문사로 번역했지만, '다음에 써야 하는 것'이라고 관계사로 번역하더라도 문제는 없습니다. 특히 의문 부사/관계부사로 혼용되는 how, why, when, where가 쓰이면, 관계절로 쓰인 경우에 선행사가 생략된 것으로 볼 수 있어 의문절과 관계절의 가능성을 모두 갖습니다. 물론 이 경우에도 주절의 동사가 의문사/관계사의 판단에 큰 역할을 합니다.

Sometimes I don't understand <u>why</u> my arms don't drop from my body with fatigue, <u>why</u> my brain doesn't melt away.	피곤에 지친 내 몸뚱이에서 팔이 떨어져 나가지 않는 이유, 내 뇌가 녹아 없어지지 않는 이유가 때로는 도무지 이해되지 않는다.
Each day is new, so each drawing—with words written on the back—lets me know <u>how</u> I'm doing.	하루하루가 새롭다. 따라서 하나하나의 그림과 뒷면에 쓰인 글은 내가 어떻게 살고 있는지 알게 해준다.

위의 번역은 참조용으로 제시한 것입니다. 다른 식으로도 번역될 수 있으므로 직접 해보시기 바랍니다. 물론 선행사가 명확히 쓰이면 당연히 관계사일 것입니다.

In 1916, <u>when</u> he was thirty-six years old, Stevens accepted a position at the Hartford Accident and Indemnity Company, <u>where</u> he remained employed as an insurance lawyer until his death.	윌리스 스티븐스는 36세이던 1916년 하트퍼드 재해보험회사에 취직해서, 세상을 떠나는 날까지 이 회사의 보험 담당 변호사로 일했다.

여기에서는 when의 선행사로 in 1916이, where의 선행사로 at the Hartford Accident and Indemnity Company가 있기 때문에 의문의 여지 없이 when과 where는 관계사로 쓰였습니다.

그런데 when은 종속 접속사로도 쓰입니다. 따라서 when으로 시작되는 절은 세 가지 가능성(의문절, 관계절, 종속절)이 있지만, 각 경우마다 문장 내에서 when-절의 구조적 성격이 확연히 다릅니다. 구체적으로 말하면, 의문절은 명사 역할을 하고 관계절도 선행사가 생략된 경우에는 명사로 기능하지만, 종속절은 언제나 부사 역할을 합니다. 이렇게 접근하면 종속 접속사로 쓰인 when을 구분해내기가 그다지 어렵지는 않을 것입니다. 다음 문장은 when이 종속 접속사로 쓰인 경우입니다.

I must behave rather as dogs do <u>when</u> they retire with a bone.	나는 개들이 뼈를 물고 사라질 때처럼 행동해야 한다.

이때의 when이 다음 문장들에서 관계사로 쓰인 when과 어떻게 다른지 살펴보십시오.

My discontents begin at seven, <u>when</u> light fills the room.	빛이 방에 가득 스며드는 7시쯤에는 불안감이 밀려오기 시작한다.
The hours between seven and ten, <u>when</u> I begin to drink, are the worst.	7시와 10시 사이의 시간이 나에게는 최악이며 술을 마시기 시작한다.

이왕 내친김에 다음 문장에서 wh-가 문법적으로 어떻게 쓰였는지 판단해보십시오.

원서, 읽(힌)다

Picking up where he left off the previous evening—he always made sure to stop writing when he knew what would come next, making it easier to begin the next day—Amis would work at his typewriter for a few hours, shooting for his minimum daily requirement of five hundred words, which he usually managed by 12:30. (where – 의문사/관계사, when – 종속 접속사, what – 의문사/관계사, which - 관계사)

전날 저녁에 중단했던 곳을 찾아서– 에이미스는 이튿날 조금이라도 쉽게 시작하기 위해서 다음에 어떻게 써야 할지 분명하게 아는 곳에서 항상 글쓰기를 중단했다–에이미스는 타자기 앞에 앉아 하루에 최소한 500단어를 쓰겠다는 목표를 달성하려고 수시간 동안 계속해서 일했고, 대체로 12시 30분이면 그럭저럭 목표에 이르렀다.

의문사 + to V

'의문사 + to V'도 의문절이므로 명사로 기능하는 것은 똑같습니다. 그런 이유로 'how/wh- + to V'를 목적어로 취한 동사가 반드시 ask, wonder 등이 아니어도 wh-를 의문사로 보고, 그렇게 번역하곤 합니다.

The ritual is not the stretching and weight training I put my body through each morning at the gym; the ritual is the cab. The moment I tell the driver where to go I have completed the ritual.

내 의식은 매일 아침 체육관에서 하는 스트레칭과 웨이트트레이닝이 아니다. 내 의식은 바로 택시이다. 내가 운전자에게 목적지를 말하는 순간, 내 의식은 끝난다.

I had to know how to map the locations of those villages that were important in my fieldwork.
– Noble Savage, Napoleon A. Chagnon

내 현지 조사에서 중요한 역할을 한 마을들의 위치라도 지도에 어떻게 표시해야 하는지를 알아야 했다.
–『고결한 야만인』, 나폴리언 섀그넌 (역사/ 인류학)

It was a very unusual welcome—it seemed as if they didn't quite know what to do with us.
– Noble Savage, Napoleon A. Chagnon

약간은 어색한 분위기가 흘렀다. 그들은 우리를 어떻게 대해야 할지를 모르는 것 같았다.
–『고결한 야만인』, 나폴리언 섀그넌 (역사/ 인류학)

사회심리학자이자 『숨겨진 인격』과 『신뢰의 법칙』의 저자로
도 유명한 데이비드 데스테노(David DeStenos)는 Harvard
Business Review(『하버드 비즈니스 리뷰』)에 기고한 「Who
Can You Trust?」에서 이렇게 썼습니다.

So when deciding <u>whom to trust</u>, you have to consider power differences, including new and temporary ones.	따라서 누구를 믿어야 하는지 결정할 때 당신은 새로운 차이와 일시적 차이를 비롯해 힘의 차이를 고려해야 한다.

여기에서 의문사 whom은 who로 바꾸어 쓸 수 있습니다.

온라인 경영 잡지 Quartz At Work(『쿼츠 앳 워크』)의 기자, 레
아 페슬러(Leah Fessler)는 이렇게 썼습니다.

Can you ever really know <u>who to trust</u> at the office?	직장에서 누구를 믿어야 하는지 아십니까?

물론 여기에서도 who를 whom으로 바꾸어도 아무런 문제가
없습니다.
　그럼 'how/wh- + to V'는 이렇게 정리할 수 있겠습니다.
ask, wonder, decide, know, show, tell, understand 등과 같
은 동사 뒤에 'where/how/what/who/when + to-V'가 쓰이는
구조입니다. 여기에 나열된 wh-에서 why가 빠졌습니다. 그
렇습니다. 문법책에서 why는 이 구조로 사용되지 않습니다.
구체적으로 말하면, why + zero V로 쓰이며 '제안'에 가까운
뜻을 나타냅니다. 20세기 최고의 뮤지션 중 한 명으로 평가
되는 지미 헨드릭스의 노래 중 Why wait until tomorrow?가
있습니다. 이 문장을 부정문으로 만들면 Why not wait until
tomorrow?가 됩니다. 일반적인 to-V의 부정문과 똑같습니다.
여하튼 왜 why만 예외적으로 to가 없는 부정사와 쓰이는지는

확실치 않습니다.

그러면 '관계사 + to V'는 문법적으로 불가능한 것일까요? 그렇지 않습니다. 나폴리언 섀그넌(Napoleon A. Chagnon)의 Noble Savages(『고결한 야만인』)에서 찾아낸 다음 예문들에서 'wh- + to V'는 '관계사 + to V'가 분명합니다. 'wh- + to V'에서 wh-가 의문사인지 관계사인지 구분하는 것은 그다지 어렵지 않습니다. 'wh- + to V'가 동사의 목적어로 쓰이면, 이때의 wh-는 의문사일 수밖에 없습니다. 그래야 'wh- + to V'가 명사적 기능을 하니까요. 한편 'wh- + to V' 앞에 명사가 쓰이는 경우에는 wh-가 관계사입니다. 달리 말하면, 'wh- + to V' 앞의 명사는 wh-의 선행사인 것입니다.

If my house were larger—or if I had made the floor out of cement and the walls from wood—things might have been more tolerable and the children would have had more clean space in which to play.	또 오두막이 좀 더 넓었더라면, 혹은 바닥에 시멘트를 깔고 벽에 나무를 덧댔더라면 생활 조건이 조금이나마 나았을 것이고, 아이들도 한결 깨끗한 공간에서 놀 수 있었을 것이다.
We had my single machete to work with and spent most of the morning cutting logs and collecting lianas with which to lash them together.	그런데 내가 가진 마체테 하나가 전부여서 아침 내내 통나무들을 잘라내고, 그 통나무들을 묶을 덩굴줄기를 모아야 했다.
We had to cut some poles on the nearby bank to make a triangular Yanomamö hut from which to hang our hammocks.	우리는 삼각형 형태를 띤 야노마뫼족 임시 오두막을 세우고 해먹을 설치하기 위해 근처의 강둑에서 나뭇가지들을 꺾었다.

물론 '관계사 + to V'에서 관계사가 which만 가능한 것은 아닙니다. 실비아 C. 엘리스(Sylvia C. Ellis)가 예이츠의 희곡을 연구한 저서 『The Plays of W. B. Yeats』에서 다음과 같은 문장을 찾을 수 있었습니다. 여기에서는 whom + to V가 사용되었습니다.

She, having been freed of her drunken poet-husband Septimus, expresses the need for someone <u>with whom</u> to dance in order to celebrate her new-found liberty and opportunity …

술에 취한 시인 남편 셉티무스로부터 해방된 그녀는 새롭게 얻은 자유와 기회를 축하하기 위해 춤을 함께 출 사람이 필요하다고 말한다.

그런데 '관계사 + to V'는 쓰임새가 '의문사 + to V'와 약간 다릅니다. 관계사인 경우에는 지금까지 언급한 예들에서 보았듯이 항상 전치사가 함께 쓰입니다. 이런 이유에서 문법책들이 '전치사 + 관계사 + to V'에 대해서만 설명하는 듯합니다. 지금까지 제가 접해본 영어 문장에서도 모두 '전치사 + 관계사 + to V'라는 형태만 볼 수 있었습니다. 그 이유는 모르겠습니다. 그래서 언어인지도 모르겠습니다.

참고로 'wh- + to V'에서 wh-가 의문사이든 관계사이든 이 구문은 거의 언제나 의문절과 관계절로 바꾸어 쓸 수 있습니다. 앞의 예들을 이용해 바꾸어보면,

I had to know <u>how to</u> map the locations of those villages …

= I had to know <u>how I should</u> map the locations of those villages …

… the children would have had more clean space <u>in which</u> to play.

= … the children would have had more clean space <u>in which they could</u> play.

여기에서 in which to play는 space를 수식하는 형용사 역할을 합니다. 그런데 우리는 to-V도 명사를 수식하는 형용사 역할을 한다는 것을 알고 있습니다.(▶ to-V, 관계절) 그렇다면 위의 문장은 이렇게도 바꾸어 쓸 수 있을 겁니다.

원서, 읽(힌)다

$=$ ... the children would have had more clean <u>space to play in</u>.

wh- 의문사로 시작하지 않는 간접 의문문

원래의 의문문이 이른바 Yes/No 의문문인 경우에는 간접 의
문문의 문두에 의문사 대신 whether나 if가 사용됩니다.

Tell me what time you eat, and <u>whether</u> you take a nap afterward.	당신이 언제 식사를 하는지, 또 식사 후에는 꼬박꼬박 낮잠을 자는지 말해보시오.
Altogether I have so much to do that often I do not know <u>whether</u> I am on my head or my heels.	할 일이 너무 많아 정신을 차릴 수 없다.
As for the popular conception that Faulkner drank while writing, it's unclear <u>whether</u> this is true.	포크너가 집필하는 동안에도 술을 마셨다는 항간의 소문은 사실인지 아닌지 확실하지 않다.
Asked <u>if</u> he writes during the day or at night, Grass seemed to shudder at the latter notion.	낮에 글을 쓰느냐 밤에 글을 쓰느냐는 질문에 그라스는 야간작업에 진절머리가 난다는 듯 대답했다.
This is the one way to know <u>if</u> you will paint today, <u>if</u> the progress into the painting's mystery will be intense.	오늘 그림을 그려야 할지, 또 미스터리한 그림의 세계로 강렬하게 빠져들 수 있을지를 판단하는 한 방법이 이것이다.
<u>If</u> he kept to a certain routine, perhaps he would never be tired. (조건절)	그가 어떤 일정한 습관을 따른다면 결코 피로감을 느끼지 않을 것만 같았다.

물론 whether나 if로 시작되는 간접 의문문도 명사 역할을 하는 명사절입니다. 따라서 if-조건절이나 whether로 시작되는 양보 부사절과 구분할 수 있어야 하고, 그 구분은 그다지 어렵지 않습니다. 부사와 명사를 구분하는 것과 다를 바가 없기 때문입니다.

Whether or not he was working, Twain smoked cigars constantly. (양보의 부사절)	트웨인은 일을 할 때나 그렇지 않을 때나 입에서 시가를 떼어놓지 않았다.

Yes/No 의문문이 간접 의문문으로 사용되어 문장 전체에서 명사로 기능할 때 if보다 whether를 쓰는 것을 더 선호하는 듯 합니다. 특히 전치사의 목적어로 사용될 때는 반드시 whether 가 사용됩니다.

… I cannot rely on being able to compose in the evening owing to the concerts which are taking place and also to the uncertainty as to whether I may not be summoned now here and now there ….	… 이처럼 저녁에는 연주회 때문에, 또 언제 어디로 불려갈지 확실하지 않기 때문에 거의 작곡할 틈이 없다.
… she avoids the question of whether or not she feels like going to the gym.	그녀는 체육관에 갈까 말까 망설이는 마음을 차단한다.

게다가 '의문사 + to V'를 대신하는 경우에도 whether to V만 이 사용되고 if는 허용되지 않습니다.

Did you pause this morning to decide whether to tie your left or right shoe first?	당신은 오늘 아침에 왼쪽 구두끈부터 묶을지 오른쪽 구두끈부터 묶을지 결정하려고 잠시 멈칫했는가?
She didn't have to think about whether to take another card or double her bet. – Power of Habit, Charles Duhigg	그녀는 다른 카드로 바꿀 건지 베팅을 두 배로 올릴 건지 생각할 필요가 없었다. –『습관의 힘』, 찰스 두히그 (자기 관리/심리)

원서, 읽(힌)다

의문절과 감탄절의 구분

문장 끝에 마침표 대신 느낌표를 사용하면 감탄문입니다. 미국 화가 와이어스(N. C. Wyeth)는 그림을 그릴 때가 가장 행복했다며 이렇게 말했습니다.

"It's the hardest work in the world to try not to work!"	"주변 상황 때문에 일을 할 수 없는 게 세상에서 가장 힘든 일이다!"

또 빈센트 반 고흐도 동생 테오에게 보낸 편지에서 다음과 같이 말했습니다.

"Our days pass in working, working all the time, in the evening we are dead beat and go off to the café, and after that, early to bed! Such is our life."	"우리는 작업하며 하루하루를 보낸다. 종일 작업해서, 저녁이면 둘 모두가 피로에 짓눌려 카페에 간다. 그리고 일찌감치 꿈나라에 떨어진다! 우리는 그렇게 하루하루를 보낸다."

물론 의문사로 시작되는 문장도 물음표 대신 느낌표가 사용되면 감탄문이 됩니다.

Who can unravel the essence, the stamp of the artistic temperament! Who can grasp the deep, instinctual fusion of discipline and dissipation on which it rests! —Thomas Mann, Death in Venice	누가 예술가적 기질의 흔적인 본질을 풀어낼 수 있겠는가! 누가 그 본질의 근거인 규율과 무절제의 무의식적이고 직관적인 융합을 이해할 수 있겠는가! —『베네치아에서의 죽음』, 토마스 만 (소설)

그러면 문장이 감탄문이라는 것을 나타내는 표지는 없는 것일까요? 다행히 있습니다.

첫째로, 'what a/an + (형용사) + 가산 명사' 또는 'what + 불가산 명사' 구문이 쓰이면 무조건 감탄문입니다.

둘째로, 'how + 형용사/부사 ...' 구문은 감탄문이 될 수도 있고 의문문이 될 수도 있습니다.

"What a joy to be in my own home!"	"내 집에 있는 게 이렇게 즐거운 줄 몰랐습니다!"
"What a bliss to know that no one will come to interfere with my work, my reading, my walks!"	제가 작업하고 책을 읽으며 산책하는 걸 누구도 방해하지 않아 행복할 따름입니다.
Jung wrote "… There is no running water, I pump the water from the well. I chop the wood and cook the food. These simple acts make man simple; and how difficult it is to be simple!"	융은 이렇게 말했다. "… 수돗물도 없다. 우물에서 물을 길어 온다. 장작을 패서 먹을 것을 조리한다. 이런 단순한 행동들이 인간을 단순하게 만든다. 하지만 단순하기가 어마어마하게 어렵다!"

여기에서는 느낌표 때문에 how difficult가 감탄문으로 쓰였다는 것을 쉽게 알 수 있습니다.

물론 감탄문, 특히 'how + 형용사/부사 ...' 형태의 감탄문은 문장의 일부가 될 수 있습니다. 이때의 감탄문은 의문사로 시작되는 간접 의문문처럼 문장 내에서 명사로 기능합니다.

In his youth, he was called 'the flash,' which still describes not only his working habits, but how quickly he finds a parking space.	그래서 젊은 시절에는 '번개'라는 별명으로 불렸다. 이 별명은 지금도 그의 작업 습관을 뜻하지만, 주차 공간을 찾아내는 솜씨에도 걸맞은 별명이다.

위의 예문에서 감탄문 how quickly he finds a parking space는 동사 describes의 목적어로 쓰였습니다. 여기에서도 how quickly는 맥락상 감탄문을 이끄는 'how + 부사'인 것이 분명

합니다.

그럼 'how + 형용사/부사 ...'가 의문절로 사용된 경우가 정말 있을까 궁금해집니다. 우리가 영어를 처음 배울 때 공부한 '수량'에 대한 질문을 생각하면, 그러한 궁금증이 깨끗이 사라집니다.

How old are you?	I am	twenty years	old.
How deep is the lake?	It is	one hundred foot	deep.
How tall is this building?	It is	three hundreds meters	tall.
How wide is the river?	It is	about one kilometer	wide.

질문과 응답에서 보듯이, 측정된 수량을 how라는 부사가 대신하고 있습니다. 또한 다음 예에서 볼 수 있듯이 'how + 형용사 ...'와 'how + 부사 ...'는 맥락상으로도 간접 의문절로 해석하는 편이 더 나은 경우도 많습니다.

No one knows exactly how many gods existed in the Mesopotamian pantheon.
– God, Reza Aslan

메소포타미아 만신전에 얼마나 많은 신이 존재했는지는 누구도 정확히 모른다.
－『인간화된 신』, 레자 아슬란 (인문/교양)

What Tiger and Fox—and a small but growing number of scientific anthropologists—were interested in was the question of how precisely evolution by natural selection affected Homo sapiens socially, behaviorally, and psychologically.
– Noble Savages, Napoleon A. Chagnon

타이거와 폭스 및 소수였지만 점점 세력을 키워가던 과학적 인류학자들은 자연선택에 의한 진화가 호모 사피엔스에게 사회적 삶과 행동에서, 또 심리적으로 얼마나 정확하게 영향을 미쳤는가에 관심을 가졌다.
－『고결한 야만인』, 나폴리언 섀그넌 (인류학)

이제 의문절에 대한 문법 이야기를 마무리하겠습니다. 번역을 공부하는 학생들이 가장 흔히 하는 실수가 바로 'how + 형용사/부사 ...'에 대한 번역입니다. 느낌표가 따로 쓰이지 않은 경우에 거의 언제나 기계적으로 '얼마나 ~한/~하게 ...'식의 간접 의문절로 번역하곤 합니다. 그러나 실제로는 맥락상 감탄문으로 번역해야 할 경우가 적지 않습니다. 밑줄 친 부분이 의문절과 감탄절 중에서 어느 쪽에 더 적합한지 직접 판단해보십시오. 정답은 번역을 통해 충분히 짐작하실 수 있을 겁니다.

The position of these Muslim theologians not only proves just how durable our innate evolutionary impulse to humanize the divine can be; it also lays bare the paradox at the very heart of the Islamic definition of God.
– God, Reza Aslan

… 이런 무슬림 신학자들은 신적인 존재를 인간화하려는 인간의 생득적인 충동이 진화적으로 무척 영속적이라는 걸 입증하는 동시에, 신에 대한 이슬람교의 정의에 모순이 있다는 것까지 명확히 드러낸다.
–『인간화된 신』, 레자 아슬란 (종교)

The frequency of certain animal depictions often contrasted sharply with the availability of those animals as well as how often they are found among excavated food debris.
– God, Reza Aslan

특정한 짐승이 묘사되는 빈도는 그 짐승의 유용성이나, 발굴된 식량의 잔해에서 그 짐승이 발견될 가능성과 현저히 대비된다.
–『인간화된 신』, 레자 아슬란 (종교)

And yet the popular awareness of smallpox eradication pales beside that of achievements like the moon landing, despite the fact that eliminating this ancient scourge had a far more meaningful impact on human life than anything that came out of the space race. Just think of how many films and television series have celebrated the heroic, daring of astronauts, and how few have chronicled the far more urgent—but equally daring—battle against lethal microbes.
– Steven Johnson, Extra Life

하지만 그 오래된 천형의 근절이 우주 개발 경쟁에서 얻은 어떤 성과보다 인류의 삶에는 훨씬 유의미한 영향을 미쳤지만, 달 착륙에 대한 대중의 인식에 비교하면 천연두 근절에 대한 대중의 관심은 미미할 뿐이다. 우주 비행사들의 대담하고 영웅적인 행동을 찬양하는 영화와 텔레비전 시리즈는 어마어마하게 많지만, 훨씬 더 화급하고 그에 못지않게 위험한 전쟁, 즉 치명적인 병원균과의 전쟁을 추적한 영화와 텔레비전 프로그램은 극소수에 불과하다는 걸 생각해보면 된다.
–『우리는 어떻게 지금까지 살아남았을까』, 스티븐 존슨 (인문/에세이)

원서, 읽(힌)다

Henry Wallace's testimony had revealed <u>how powerless</u> the FDA really was when it came to regulating pharmaceutical reform. Outraged citizens pressed for reform, and in 1938, Franklin Roosevelt signed the Food, Drug, and Cosmetic Act into law.

– Steven Johnson, Extra Life

헨리 월리스의 증언에서, 제약계의 개혁을 끌어가는 힘에서 FDA가 무력하기 이를 데 없다는 게 드러났다. 분노한 시민들이 개혁을 강력히 요구했고, 마침내 1938년 프랭클린 루스벨트 대통령이 '식품, 의약품 및 화장품법'을 승인했다.

–『우리는 어떻게 지금까지 살아남았을까』, 스티븐 존슨 (인문/에세이)

의문절

등위접속

원서, 읽(힌)다

등위 접속사는 문법적으로 동등한 두 요소를 연결하는 단어입니다. 구체적으로 말하면, 등위 접속사는 동사와 동사, 명사와 명사, 형용사와 형용사, 독립절과 독립절 등 문법적으로 동등한 어구들을 연결할 수 있습니다. 그럼 등위 접속사에는 어떤 것이 있을까요? 혹시 '팬보이스'(FANBOYS)라는 말을 들어본 적이 있습니까? 각 등위 접속사의 머리글자를 따서 만들어낸 약어입니다.

FANBOYS : For And Nor But Or Yet So

이에 대해 하나씩 어떻게 쓰이지를 살펴보고, 최종적으로는 등위 접속되는 양쪽 구문이 문법적으로 동등하되 어떤 조건을 갖추어야 하는지를 알아보도록 하겠습니다. 여기에서 인용되는 예문은 별도의 표기가 없으면 『파이 이야기』로 부커상을 받은 캐나다 작가, 얀 마텔(Yann Martel)이 캐나다 수상에게 격주로 책을 추천하며 보낸 편지를 묶은 101 Letters to a Prime Minister(『각하, 문학을 읽으십시오』)에서 발췌한 것입니다.

대표적인 등위 접속사 and, or, but

① 등위 접속사 and

and는 영어에서 가장 흔히 쓰이는 등위 접속사입니다. 그래서인지 동등한 두 어구를 연결하면서도 단순히 '그리고'라는 뜻만 있는 것이 아닙니다. 여기에서도 우리는 '등위 접속'이 통사적 개념이지 의미론적 개념이 아니라는 것을 확인할 수 있습니다. 여하튼 '그리고'라는 뜻으로 쓰인 and부터 살펴봅시다.

Politely and unfailingly, I did this every two weeks from April 16, 2007 to February 28, 2011; a total of 101 letters accompanying the gift of slightly more than 101 books. (부사와 부사)

나는 2007년 4월 16일부터 2011년 2월 28일까지 격주로 어김없이, 그리고 정중하게, 총 101통의 편지와 101권이 조금 넘는 책을 선물로 보냈다.

Is asking Stephen Harper to account for his reading habits irrelevant? Worse: is it improper and dishonourable, attacking the private man rather than his public policies? (형용사와 형용사)

스티븐 하퍼에게 독서 습관에 대해 알려 달라고 요구하는 것이 잘못된 것일까? 더구나 그의 공공정책보다 개인적 인격에 대한 공격은 부적절하고 부도덕한 짓일까?

But once someone has power over me, then, yes, their reading does matter to me, because in what they choose to read will be found what they think and what they might do. (의문절과 의문절)

그러나 어떤 사람이 나를 지배하는 위치에 있게 되면, 그들이 어떤 책을 읽는지가 나에게는 무척 중요해진다. 그들이 선택한 책을 근거로 그들의 생각과 행동을 짐작할 수 있기 때문이다.

After all, a story set in Lorain, Ohio, in the early 1940s, mostly told from the point of view of children; a cast of characters who are poor and whose blackness makes them not just a skin colour removed from you and me but a world removed; a perspective that is innately feminist— there is much in this story that starts where you and I have never been. (관계절과 관계절, 목적어 인칭 대명사와 목적어 인칭 대명사, 주격 인칭 대명사와 주격 인칭 대명사)

1940년대 초 오하이오 로레인이 무대이고, 대부분이 어린아이들의 관점에서 쓰였으니까 그렇게 생각하실 만도 합니다. 게다가 수상님과 저만이 아니라 버림받은 세상에서도 배척받은 가난한 흑인인 등장인물들, 본질적으로 페미니스트적인 관점까지, 이 소설에는 수상님과 저와는 출발점부터 다른 부분들이 많습니다.

Like most self-employed workers, I'm willing to work on weekends and during holidays because if I don't do the job, no one will do it for me. (전치사구와 전치사구)

대부분의 자영업자가 그렇듯이, 저도 주말과 국경일이라고 특별히 쉬지 않습니다. 제가 일을 하지 않으면 누구도 그 일을 대신 해주지는 않으니까요.

원서, 읽(힌)다

A word about audiobooks. Have you ever listened to one? I went on a road trip to the Yukon a few years ago and brought some along to give them a try. (동사구와 동사구)

오디오북에 대해서 잠깐 말씀드리고 싶습니다. 혹시 오디오북을 들은 적이 있으십니까? 저는 수년 전에 유콘강까지 장거리 자동차 여행을 한 적이 있고, 여행하는 길에 들어보려고 오디오북 몇 권을 가져갔습니다.

and로 등위 접속될 수 있는 모든 가능성을 예로 들지는 않았지만, 등위 접속되는 두 요소는 문법적으로 동등한 기능을 해야 한다는 원칙을 충실히 지킨 예들입니다. 여기에서 같은 품사가 아니라 '문법적으로 동등한 기능'이라는 표현에 주목해야 합니다. 이런 너그러운 규정 덕분에 다음과 같은 등위 접속이 가능합니다.

A long, official silence of nearly two years followed. Then, unexpectedly and in a jumbled order, I received a quick series of four responses.

그 후로 거의 2년 동안 공식적인 긴 침묵이 뒤따랐다. 그리고 느닷없이 뒤죽박죽인 순서로 네 통의 답장을 연이어 받았다.

여기에서 등위 접속된 두 요소는 부사와 전치사구입니다. 물론 이때 전치사구는 부사적 기능을 합니다. 따라서 unexpectedly 와 in a jumbled order는 등위 접속될 수 있습니다.

이 책을 읽는 독자라면 누구나 알겠지만, 나열되는 것이 셋 이상일 때, 특별히 나열을 강조할 경우가 아니라면, 마지막에 언급되는 것 앞에만 and를 붙입니다.

By virtue of good writing, fine dark humour, rich characterization and compelling narrative, her stories sift through life without reducing it.

좋은 글쓰기, 섬세한 풍자, 등장인물에 대한 정교한 성격 묘사, 흥미진진하게 전개되는 서술 방식을 통하여 그녀의 단편소설들은 삶을 축소하기는커녕 삶을 치밀하게 추적합니다.

등위 접속

I'm back and you're still there. So let's resume this lopsided duet where I read, think, write and mail, and you say and do nothing.

저는 긴 여행에서 무사히 돌아왔습니다. 수상님은 여전히 그 자리에서 건재하시군요. 저는 열심히 읽고 생각한 끝에서 편지를 쓰고 우편물을 부치지만 수상님은 아무런 대꾸도 하지 않고 반응도 않는 일방적인 짝사랑을 다시 시작해볼까요.

첫 번째 and는 동사의 나열을 종결하는 등위 접속사이고, 두 번째 and는 I read, think, write and mail과 you say and do nothing을 등위 접속하는 것이며, 세 번째 and는 say와 do를 등위 접속하고 있습니다.

하지만 앞에서 언급했듯이, 셋 이상이 나열된다고 해서 항상 마지막 것의 앞에만 and가 쓰이는 것은 아닙니다. 나열되는 것을 강조하고 싶을 때는 다음과 같이 굳이 and를 생략하지 않습니다.

The story is about Wilbur the pig and Fern, an eight-year-old girl, and their animal friends, Templeton the rat, a goose, a sheep and, above all, Charlotte the spider.

윌버라는 돼지와 여덟 살 난 계집아이 펀 및 다른 동물 친구들—템플턴이란 쥐, 거위, 양, 무엇보다 샬럿이란 거미—에 대한 이야기입니다.

번역을 참조하면 and가 어떻게 접속된 것인지 파악할 수 있을 것입니다. 이처럼 and의 쓰임새를 잘 파악해야 정확한 번역이 가능합니다. 아래의 예에서 and가 어떻게 등위 접속되는지 생각해보십시오.

You will find that the characters—Claudia, Frieda, Pecola—are not so unfamiliar, because you were once a child yourself, and you will find that the cruelty, the racism, the inequality are not so alien either, because we've all experienced the nastiness of the human heart, either in being the one lashed or the one lashing out.

수상님도 한때는 어린아이였기 때문에 등장인물들—클라우디아, 프리다, 피콜라—이 그다지 낯설지 않을 것이고, 우리 모두가 배척하는 쪽이든 배척받는 쪽이든 잔혹한 인간성을 경험해보았기 때문에 잔혹 행위와 인종차별 및 불평등한 현상도 그다지 생경하게 느껴지지 않을 것입니다.

and나 or 앞에 사용되는 쉼표가 문체론적 선택이라면, 위의 예에서 and 앞의 쉼표가 적절한 듯합니다. 쉼표로 '주절 + because-절'과 '주절 + because-절'의 등위 접속이 더욱 확실히 드러나기 때문입니다. 달리 말하면 and 앞의 쉼표 덕분에, you were once a child yourself와 you will find that the cruelty ...가 등위 접속된다고 생각할 여지가 없어지는 것입니다.

그런데 and가 시간적으로 전후 관계에 있는 사건들을 연결하는 경우가 있습니다.

이때의 and는 의미상 then에 가깝겠지만, 엄격히 따지고 보면 then도 '그리고'라는 폭넓은 의미의 일부입니다. 가장 명백한 예부터 봅시다. 어떤 저자의 거주지를 소개한 문장입니다.

She was born in Romania and now lives in Berlin.

그녀는 루마니아에서 태어났고, 지금은 베를린에서 살고 있다.

여기에서 She는 2009년에 노벨 문학상을 받은 헤르타 뮐러(Herta Müller)입니다. and는 시간의 전후 관계를 나타낸다고 했으므로 '그 후에'(then)라는 뜻이 됩니다. 하지만 이때 and를 '그리고'로 번역하더라도 별 문제는 없습니다. 그만큼 '그리고'의 의미 폭이 넓다는 것입니다. 이 전후 관계는 다음의 예에서 더욱 확연히 드러납니다.

등위 접속   325

The novel I'm sending you today was published in French in Montreal in 2007 and received the Governor General's Literary Award for translation to English in 2009.

제가 오늘 수상님께 보내는 소설은 2007년 몬트리올에서 프랑스어로 출간되었고, 2009년 영어로 번역되어 캐나다 총독 문학상을 받은 작품입니다.

and가 then의 뜻으로 쓰이며 시간의 전후 관계를 나타낸다면, 이때의 and로 연결되는 구절은 '동사구와 동사구'이거나 '문장과 문장'일 것이라고 생각하는 게 당연합니다. 시간은 동사로 표현되니까요. 맞습니다.

하지만 경험적으로 확인한 바에 따르면, 좋은 저자는 and로 다른 품사를 연결할 때에도 시간의 전후를 고려합니다.

Besides The Cellist of Sarajevo, he has written the novels Finnie Walsh and Ascension.

『사라예보의 첼리스트』 이외에 『피니 월시』와 『상승』을 썼다.

여기에서 he는 우리나라에서도 두 권의 소설이 번역된 스티븐 갤러웨이(Steven Galloway)입니다. 『사라예보의 첼리스트』를 따로 떼어놓아 강조한 것을 보면 아마도 글쓴이가 생각하는 갤러웨이의 대표작이거나 가장 최근에 발표해 상대적으로 많은 독자가 기억하는 소설이겠지만, 『피니 월시』와 『상승』은 차례로 나열했습니다. 둘 중 어느 것이 먼저 발표된 소설일까요? 앞에서 언급했듯이, 이 문장을 쓴 저자는 부커상을 수상한 얀 마텔입니다. 마텔의 신중함을 감안하면, 『피니 월시』가 『상승』보다 먼저 발표되었을 것이라 추정할 수 있고, 실제로도 그렇습니다. 그렇다면 명사의 나열에서도 '시간의 순서'가 고려될 수 있다고 보아야 할 것이고, 이러한 원칙이 다른 품사에도 확대될 수 있는지 따져보는 것도 흥미로울 것입니다.

원서, 읽(힌)다

조건법을 다룬 곳에서 and가 문장을 연결하며 조건의 뜻을 갖는다고 말했습니다. 이에 대해서는 그 부분을 참조해주십시오.(▶ 조건법)

② 등위 접속사 or

or는 다양한 가능성을 제시하며 대안이나 선택을 요구할 때 사용되는 등위 접속사이며, 쓰임새는 and와 다를 바가 없습니다. 일단 대표적인 예문을 살펴보겠습니다.

It is for her to choose whether to take hold of the shuttle again and focus on her weaving, or turn to the boy. (동사구와 동사구)	베틀을 다시 잡고 베 짜기에 열중하느냐, 아니면 소년에게 눈길을 돌리느냐는 전적으로 소녀의 선택에 달려 있습니다.
"Art is heart." My uncle Vince, a photographer, said that once. What he meant is that expression that is not rooted in emotion, or that does not evoke emotion, is not art. (관계절과 관계절)	"예술은 마음이다." 사진작가인 제 삼촌 빈스가 언젠가 그렇게 말했습니다. 감정에 뿌리를 두지 않은 표현, 혹은 감정을 불러일으키지 않는 표현은 예술이 아니라는 뜻이었습니다.
Yesterday was the Ides of March, and so Julius Caesar, by William Shakespeare. There is nothing sacred in or about Shakespeare. (전치사와 전치사)	어제가 로마력으로 3월 15일이었습니다. 그래서 셰익스피어의 『줄리어스 시저』를 준비했습니다. 셰익스피어에 신성한 것이 있는 것은 아닙니다.
You are totally free. You can read slowly or quickly, you can reread a section or skip it. (부사와 부사, 동사구와 동사구)	당신은 철저하게 자유롭습니다. 천천히 읽을 수도 있고 빨리 읽을 수도 있습니다. 읽었던 부분을 또 읽어도 상관없고, 어떤 부분은 건너뛰어도 괜찮습니다.

등위 접속   **327**

You can let yourself be engrossed by what you are reading, or you can let your mind wander. You can be a receptive reader, or, if you want, an obstreperous one. (문장과 문장, 명사구와 명사구)

수상님이 읽는 것에 완전히 몰두할 수도 있고, 정신을 딴 데 팔 수도 있습니다. 책의 내용에 공감하며 적극적으로 받아들일 수도 있고, 원하시면 반박하는 까다로운 독자가 될 수도 있습니다.

and와 마찬가지로, or로 등위 접속될 수 있는 모든 가능성을 예로 들자면 지면이 부족할 겁니다. 여하튼 or는 등위 접속사로 문법적으로 동등한 어구들을 연결하는 것은 분명합니다. 아래의 예에서 첫 번째 or는 목적격 인칭 대명사와 명사를 연결하고 있습니다. 엄밀히 따져보면, 대명사와 명사로 품사가 다르지만 대명사도 명사의 일부이기 때문에 궁극적으로 문법적 기능은 같습니다. 마지막 문장에서 or는 세 개의 의문절을 나열하고 있습니다. or도 셋 이상이 나열되면 마지막 것의 앞에만 넣어줘도 상관없지만, 나열되는 하나하나를 강조하고 싶다면 or를 생략할 필요가 없습니다.

Stephen Harper hasn't breathed a word about his reading habits either to me or to any journalist who has asked. What he reads now, or if he reads at all, or what he's read in the past, remains a mystery.

스티븐 하퍼는 자신의 독서 습관에 대해서 나에게는 물론이고, 어떤 기자에게도 말한 적이 없었다. 수상이 지금 무슨 책을 읽는지, 여하튼 책을 읽기는 하는지, 또 과거에는 어떤 책을 읽었는지는 여전히 미스터리이다.

여기에서 나열된 의문절도 흥미롭습니다. 둘은 wh- 의문절이고 하나는 yes-no 의문절입니다. 성격은 다르지만 문법적 기능은 같습니다. 여하튼 모두가 주어 역할을 하는 명사절로 '문법적으로 동등한 구절'입니다. 따라서 등위 접속사로 연결될 수 있습니다.

원서, 읽(힌)다

or가 셋 이상을 연결하며 생략되지 않는 다른 예를 들어보
겠습니다. 신중히 읽어보면 or가 연속으로 쓰인 이유를 충분
히 짐작할 수 있을 겁니다.

Independent bookstores are a vanishing breed, especially in North America. The ones who suffer the most from this disappearance are not necessarily readers, but neighbour-hoods. After all, a large Chapters or Indigo or Barnes & Noble will hold more books than any reader could possibly read in a lifetime.	독립 서점들은 이제 사라져가고 있습니다. 특히 북아메리카에서 두드러진 현상입니다. 동네 서점이 사라져서 가장 힘든 사람은 반드시 독자라고 할 수 없습니다. 오히려 그 동네 사람들입니다. 여하튼 대형 서점인 챕터스나 인디고, 반즈앤노블에는 어떤 독자라도 평생 읽을 수 있는 책보다 많은 책이 진열되어 있으니까요.

or 앞에 쓰이는 쉼표도 문체론적 선택입니다. 아래의 두 예문
에서는 쉼표가 or의 연결 관계를 구분짓는 역할을 하며 독자
에게 도움을 줍니다. 물론 쉼표가 쓰이지 않더라도, 등위 접속
사가 문법적 기능이 같은 구절을 연결한다는 원칙을 적용하면
어떻게든 정확한 번역이 가능하기는 합니다.

The novel is resolutely, unflinchingly secular. There is no redemption or grace in Roth's novel, or none that overcomes the dread of death. The ending is grim and it comes grim-ly.	이 소설은 철저히 세속적입니다. 로스의 소설에는 구원이나 은총이 없습니다. 죽음의 두려움을 이겨내는 것이 하나도 없습니다. 결말이 암울하고, 죽음이 음산하게 다가옵니다.
Clearly, some writers paid a greater price for their writings, being forced either into exile, like Solzhenitsyn or Brodsky, or, worse, into jail in the Soviet Union.	물론 자신이 쓴 글 때문에 상대적으로 호된 대가를 치러야 했던 작가들이 있었습니다. 솔제니친이나 브로드스키처럼 강제로 추방당한 작가들이 있었고, 더 심하게는 소련의 감옥에 투옥된 작가들도 있었습니다.

끝으로, 등위 접속사 or에 대해 덧붙이고 싶은 것은 '즉, 다시 말하면'이라는 뜻으로 번역되는 경우입니다. 사전에서는 동격 어구를 연결하는 or로 정의하지만, 문법적 기능이 동등한 어구들을 연결하는 것은 같습니다. 따라서 or 뒤에 연결되는 어구가 동격인지 아닌지를 판단하려면 정확한 문장 구조 파악이 필요합니다. 아래의 예에서는 more than이 동격을 나타내는 단서라고 생각하면 될 겁니다.

By the middle of July 2021, the country with the highest toll (leaving aside city-states and micro-states) was Hungary with more than 3,000/million, or more than 0.3% of the entire population, deceased.
– Number Don't Lie, Vaclav Smil

2021년 7월 중순까지, 도시 국가와 초소형 국가를 제외할 때 100만 명당 사망자 수가 가장 많은 국가는 헝가리로 3,000명을 넘었습니다. 달리 말하면, 전체 인구의 0.3퍼센트 이상이 팬데믹으로 사망했다는 뜻입니다.
– 『숫자는 어떻게 진실을 말하는가』, 바츨라프 스밀 (과학/인문/통계)

③ 등위 접속사 but과 yet

but도 앞뒤로 문법적으로 동등한 다양한 어구가 올 수 있다는 점에서 and/or와 같은 범주에 속하는 등위 접속사라 할 수 있습니다. 그런데 우리가 흔히 부사로 알고 있는 yet이 등위 접속사로 쓰일 때에는 but과 같은 뜻을 갖습니다. 등위 접속사로 쓰인 yet과 부사로 쓰인 yet을 어떻게 구분하느냐고요? 등위 접속사와 부사의 정의를 잘 생각해보면 그 답을 알 수 있습니다.

You remember how I recommended Gerasim to you, from The Death of Ivan Ilych. Well, in this book, we have Gerasim's equally domestic but petty antithesis: Mr. Wurtle. (형용사와 형용사)

수상님도 기억하시겠지만 저는 『이반 일리치의 죽음』에서 게라심을 수상님께 추천했습니다. 이 소설에도 게라심처럼 집사 역할을 하지만 옹졸하다는 점에서 대조적인 인물, 워틀 씨가 등장합니다.

And that is the lesson that Arjuna receives from Krishna, who is Arjuna's charioteer and friend but who also happens to be the Lord Supreme God of All Things. (관계절과 관계절)

그 교훈은 아르주나가 크리슈나에게 배운 교훈입니다. 크리슈나는 아르주나의 마부이며 친구이지만 만물의 최고신이기도 합니다.

I was in Bath recently, where Jane Austen lived for a few years. She was miserable while there, but it's a lovely town nonetheless. (문장과 문장)

저는 얼마 전에 배스에 다녀왔습니다. 제인 오스틴이 수년을 보냈던 곳입니다. 오스틴은 그곳에서 힘들게 지냈지만, 그곳은 아름다운 소도시이더군요.

Stillness is not the same thing as tranquility. You might have noticed that a few weeks ago with Julius Caesar. There's hardly any peace and tranquility in that play, yet it is thought-provoking nonetheless, isn't it? (문장과 문장)

정적감은 평온함과 같은 것이 아닙니다. 둘의 차이를 수상님도 수주 전에 읽은 『줄리어스 시저』에서 느끼셨을 겁니다. 그 연극에는 평화로움이나 평온함이 거의 없습니다. 그렇지만 수상님께 많은 생각을 불러일으키지 않았습니까?

Mr. Ignatieff is a passionate yet subtle defender of liberal democracies and he finds that generally the tools they already have at their disposal will do in times of terrorist threat. (형용사와 형용사)

이그나티에프 씨는 자유민주주의를 열정적이지만 영리하게 옹호하는 사람입니다. 그분의 판단에 따르면, 자유민주주의라는 언제든지 사용할 수 있는 도구들은 테러리스트들의 위협이 만연된 시대에도 여전히 유효합니다.

물론 위의 예들은 but이나 yet으로 등위 접속할 수 있는 모든 가능성을 망라한 것은 아닙니다. 이론적으로 따지면 but과 yet은 다를 것이 없어야 합니다. but이 모든 어구를 등위 접속할 수 있듯이, yet도 그래야 마땅하지만, 이상하게도 제가 지금껏 여러 책을 번역하며 확인한 바로는, yet은 독립절과 독립절, 형용사와 형용사를 등위 접속할 뿐이었습니다. 물론 제가 간과했을 수도 있지만, 다른 경우는 볼 수 없었습니다. 따라서 이런 제한된 사용을 염두에 두면, 다음과 같은 문장의 번역이 한결 쉬워질 것입니다.

When I first read it, back in the eighties, I found it hard to believe he[= John Steffler] was really pulling it off, making a book so various, with such diverse parts, yet working as an organic whole.	1980년대로 기억합니다만 제가 그 책을 처음 읽었을 때는 스테플러가 이런 책을 써냈다는 게 믿기지 않았습니다. 요컨대 한 권의 책을 그렇게 다양한 부분들로 구성하지만 하나의 유기적인 조직으로 기능하게 만들어냈다는 걸 믿기 힘들었습니다.

얼핏 보면, working의 형태 때문에 앞의 making ...과 등위 접속된 것이라 추측할 수도 있습니다. 그러나 yet이 동사구를 등위 접속하는 경우가 없다는 것을 고려해 그런 가능성을 배제하게 되면, 'make - 명사 - 형용사 yet 형용사'로 파악하게 됩니다.

but과 yet은 앞뒤로 뜻이 대조되는 어구가 놓입니다. 양쪽에 나열되는 어구의 형태보다 '기능'이 더 중요한 듯합니다.

원서, 읽(힌)다

Many of the nations that have spent the most time tinkering with industrial capitalism— France, Netherlands, Germany—with all its promise and its peril, have seemingly settled on a model of democratic socialism, promarket but with a strong safety net and universal health care.
– Extra Life, Steven Johnson

프랑스와 네덜란드와 독일 등 성공과 실패의 가능성을 무릅쓰고 산업 자본주의를 만들어가는 데 대부분의 시간을 보낸 많은 국가는 민주 사회주의 모델, 즉 시장 친화적이지만 강력한 안전망과 보편적 보건 의료를 갖춘 모델을 완성해냈다.
–『우리는 어떻게 지금까지 살아남았을까』, 스티븐 존슨 (인문/교양)

promarket은 형용사이고, with a strong safety net and universal health care는 전치사구입니다. 그런데 등위 접속되었습니다. 어떻게 이런 접속이 가능할까요? with a strong safety net and universal health care가 a model of democratic socialism이라는 명사구를 수식하는 '형용사 역할'을 하기 때문입니다. 이미 아시겠지만, 전치사구는 두 가지 기능을 합니다. 아래의 두 예에서 확인되듯이, 동사를 수식하는 전치사구는 부사 기능을 하지만, 명사를 수식하는 전치사구는 형용사 기능을 합니다.

Western philosophy started with the Greeks. (동사 수식)

서구 철학은 그리스에서 시작되었다.

Sweet Home Chicago is a long short story with many flaws. (명사 수식)

『다정한 고향 시카고』는 많은 결함이 있는 긴 단편소설이다.

다음 예문은 생략과 등위 접속 중 어느 것이 적용된 것일까요?

Jean Chrétien, Prime Minister of Canada, said he found writing a book hard work. He was referring to his memoir Straight from the Heart. Writing a book is hard work, I said, but well worth the effort.

장 크레티앵 캐나다 수상은 책을 쓰는 게 얼마나 어려운 일인지 안다고 말하며, 자신의 회고록『진실로 정직하게』를 언급했습니다. 저도 책을 쓰는 게 어려운 일이지만 노력할 만큼의 보람이 있다고 대답했습니다.

but이 등위 접속사라면, Writing a book is hard work, I said, but well worth the effort.가 문법적으로 옳은 이유가 설명될 수 있을까요? I said는 삽입된 구문이므로 무시한다면, 겉으로 보면 but은 hard work와 well worth the effort를 등위 접속하고 있습니다. 앞에서 규정한 등위 접속사의 원칙에 어긋나는 듯합니다. 이 문장은 Writing a book is hard work, I said, but (it is) well worth the effort.로 설명됩니다. 즉 주어-동사가 생략된 문장입니다. 그러면 but은 명사와 형용사를 등위 접속한 것이 아니라, 독립절과 독립절을 등위 접속한 것이 되므로, 등위 접속의 적용 원칙에 어긋나는 예외의 경우가 아닙니다! (▶ 생략)

　혹시 학교에서 영문법을 배울 때 FANBOYS로는 문장을 시작하지 말라는 이야기를 들어보신 적이 있나요? 예전에는 그렇게 가르쳤더라도 요즘에는 그러지 않을 겁니다. 그러면 문두에 쓰인 but이나 yet도 등위 접속사일까요?

When the author is speaking as the omniscient narrator, the French is formal, grammatically and syntactically correct, timeless and universal. But when her characters are speaking, then a very particular language, place and time are evoked ....

저자가 전지전능한 화자로 말할 때 프랑스어는 문법적으로나 통사적으로 정확하고 시간을 초월하며 보편적이지만, 등장인물들이 말할 때는 특정한 시대와 장소에서 사용되는 특별한 언어가 떠오릅니다 ….

After all, the Father and his family are not ghosts; they are flesh and blood. Yet they insist that they are characters. Do they apologize for their strange status?

여하튼 아버지와 그의 가족들은 유령이 아닙니다. 그들은 피와 살을 지닌 정상적인 인간들입니다. 하지만 그들은 자신들이 등장인물이라고 주장합니다. 그들은 자신들의 이상한 처지를 사과할까요?

이때 but과 yet이 등위 접속사가 아니면 무엇일까요? 그냥 접속사일까요? 문법적으로 '그냥' 접속사는 없습니다. 종속 접속사이든 의문 접속사이든 그 기능을 가리키는 명칭이 앞에 붙습니다. 그럼 뜻이 비슷한 nevertheless처럼 부사일까요? 하지만 nevertheless가 문두에 올 때는 흥미롭게도 항상 쉼표가 바로 뒤에 따라 나와 문장과 분리되는 것처럼 사용됩니다. 문장 전체를 수식하는 부사가 되는 것입니다. 그러나 but과 yet이 문두에 쓰일 때는 그런 쉼표를 찾아볼 수 없습니다. (▶ 접속 부사)

Of course, such incessant giving was probably not the norm. I imagine that many a lord sat on his bags of gold, glowering at every passing stranger. Nevertheless, it is interesting that this is the ideal portrayed in The Nibelungenlied.

물론 이처럼 끊임없는 나눔이 일반적인 규범은 아니었을 겁니다. 많은 영주가 황금으로 채워진 보따리를 깔고 앉아, 지나가는 낯선 사람들을 매섭게 쩌려보았을 겁니다. 하지만 넉넉한 나눔이 『니벨룽겐의 노래』에서 이상적인 모습으로 그려졌다는 게 흥미롭습니다.

그럼 문두에 쓰인 but과 yet은 무엇일까요? 앞의 두 예문이 " … grammatically and syntactically correct, timeless and universal, but when her characters are speaking, …"이나 " …they are flesh and blood, yet they insist that …."으로 쓰일 수 있다는 점에서 문두에 쓰인 but과 yet도 앞 문장과 연결되는 등위 접속사로 보는 편이 더 나을 것 같습니다.

여하튼 등위 접속사로 yet이 but보다 제한적으로 사용되는 것은 분명해 보입니다. 그러나 yet은 and가 앞에 붙어 and yet 이라는 형태로도 쓰이는데, 그 뜻은 yet과 똑같습니다. 반면에 and but은 눈을 씻고 찾아봐도 발견할 수 없습니다.

Rural Alabama English of the 1950s as spoken by children is something else. And yet it is English, so you will understand it without a problem.	1950년대 앨라배마의 시골에서 어린아이들이 사용하던 영어는 조금 다릅니다. 하지만 영어입니다. 따라서 이해하는 데 아무런 문제가 없습니다.
All are, in their different ways, beautiful. And yet their story is riven by violence and death.	그들은 모두 각자 독특한 방식으로 아름답습니다. 하지만 그들의 이야기는 폭력과 죽음으로 갈가리 찢어집니다.

물론 사전에서 and yet을 찾아보면 '그럼에도 불구하고'라는 뜻은 나와 있지만, 품사에 대해서는 어떤 언급도 없습니다. nevertheless처럼 접속 부사로 설명할 수 있을까요? 안타깝게도 and yet 뒤에는 쉼표가 붙지 않습니다. 결국, 문장 전체를 수식하는 부사로 쓰이지 못한다는 뜻입니다. 오히려 등위 접속사처럼 쓰이는 경우가 확인됩니다.

But I've always liked that about books, how they can be so different from each other and yet rest together without strife on a bookshelf.	그러나 저는 책꽂이에 꽂힌 책들을 볼 때마다 '완전히 다른 책들이 책꽂이에서 서로 싸우지 않고 나란히 있는 이유가 무엇일까?'라는 생각에 젖습니다.

여기에서 and yet은 be so different from each other와 rest together without strife on a bookshelf를 등위 접속하고 있습니다. 솔직히 말해 저는 and yet이 어디에서 튀어나온 것인지 모르겠습니다. 여기에서는 and yet을 소개하는 것으로 만족하렵니다.

원서, 읽(힌)다

독립절끼리만 연결하는 등위 접속사
for, nor, so

앞에서 살펴본 등위 접속사들은 문법적으로 같은 기능을 하는 것이면 무엇이든 연결할 수 있었습니다. 그런데 오로지 독립 절만을 연결할 수 있는 등위 접속사가 있습니다.

① 등위 접속사 for

먼저, 이유와 목적에 대한 설명을 덧붙이는 등위 접속사 for가 있습니다.

And I have read of a goddess who was the mother of the earth and of all the gods. Her name was Gaea. Let this be your name, my Golden One, for you are to be the mother of a new kind of gods.

나는 대지의 어머니였던 여신과 다른 모든 신에 대해서도 읽었소. 그 여신의 이름은 가이어였소. 내 황금의 여인이여, 그 이름을 그대의 이름으로 하구려. 그대가 앞으로 새로이 태어날 신들의 어머니가 되어야 하니까.

We strive to be like all our brother men, for all men must be alike.

우리는 우리의 모든 남자 형제처럼 되기 위해 힘쓴다. 모든 남자는 똑같아야 하기 때문이다.

But the hunter was also the hunted;
For many of my arrows left my bow only to seek my own breast.
And the flier was also the creeper;
For when my wings were spread in the sun their shadow upon the earth was a turtle.
– The Farewell, Kahlil Gibran

그러나 사냥꾼도 사냥감이 되었다
나를 떠난 내 화살도 결국 내 가슴을 찾아오니까.
그리고 하늘을 나는 것은 땅을 기어다니는 것이기도 했다
내 날개가 태양 아래에 펼쳐졌을 때 지상에 드리운 날개의 그림자가 거북이었으니까.
– 국내 미출간 도서

이렇게 for는 독립절과 독립절을 연결하는 등위 접속사로 쓰입니다. 그런데 의미만이 아니라, 독립절과 독립절을 접속한다는 점에서 쓰임새가 because와 똑같습니다. 그런데 일반적인 문법책에서 for는 등위 접속사, because는 종속 접속사로 규정합니다. 그 이유를 찾자면, for와 달리 because …는 문장의 앞에도 쓰일 수 있다는 점 때문일 겁니다.

Because the book is told in the first person, the reader can easily slip into the skin, see through the eyes, of the person speaking.	이 책은 1인칭으로 쓰였기 때문에 독자가 화자의 내면에 쉽게 스며들고, 화자의 눈을 통해 쉽게 볼 수 있습니다.

이렇게 문장 앞에 놓인 because가 뒤에 놓인 두 독립절을 등위 접속한다고 말하기는 힘들 것입니다. 겉모습에서도 그런 접속은 불가능해 보이니까요.

그런데 케임브리지 사전에서는 for와 because를 등위 접속사와 종속 접속사로 구분하지 않고, because에 비해 for는 '예스럽고'(old-fashioned), '문어적'(literary)이어서 '격식을 차리는'(formal) 맥락에서 주로 사용된다고 설명합니다. 제 생각에도 이 둘을 굳이 구분할 필요가 있는지 모르겠습니다.

② 등위 접속사 nor

nor는 등위 접속사로 쓰인 때와 neither와 함께 상관 접속사로 쓰인 때를 잘 구분해야 합니다.

등위 접속사 nor는 단독으로 쓰이며, 앞 절의 부정적 내용에 더해 또 다시 부정적 내용을 더할 때 사용됩니다. nor는 다른 등위 접속사에 비해 자주 쓰이지는 않지만, 두 개의 부정적인 개념을 연결한다는 고유한 특징이 있습니다.

So your next book and letter, to be delivered to your office in exactly two weeks, on Monday, March 15th, will come from a different Canadian writer. I won't tell you who, nor do I have any idea what the next book will be.

따라서 앞으로 정확히 2주 후, 즉 3월 15일 월요일에 수상님 집무실로 배달될 예정인 책과 편지는 다른 캐나다 작가가 보낸 것이 될 겁니다. 그분이 누구인지를 미리 말씀드리지 않겠습니다. 게다가 저도 다음 책이 무엇인지는 모릅니다.

또한 but처럼 nor 역시 독립적으로도 쓰입니다.

Although he[= Marcus Aurelius] inherited the throne from Emperor Antoninus Pius, he was not Pius's biological son. Nor was he elected. He was rather selected.

마르쿠스 아우렐리우스는 안토니누스 피우스 황제에게 권좌를 물려받았지만, 피우스의 생물학적 아들이 아니었습니다. 그렇다고 그가 선거로 황제가 된 것도 아닙니다. 그는 선택받았습니다.

게다가 앞 문장이 항상 부정문일 필요도 없습니다.

Life very much has an element of luck to it, the luck of where and to whom we are born, the luck of our genetic inheritance, the luck of our circumstances, and so on. Nor is life logical.

삶에는 행운이란 요소가 흔히 개입됩니다. 어디에서 태어나고 누구의 자식으로 태어나느냐에도 운이 개입되고, 유전적 요인과 환경적 요인에도 운이 작용합니다. 게다가 삶은 결코 논리적이지도 않습니다.

지금까지 제시한 예문들에서도 확인되지만, 제가 아직 언급하지 않은 것이 있습니다. 눈썰미가 있는 독자 여러분은 이미 "어, 이상한데."라고 생각하셨을 것입니다. nor는 부사가 아니라 등위 접속사인데, 뒤에 이어지는 절의 주어와 동사의 어순이 뒤집히게 됩니다. 물론 이때 동사가 일반 동사이면 조동사 do가 사용됩니다.

I owe nothing to my brothers, nor do I gather debts from them. I ask none to live for me, nor do I live for any others.

나는 내 형제들에게 빚진 것이 없고, 나는 내 형제들에게 빚을 질 이유가 없다. 나는 누구에게도 나를 위해서 살라고 요구하지 않고, 나도 남들을 위해 살지 않는다.

그렇다면 등위 접속사 nor가 쓰일 때는 주어-동사의 어순이 도치된다는 예외를 두어야 할까요? 이 책에서는 예외가 없는 문법을 추구합니다. nor를 등위 접속사가 아니라 부사라고 말하면 간단한데, 굳이 이런 예외가 있어야 할까요? 물론 이런 예외를 인정하지 않으려면 등위 접속사로 FANBOYS를 가르치는 문법책을 부정해야 합니다. '팬보이스(FANBOYS)'가 아니라 '파보이스(FABOYS)'가 되는 겁니다. 제 생각에는 이렇게 되더라도 아무런 문제가 없습니다. '팬보이스'는 단어의 문제이지, 우리가 말하는 '문법', 즉 문장 구조에 대한 문제가 아니기 때문입니다. 결론적으로, 도치를 다룬 장에서 살펴보았듯이 부정적 의미를 지닌 부사가 문두에 오면 주어-동사가 도치된다는 법칙이 nor에도 적용된 것이라 보면, 모든 문제가 해결됩니다.(▶ 도치) 문법학자들에게는 야단맞을 짓일지도 모르겠지만, 저는 nor를 등위 접속사에서 빼고 싶습니다.

③ 등위 접속사 so

등위 접속사로 쓰이는 so도 독립절과 독립절을 연결하는 기능을 합니다. 따라서 도치를 다룬 장에서 보았던 부사로 쓰이는 so와는 구분해야 하고, 구분하기가 별로 어렵지도 않습니다. (▶ 도치)

Mr. Grey, who looked to be in his thirties, couldn't afford the bus from Winnipeg to Moose Jaw, so he'd hitchhiked to come sell his book at the Festival of Words.	30대로 보이는 그레이 씨는 위니펙에서 무스조까지 버스비도 없어, 히치하이크해서 무스조에 와서는 워드 페스티벌 행사장에서 자신의 책을 팔았다.
It's pretty well impossible to make a living as a poet, so many poets have sought shelter in universities, earning degrees from them and then teaching there.	시인으로 생계를 꾸리는 건 거의 불가능합니다. 그래서 많은 시인이 대학에서 피신처를 찾아 학위를 얻고 그곳에서 가르치려 합니다.

원서, 읽(힌)다

이쯤에서 so S V ...는 so that S (can, may) V ...와 어떻게 다른지 의문을 갖게 됩니다. 물론 so that S (can, may) V ...는 사전에서 '...하도록, ...할 목적에서'라고 번역되는 '종속 접속사'로 정의됩니다.

Have we not perhaps forgotten that work is a means to an end, that we work so that we may live, and not the other way round?	일은 목적을 위한 수단이고, 우리가 살기 위해서 일하는 것이지 그 반대는 아니라는 걸 우리가 잊은 것은 아닐까요?

이 예문은 등위 접속사 so와 종속 접속사 so that의 차이를 명확히 보여주는 듯합니다. 적어도 이 예문에서는 so that ...을 '앞 문장의 행동에서 비롯되는 결과나 영향'을 가리키는 접속사, 즉 '그래서'라고 번역할 수 없습니다. 그런데 다음 예문에서는 조금 헷갈립니다.

A street with traffic lights is a safe street, a street in which the movement of vehicles is carefully regulated so that everyone can get home safe and sound.	교통신호등이 있는 도로는 안전한 도로, 즉 자동차의 운행이 엄격하게 규제되어 모두가 안전하게 집에 돌아갈 수 있게 해주는 도로입니다.

일부러 so that을 "그래서"라는 의미로 번역했지만 "모두가 안전하게 집에 돌아갈 수 있도록"이라고 번역해도 전혀 이상하지 않습니다. 그러니까 "자동차의 운행이 엄격하게 규제되어" 그 결과로 "모두가 안전하게 집에 돌아갈 수 있게" 된다는 점에서 so that도 등위 접속사 so의 조건을 만족시키고 있습니다.

　다음의 예문들은 so that ...에 can이나 may가 있든 없든 '그래서'라고 번역하는 편이 훨씬 더 자연스러운 경우입니다. 따라서 so가 that과 함께 쓰이면 종속 접속사가 된다고 굳이 구분할 필요가 있는지 의문입니다. 더구나 '그래서'로 번역할 때는 that이 생략되어 쓰인다는 것도 알고 있지 않습니까? 거

등위 접속

꾸로 말하면 that이 없는 문장에서는 '...할 수 있도록'이란 번역이 불가능합니다. 그런 의미에서 and yet과 비슷한 경우로 보면 쉽지 않을까 생각합니다.

The amazing, civilization-making cleverness of books is that they preserve, like a refrigerator, the freshness of words so that they can burst unspoken from the minds of writers into the minds of readers through the medium of sight.	놀랍게도 문명은 책을 만들어내는 혜안을 발휘해서, 책이 냉장고처럼 단어들을 신선하게 보존합니다. 그 결과로, 단어들은 말로 표현되지 않고도 시각이란 매개체를 통하여 작가의 머리에서 독자의 머리로 전달될 수 있습니다.
That gives you some idea of the scale of Mr. Palomar's musings. And yet his scale is also very small, so that sometimes his telescopic viewing becomes microscopic.	그것에서 우리는 팔로마 씨의 사고 범위를 나름대로 짐작하지만, 그의 범위는 무척 좁기도 합니다. 따라서 그의 망원경적 시계(視界)가 때로는 현미경적으로 변합니다.
Italo Calvino is like a spider and with his words he links the most incongruous elements so that finally everything is linked by the thin thread of a web, and order and harmony are thereby established in the universe.	이탈로 칼비노는 거미 같은 작가입니다. 그는 전혀 앞뒤가 맞지 않은 요소들까지 단어들로 연결시키고, 그래서 결국에는 모든 것이 가느다란 거미줄로 이어집니다. 따라서 그가 이루어낸 우주에는 질서와 조화가 있습니다.

등위 접속하는 상관 접속사

상관 접속사(correlative conjunction)는 문법적으로 동등한 가치를 지닌 단어나 구절을 연결하는 한 쌍의 단어를 가리킵니다. 달리 말하면, 상관 접속사는 항상 두 단어로 이루어집니다.

① both A and B

The work now in your hands is the quintessential used book. The cover looks old, both in style and in condition.	오늘 수상님의 손에 쥐어진 책은 전형적인 중고책입니다. 겉표지의 모양이나 상태가 상당히 오래된 것으로 보입니다.

원서, 읽(힌)다

To lead effectively requires the capacity both to understand how things are and to dream how things might be, and nothing so displays that kind of understanding and dreaming as literature does.

국민을 효과적으로 인도하기 위해서는 세상이 실제로 돌아가는 이치를 이해하는 능력만이 아니라, 세상이 어떤 모습으로 바뀌면 좋겠다고 꿈꾸는 능력까지 갖추어야 한다. 세상을 이해하고 꿈꾸기 위해서는 문학 작품만큼 좋은 것이 없다.

② either A or B

Stephen Harper hasn't breathed a word about his reading habits either to me or to any journalist who has asked.

스티븐 하퍼는 자신의 독서 습관에 대해서 나에게는 물론이고, 질문한 어떤 기자에게도 말한 적이 없었다.

Any book adheres to one convention or another, and all sentences are either conventionally grammatical or conventionally ungrammatical.

어떤 책이든 하나의 형식을 고수합니다. 또 모든 문장이 관례적으로 문법적이거나 관례적으로 비문법적입니다.

③ neither A nor B

You have suggested that Michael Ignatieff's Canadianness was somehow suspect because he spent so many years abroad. Does that purported loss of national identity apply to stories too? I think not, neither with people nor with stories. I too spent many years abroad and never felt any less Canadian for it.

수상님은 마이클 이그나티에프가 해외에서 오랜 시간을 보냈기 때문에 정말로 캐나다인인지 의심스럽다고 완곡하게 말씀하셨습니다. 그렇게 의심받는 국민적 정체성이 이야기에도 적용될 수 있을까요? 제 생각에는 사람에게나 이야기에서나 그런 의심을 품을 수 없습니다. 저도 해외에서 많은 시간을 보냈습니다. 그렇다고 그 때문에 완전한 캐나다인이 아니라고 느낀 적은 없었습니다.

Timelessness, transcendence, the evanescence of the ego— these are true, but they are not what we experience. They were <u>neither</u> felt by Gilgamesh, <u>nor</u> are they felt by us.

자아의 영원성과 초월성과 덧없음은 모두 부인할 수 없는 사실이지만, 우리가 경험할 수 있는 것이 아닙니다. 그것들은 길가메시가 느낀 것도 아니었고, 우리가 느끼는 것도 아닙니다.

neither ... nor ~는 상관 접속사로 가르칩니다. 그런데 이 쌍에서 neither는 사전에서 부사로 정의됩니다. 그렇다면 이때의 nor도 부사인 것은 분명합니다. 더구나 nor가 문두에 쓰여, 주어-동사까지 도치되었습니다. 이런 이유에서도 제가 앞에서 nor를 등위 접속사가 아니라, 부사로 본다고 하는 접근이 잘못된 것은 아닐 듯합니다. 다시 말하면, 한 단어가 여러 품사로 쓰이는 속성으로 이해하면 될 겁니다. 또한 이때 접속사라는 단어는 that처럼 주어-동사로 구성된 절을 이끄는 단어가 아니라 '연결어'라고 이해하면 되겠습니다.

④ not only A but (also) B

I'm certain it will still be of use to you, <u>not only</u> to help you maintain your French, <u>but also</u> to help you with Quebeckers, since The Little Prince is also the story of a taming.

수상님의 프랑스어 실력을 유지하기 위해서만이 아니라 퀘벡 사람들을 적절히 상대하기 위해서도 이 책이 도움이 될 거라고 확신합니다. 『어린 왕자』는 길들임에 관한 이야기이기 때문입니다.

Our government has <u>not only</u> maintained, <u>but</u> increased the level of ongoing federal support for graduate students in Canada.

우리 정부는 캐나다의 대학원생을 위한 연방 지원 수준을 유지하는 데 그치지 않고 꾸준히 증액해 왔습니다.

I hope by reading about E. B. White and, more importantly, by reading his books, you'll be reminded that <u>as</u> we need politicians and prime ministers, <u>so</u> we need books and writers.

수상님이 엘윈 브룩스 화이트에 대해 읽음으로써, 더 확실하게는 그의 책들을 읽음으로써 우리에게 정치인과 수상이 필요하듯이 책과 작가도 마찬가지로 필요하다는 사실을 깨달았으면 좋겠습니다.

<u>Just as</u> children's heads are filled with imaginative mumbo-jumbo that is the very colour and texture of a happy childhood, <u>so</u> can religious mumbo-jumbo be the colour and texture of a contented letting go at the end of life.

어린아이의 머릿속이 온갖 부질없는 상상으로 채워지지만, 그런 상상이 행복한 어린 시절의 색깔이고 질감이듯이, 종교적인 헛소리는 삶을 끝내며 기분 좋게 모든 것을 내려놓는 죽음의 색깔이고 질감일 수 있습니다.

앞의 예문들에 나온 상관 접속사로 연결된 어구를 정리하면, both A and B: 전치사구/to-V, either A or B: 전치사구(전치사 + 대명사, 전치사 + 일반 명사)/부사 + 형용사, neither A nor B: 전치사구/동사, not only A but (also) B: to-V/완료 시제의 과거분사, (just) as A so B: 독립절이 됩니다. 이런 이유에서 상관 접속사는 '등위 상관 접속사'라고도 일컫습니다. 특히 just as A so B에서 독립절만이 접속된 이유는 독립절만을 연결하는 등위 접속사 so의 특성 때문입니다.

그런데 아래의 예를 보십시오.

There are three plays in the volume of Strindberg that I have sent you. It is the middle play, known <u>either</u> as Miss Julia <u>or</u> Miss Julie, that I recommend to you.

제가 수상님께 보낸 스트린드베리의 책에는 세 편의 희곡이 실려 있습니다. 중간에 실린 『줄리아 아씨』 혹은 『줄리 아씨』로 수상님께 추천하고 싶습니다.

either A or B에서 A = as Miss Julia이고, B는 Miss Julie입니다. 쉽게 말하면, A는 전치사구이고, B는 명사입니다. 하지

만 영어를 어느 정도 아는 사람이라면, known either as Miss Julia or as Miss Julie에서 두 번째 as가 생략된 형태임을 알 수 있을 것입니다. (▶ 생략) 물론 이때의 생략은 선택 사항이기 때문에 known either as Miss Julia or as Miss Julie로 쓰더라도 전혀 문제가 없습니다. 여하튼 제가 글쓰기 책에서 배운 교훈에 따르면, 상관 접속사로 연결되는 두 부분은 생략을 허용하지 않는 편이 글의 명확함을 유지하는 데 더 도움이 됩니다.

등위 접속에 대한 논의를 마치며, 마지막으로 두 가지 예문을 살펴보겠습니다. 밑줄 친 부분은 무엇을 등위 접속하는 것일까요?

I include photographs I took of King's library, which was also where he worked, getting Canada through the Depression and(1) the Second World War and(2) building the foundations of our enviable social welfare system.	제가 킹의 서재에서 찍은 사진들을 동봉합니다. 킹은 이 서재에서 일하면서 캐나다를 대공황과 2차대전에서 구해냈고, 지금처럼 남들이 부러워하는 복지체계의 기초를 놓았습니다.

여기에 두 개의 and가 있습니다. 각 and가 무엇을 등위 접속하는지 정확히 파악해야 정확한 번역이 가능합니다. 등위 접속은 '문법적으로 동등한 요소'를 연결한다는 원칙을 기억하면 여기에서 and가 무엇을 등위 접속하는지 쉽게 찾을 수 있습니다. (1)은 명사와 명사, (2)는 분사구 getting …과 building …을 연결한 것이므로 위와 같이 번역할 수 있습니다.

이번에는 좀 더 까다로운 예문을 살펴봅시다.

Electronic listening devices could be hidden anywhere, silently monitoring our activities and eavesdropping on our conversations. Society could be controlled by the harsh rule of Big Brother and an army of informers, censors, and spies.
-『비전 2003』, 미치오 카쿠 (경제 일반)

원서, 읽(힌)다

이 문장은 어떻게 번역하시겠습니까? 첫 문장은 그 뒤의 문장을 번역하는 데 도움을 주려고 덧붙인 것입니다. 둘째 문장에서 두 and는 무엇과 무엇을 등위 접속할까요? 좌우가 모두 명사입니다. 따라서 이론적으로 어떻게 연결하더라도 문법적으로는 틀리지 않습니다. 그러나 접속된 결과의 의미가 타당해야 하겠지요? "빅 브라더의 가혹한 통치"와 "일군의 밀고자, 검열관, 첩자"라고 접속해도 될까요? 좀 이상하지 않나요? '가혹한 통치'라는 무생물과 '밀고자, 검열관, 첩자'라는 생물이 등위 접속된 번역입니다. 오히려 the harsh rule of [Big Brother] and [an army of (informers), (censors), and (spies)] 라고 번역하면 어떨까요? 그러면 "전자 도청 장치는 어디에나 몰래 설치되어, 소리 없이 우리 활동을 감시하고 우리 대화를 엿들을 수 있다. 사회는 빅 브라더가 일군의 밀고자, 검열관, 첩자를 (동원하는) 가혹한 통치에 의해 통제될 수 있다."라고 번역될 겁니다.

선택의 문제이겠지만, 제가 지금껏 많은 영문을 접하며 쌓은 경험에 따르면, 명사의 등위 접속에서 제1원칙은 같은 계열의 '한정사'를 지닌 명사끼리 연결하는 것이고, 그렇지 않은 경우에는 '의미'가 통하도록 연결하는 것인 듯합니다. 위의 예에서 the harsh rule of Big Brother와 an army of informers, censors, and spies는 같은 계열의 한정사라는 통사적 원칙에도 맞지 않고, 의미론적으로도 같은 범주에 속하지 않으므로 이런 식으로 등위 접속하는 것은 마뜩잖게 느껴집니다.

구두점

원서, 읽(힌)다

표준 국어 대사전을 보면, 구두법은 글을 쓸 때 문장 부호를 쓰는 방법이고, 구두점은 글을 마치거나 쉴 때 찍는 마침표와 쉼표로 정의됩니다. 사전적 정의를 보면, 구두법과 구두점은 일치하지 않습니다. 한국어로 쓰인 글을 보더라도 마침표와 쉼표 이외에 물음표, 느낌표, 따옴표 등이 있기 때문입니다. 이런 점에서 구두점은 '글의 뜻을 정확하게 전달하기 위하여 문장의 각 부분에 찍는 여러 가지 부호'라는 고려대의 한국어 대사전 정의가 더 합당한 듯합니다. 이런 관점에서 영어의 구두점을 살펴보도록 합시다.

일반론과 빗금

이론적으로 접근하면, 영어에서 구두점으로 분류되는 기호는 apostrophe(아포스트로피), bracket(대괄호), colon(콜론), comma(쉼표), dash(대시 혹은 줄표), ellipsis(줄임표), exclamation point(느낌표), hyphen(하이픈 혹은 붙임표), parenthesis(소괄호), period(마침표), question mark(물음표), quotation mark(따옴표), semicolon(세미콜론)이 있습니다.

엄격하게 따지면, and를 대신하는 상징 기호(&)를 뜻하는 앰퍼샌드(ampersand)도 있습니다. 또 우리말에서 '빗금'이라 칭해지는, 구두점과 거의 똑같이 쓰이는 '슬래시'(slash)도 있습니다. 따라서 slash는 '빗금'이라 번역해도 문제가 없을 겁니다. '빗금'이 사용되는 예를 보면,

I have long puzzled over the meaning of this. It seems to be a reflection, in part, of the order/chaos dichotomy characterizing all of experience, with Paradise serving as habitable order and the serpent playing the role of chaos.
– 12 Rules for Life, Jordan B. Peterson

나는 이 수수께끼에 담긴 의미를 오랫동안 분석했고, 인간의 모든 경험을 특징짓는 '질서/혼돈'이란 이분법의 부분적인 반영인 듯하다는 결론을 내렸다. 파라다이스가 삶에 적합한 질서라면, 뱀은 혼돈의 역할을 맡았다.
–『12가지 인생의 법칙』, 조던 피터슨
 (교양/철학)

빗금은 '대비되는 둘 이상의 단어를 묶을 때' 사용됩니다. 따라서 유명한 '음양'을 영어로 표현하는 구절에도 빗금이 사용됩니다.

The serpent in Eden therefore means the same thing as the black dot in the yin side of the Taoist yin/yang symbol of totality.
– 12 Rules for Life, Jordan B. Peterson

따라서 에덴 동산의 뱀은 도교에서 전체를 뜻하는 음양의 상징에서 음의 부분을 차지한 검은 점과 같은 것을 뜻한다.
–『12가지 인생의 법칙』, 조던 피터슨
(교양/철학)

빗금이 '기준 단위당 수량을 표시할 때', '시의 행이 바뀌는 부분임을 나타낼 때' 쓰이는 것도 우리말과 영어가 똑같습니다. 다만 영어에서는 '날짜를 표시할 때'에도 빗금이 사용됩니다.

Common speeds (distance/time) are also easy: a brisk walk is 6 km/h, a rapid intercity train is 300 km/h, a jetliner pushed by a strong jet stream does 1,000 km/h.
– Numbers Don't Lie, Vaclav Smil

일반 속도(거리/시간, 시간당 거리)도 쉽게 파악할 수 있다. 빠른 걸음은 6km/h이고, 도시간 급행열차는 300km/h이다. 강력한 제트 기관의 추진을 받는 제트여객기의 속도는 1,000km/h이다.
–『숫자는 어떻게 진실을 말하는가』,
바츨라프 스밀 (인문/교양/수학)

Similarly, the Chinese gains were interrupted by the world's largest famine (1959–61), but males in major cities still averaged an increase of 1.3 cm/year during the latter half of the 20th century.
– Numbers Don't Lie, Vaclav Smil

중국의 경우도 유사했다. 세계적 대기근(1959-1961)으로 중국 전체의 신장 성장이 멈추었지만, 주요 도시의 남성은 평균 신장이 20세기 후반기 동안 연간 1.3센티미터가량 증가했다.
–『숫자는 어떻게 진실을 말하는가』,
바츨라프 스밀 (인문/교양/수학)

원서, 읽(힌)다

This epithet, drawn from a Wordsworth poem about how one confronts life's difficulties, how one "doomed to go in company with pain/ turns his necessity to glorious gain," would from that moment forever affix itself to Al Smith.
– Leadership, Doris Kearns Goodwin

그 표현은 인간이 삶의 고난을 어떻게 맞서느냐에 대해 노래한 윌리엄 워즈워스의 시에서 인용한 것이었다. "고난을 피할 수 없는 운명인 까닭에 / 불가피한 곤경을 영광스러운 승리로 바꿔가는 사람"이란 뜻의 그 표현은 그때 이후로 줄곧 앨 스미스에 덧붙여지는 별명이었다.
–『혼돈의 시대, 리더의 탄생』, 도리스 컨스 굿윈 (리더십/자기 계발)

The idea that the man who had engineered the 9/11 plot might be living in the middle of a Pakistan military community seemed preposterous.
– Farsighted, Steven Johnson

911테러를 획책한 사람이 파키스탄 군사 지역 한복판에 살고 있을 것이란 생각은 허무맹랑하게 들렸다.
–『미래를 어떻게 결정할 것인가』, 스티븐 존슨 (경영/전략)

대시와 하이픈의 차이점

하이픈(-)은 복합어를 구성하는 단위들을 연결하는 짧은 선입니다. 반면에 대시(—)는 대체로 격식에 얽매이지 않고 쓰이는 문장 부호로, 나중에 떠오른 생각을 덧붙일 때 사용되는 경우에 많이 쓰이며, 형태적으로도 하이픈보다 깁니다.

먼저 하이픈이 사용된 예를 살펴보겠습니다.

Just as medicine was finally maturing into a genuinely life-saving practice in the middle of the twentieth century, a new self-imposed threat emerged to shorten our lives.
– Extra Life, Steven Johnson

20세기 중반에 들어 의학이 진정으로 생명을 구하는 과학으로 성장했다면, 과학은 우리 생명을 단축하는 새로운 기계를 만들어내기도 했다.
–『우리는 어떻게 지금까지 살아남았을까』, 스티븐 존슨 (역사/과학)

여기서 life-saving이란 복합어에 쓰인 하이픈은 반드시 써야 하는 원칙이 있는 건 아닙니다.

따라서 life saving처럼 분리해 쓰거나 lifesaving처럼 한 단어
로 쓸 수도 있습니다.

　　또한 self-imposed와 같이 '접두어 + 단어'로 구성된 신조
어는 단어를 연결할 때 하이픈을 씁니다. 그 외에도, 하이픈은
아래 예문처럼 대문자 하나로 시작되는 복합어(예: U-turn,
X-ray)에서도 사용됩니다.

There is a long tradition of generative clutter in the history of innovation. X-rays were discovered thanks to an equally disorganized work environment. – Extra Life, Steven Johnson	혁신의 역사에는 어수선한 혼잡에서 혁신이 이뤄진다는 오랜 전통이 있다. 엑스레이도 플레밍의 실험실 못지않게 어수선하던 작업 환경 덕분에 발견되었다. –『우리는 어떻게 지금까지 살아남았을까』, 스티븐 존슨 (역사/과학)

숫자가 들어간 한정적 형용사를 하나의 수식어로 취급할 때
각 단위가 하이픈으로 연결됩니다(예: six-year-old child). 또
한 자주 쓰이는 예는 아니지만, 문장 해석에서 '모호함'을 배
제하기 위한 수단으로 하이픈이 사용되는 경우도 있습니다
(예: younger-than-me, older-than-me).

She could listen to that six-year-old in casual conversations with his friends and note which ones of those friends was greeted with the younger-than-me form of address, and which ones received the older-than-me version. – Extra Life, Steven Johnson	그녀는 여섯 살로 추정된 아이가 친구들과 주고받는 일상적인 대화를 유심히 들으며, 그들 중 누구를 손아랫사람으로 대하고, 누구를 손윗사람으로 대하는지를 알아냈다. –『우리는 어떻게 지금까지 살아남았을까』, 스티븐 존슨 (역사/과학)

한편 윌리엄 스트렁크 주니어(William Strunk Jr.)와 E.B. 화이
트(E.B. White)의 The Elements of Style(『영어 글쓰기의 기본』)
에서는 대시를 앞뒤의 단어나 구절을 쉼표보다 더 명확히 분리
하고, 콜론보다 덜 형식적이며, 격식에 얽매이지 않아 괄호보
다 빈번하게 사용되는 부호라고 정의합니다. 또한 마이클 스완

원서, 읽(힌)다

(Michael Swan)에 따르면 대시는 격식에 얽매이지 않는 글쓰기에 주로 쓰이므로, 개인적인 서신에서 콜론이나 세미콜론을 대신해 쓴다고 정의합니다.

Lodewijk's calculation—and the concept of life expectancy that emerged from it—distilled the teeming chaos of thousands of individual lives into a stable average.
– Extra Life, Steven Johnson

로데베이크의 계산과, 그 계산에서 잉태된 기대수명이란 개념은 수많은 개개인의 복잡하고 혼란스러운 삶을 안정된 평균치로 압축했다.
–『우리는 어떻게 지금까지 살아남았을까』, 스티븐 존슨 (역사/과학)

During outbreaks of the plague—like the particularly lethal outbreak of 1665-66—life expectancy would have briefly plunged closer to the seventeen years that Graunt's tables suggested.
– Extra Life, Steven Johnson

페스트가 발병한 동안에는 1665-1666년에 페스트가 특별히 치명적으로 발병했을 때처럼 그란트의 도표가 보여주듯이 기대수명이 일시적으로 17세까지 급격히 떨어졌을 것이다.
–『우리는 어떻게 지금까지 살아남았을까』, 스티븐 존슨 (역사/과학)

위의 예에서 보듯이, 대시는 나중에 생각난 것처럼 글의 이해를 돕기 위해 덧붙이는 구절을 앞뒤로 감싸는 듯합니다. 윌리엄 스트렁크 주니어(William Strunk Jr.)가 대시와 비교하며 제시한 문장 부호, 콜론과 괄호에 대해서는 뒤에서 더 자세히 살펴보기로 합시다.

하이픈과 대시의 이런 차이를 염두에 두면, 아래의 예에서 하이픈과 대시가 사용된 이유를 충분히 이해할 수 있을 겁니다.

The self-driving revolution, its proponents believe, will revolve around data. With smart enough cars—perhaps with digital coordination between those cars—accidents themselves could potentially become as rare as plane crashes have become in recent years.

한편 자율 주행을 주창하는 사람들은 자율 주행에서는 데이터가 핵심일 것이라 생각한다. 자동차들이 충분히 영리해져서 디지털 신호로 서로 조응할 것이기 때문에, 항공기 충돌이나 추락이 요즘 거의 없어졌듯이 자동차 사고도 앞으로는

구두점

– Extra Life, Steven Johnson

그만큼이나 드문 사건이 될 가능성이 크다.
—『우리는 어떻게 지금까지 살아남았을까』,
스티븐 존슨 (역사/과학)

대시와 괄호의 차이점

한편 괄호는 '대시보다는 격식을 따지는 경우에 사용되는 부호'라고 말하지만, 문장에 정보를 추가하기 위해 쓰인다는 점에서는 대시와 다르지 않습니다. 괄호는 문장 내에 쓰일 때 단어나 구절에 사용됩니다. 반면, 원문에서 문장 끝에 괄호로 추가되는 정보가 번역문에서도 반드시 괄호로 표현되지는 않습니다. 아예 새로운 문장으로 쓰기도 합니다.

With the Renaissance, anatomists such as the seventeenth century's Franciscus Sylvius (for whom the Sylvian fissure is named) began to push neuroscience forward.
– Top Brain, Bottom Brain, Stephen Michael Kosslyn

르네상스 시대가 열리면서, 17세기의 프란키스쿠스 실비우스 같은 해부학자들이 신경과학을 획기적으로 발전시키기 시작했다.
—『상뇌, 하뇌』, 스테판 마이클 코슬린 (자기계발)

The Oxford professor of natural philosophy Thomas Willis, a contemporary of Sylvius, was apparently the first to propose that different (large) regions of the brain were responsible for different functions.
– Top Brain, Bottom Brain, Stephen Michael Kosslyn

실비우스와 같은 시대에 살았던 옥스퍼드의 자연철학자 토머스 윌리스가 뇌에서는 대략적으로 영역마다 다른 기능을 수행한다고 제안한 최초의 학자였던 것으로 여겨진다.
—『상뇌, 하뇌』, 스테판 마이클 코슬린 (자기계발)

첫 번째 문장에서 (for whom the Sylvian fissure is named)라고 괄호로 추가된 부분은 프란키스쿠스 실비우스가 '실비우스 열'을 처음 기술한 학자라는 정보를 제공하고, 두 번째 문장에서 쓰인 (large)는 뇌 영역을 '크게' 분류하는 경우라는 구체적인 정보를 추가로 전해줍니다.

원서, 읽(힌)다

The great Greek philosopher and polymath Aristotle was only somewhat less dismissive, believing that the brain serves to cool the blood; he believed that the heart was the seat of intelligence and emotion—a misconception that has symbolically persisted in imagery of love and affection (try escaping it on February 14).
– Top Brain, Bottom Brain, Stephen Michael Kosslyn

위대한 그리스 철학자이자 만물박사였던 아리스토텔레스는 뇌를 그런대로 중요하게 생각하며, 뇌가 피를 식히는 역할을 한다고 믿었다. 아리스토텔레스는 심장이 지능과 감성의 근원지라 생각했다. 이런 잘못된 생각이 심장을 사랑과 애정의 상징적 징표로 삼는 대중문화에서 끈질기게 살아남아 있다. 이 책을 읽는 사람이라도 2월 14일, 밸런타인데이에 이런 잘못된 생각에서 벗어나 보라.
– 『상뇌, 하뇌』, 스테판 마이클 코슬린 (자기계발)

이 예문에서 (try escaping it on February 14)는 괄호가 아니라, Try escaping it on February 14.라는 독립절로 쓰여도 달라지는 것은 없습니다. 요컨대 괄호가 마침표로 쓰여도 된다는 뜻입니다.

쉼표

한편 케임브리지 사전에서 제공하는 문법에 따르면, 영어에서 가장 자주 쓰이는 문장 부호로는 대문자와 마침표, 물음표와 느낌표, 따옴표, 그리고 쉼표와 세미콜론과 콜론이 있습니다.

마침표, 물음표, 느낌표는 '문장의 종결'을 뜻한다는 공통점을 갖습니다. 이 부호들은 우리말에 상응하는 부호들과 쓰임새가 다를 바가 없으므로 세 부호에 대해서는 접어두고 쉼표에 대해 살펴보기로 합시다. 쉼표는 이름에서 짐작되듯이 쉼이 필요한 곳에 쓰입니다. 그런데 언제 쉬는 것일까요? 글을 소리로 표현할 때 쉬는 곳이며, 글에서는 단어와 구절 등을 분리할 때 쓰이는 부호입니다.

쉼표가 사용되는 실질적인 기준은 대체로 4가지로 분류되지만 필수적으로 적용되는 것은 아닙니다.

첫째, 중문에서 둘 이상의 독립절을 결합할 때 등위 접속사 앞에 쓰입니다. 쉼표가 쓰인 덕분에 등위 접속되는 두 독립절의 길이가 현격히 다르다는 걸 알 수 있습니다. and가 결합하는 요소에 대해서는 등위 접속을 다룬 부분을 참조해주십시오.(▶ 등위 접속)

I sliced onions, and Bailey opened two or even three cans of sardines and allowed their juice of oil and fishing boats to ooze down and around the sides.
– I Know Why the Caged Bird Sings, Maya Angelou

나는 양파를 썰었고, 베일리는 정어리 통조림을 두세 통 따서 기름 국물과 고깃배에서 생긴 기름을 옆쪽으로 기울여 흘려버렸다.
–『새장에 갇힌 새가 왜 노래하는지 나는 아네』, 마야 안젤루 (소설)

둘째, 셋 이상의 단어나 구절이 나열될 때 등위 접속사의 중복 사용을 피하기 위해 사용합니다. 마지막에만 and가 쓰였고, 앞에 나열된 구절들 앞에는 쉼표가 쓰인 예입니다.

They crossed the Arabian Peninsula in waves, fanning north across the Central Asian steppes, east into the Indian subcontinent, across the sea to Australia, and west over the Balkans.
– God: A Human History, Reza Aslan

그들은 줄지어 아라비아 반도를 가로지른 후에 중앙아시아의 대초원을 넘어 북쪽으로 뻗어 나갔고, 동쪽으로는 인도 반도로 향했고, 다시 바다를 가로질러 오스트레일리아까지 들어갔으며 서쪽으로는 발칸 지역을 넘었다.
–『인간화된 신』, 레자 아슬린 (인문/교양/종교)

셋째, 문장의 주어 앞에 위치한 구절 뒤에 쓰입니다. 부사구, 전치사구, 분사구문이 문장 앞에 쓰이는 경우 다음 예문들에서 볼 수 있듯이, 주어 앞에 쓰인 구절은 대체로 부사 역할을 합니다.

원서, 읽(힌)다

Of course, the gods have no mouths with which to speak, no eyes with which to see, no hands with which to smite.
– God: A Human History, Reza Aslan

물론 신들에게는 말하는 입이 없고, 우리를 지켜보는 눈도 없으며, 우리를 벌하는 손도 없다.
–『인간화된 신』, 레자 아슬란 (인문/교양/종교)

For a great many Christians in the first few centuries of Christianity, this was a difficult idea to accept.
– God: A Human History, Reza Aslan

기독교가 탄생하고 처음 수 세기 동안, 그 생각은 많은 기독교인들에게도 받아들이기 힘든 것이었다.
–『인간화된 신』, 레자 아슬란 (인문/교양/종교)

Attributing his success to the Christian God, Constantine put an end to the persecution of Christians in Rome and legalized Christianity upon his ascension to the throne.
– God: A Human History, Reza Aslan

콘스탄티누스는 기독교 신의 도움으로 성공한 것이라 생각한 까닭에 황제에 즉위하자마자 기독교인의 박해를 끝냈고 기독교를 합법화했다.
–『인간화된 신』, 레자 아슬란 (인문/교양/종교)

넷째, 문장에 부가적인 의미를 더해주는 구절을 두드러지게 표현할 때도 쉼표가 사용됩니다. 하지만 쉼표에서 흥미로운 점은, 쉼표가 의미의 변화를 유도할 수 있다는 것입니다.

He sat back in his chair, slightly ashamed of himself, and laid down the pen.
– Nineteen Eighty-Four, George Orwell

그는 의자에 몸을 깊숙이 파묻었다. 그는 약간의 창피스러움을 느끼며 펜을 내려놓았다.
–『1984』, 조지 오웰 (소설)

King Khosrow, in defiance of all kingly codes of conduct, killed the emissary and commanded his viceroy to find this desert prophet and cut off his head.
– God: A Human History, Reza Aslan

호스로 왕은 제왕에게 합당한 행동 수칙을 무시하고 특사를 죽였고, 지역 총독에게 그 사막의 예언자를 찾아내 참수하라는 명령을 내렸다.
–『인간화된 신』, 레자 아슬란 (인문/교양/종교)

구두점

다음과 같이 삽입절은 앞뒤로 쉼표가 쓰입니다. 이렇게 쉼표를 사용하면, 화자도 달라지고, 선거의 패자도 달라집니다.

Joe Biden said Donal Trump would lose the election.	조 바이든은 도널드 트럼프가 선거에서 질 거라고 말했다.
Joe Biden, said Donal Trump, would lose the election.	도널드 트럼프는 조 바이든이 선거에서 질 거라고 말했다.

직접 호칭에도 쉼표가 쓰입니다. 첫 문장은 'me'가 Steve이고, 둘이 처음 만난 사이로 추정됩니다. 반면에 둘째 문장에서는 you가 Steve입니다.

Call me Steve if you wish.	원한다면 나를 스티브라고 불러줘.
Call me, Steve, if you wish.	스티브, 원한다면 나를 불러줘.

계속적 용법으로 쓰인 관계절 앞에서도 쉼표가 쓰입니다(▶ 관계절). 쉼표가 없이 제한적 용법으로 쓰인 때와 쉼표가 더해진 계속적 용법으로 쓰인 때, 여행객 수가 다릅니다. 제한적 용법이 쓰인 문장에서는 여행객이 3명 이상인 반면, 계속적 용법으로 쓰인 문장에서는 여행객이 3명입니다. 관계절을 다루면서 계속적 용법으로 쓰인 관계절을 '부사적'으로 분석하는 게 낫다고 했습니다. 이렇게 생각하면, 두 문장의 차이를 이해하기가 더 쉬울 겁니다.

The three passengers who were seriously injured were taken to the hospital.	여행객 중 심하게 다친 여행객 세 명이 병원으로 이송되었다.
The three passengers, who were seriously injured, were taken to the hospital.	심하게 다친 여행객 세 명 모두가 병원으로 이송되었다.

원서, 읽(힌)다

또한 다음 예에서 관계절의 동사가 '과거에서의 미래', 즉
would + V로 표현된 이유도 이해될 겁니다.

| They put little sticks in the ground each time they heard noises, which would give them a general idea of where the armadillo was.
– Noble Savages, Napoleon A. Chagnon | 작은 소리가 들릴 때마다 작은 막대기를 땅바닥에 꽂았다. 그 소리가 그들에게 아르마딜로가 있는 곳이라 추정되는 곳을 알려주었기 때문이다.
–『고결한 야만인』, 나폴리언 섀그넌
(인류학) |

세미콜론

우리말에는 없는 문장 부호, 세미콜론과 콜론은 영어에서 언제 사용될까요? 먼저 세미콜론부터 살펴봅시다.

첫째, 두 문장이 밀접한 관계에 있을 때 마침표 대신 세미콜론이 사용될 수 있습니다. 요컨대 관점의 차이에 따라 세미콜론 또는 마침표가 사용된다는 뜻입니다. 다음에 제시된 예문을 보십시오.

| Milk was once deadly; now it is safe. How did that happen? Ask people to answer that question and they will invariably tell you that pasteurization was responsible for the change.
– Extra Life, Steven Johnson | 우유는 한때 생명을 빼앗아갈 정도로 치명적이었지만 이제는 안전하다. 어떻게 그런 변화가 가능했을까? 사람들에게 이렇게 물어보면, 모두가 파스퇴르 살균법 덕분이라고 한목소리로 대답할 것이다.
–『우리는 어떻게 지금까지 살아남았을까』, 스티븐 존슨 (역사/과학) |

| In 1970, Brazil produced 217 metric tons of broiler meat; today they produce around 13,000 metric tons.
– Extra Life, Steven Johnson | 1970년 브라질이 생산한 닭고기는 217톤에 불과했지만 오늘날에는 약 13,000톤을 생산한다.
–『우리는 어떻게 지금까지 살아남았을까』, 스티븐 존슨 (역사/과학) |

구두점

Before Fleming left that petri dish exposed to the elements, tuberculosis was the third most common cause of death in the United States; today it is not even in the top fifty.
– Extra Life, Steven Johnson

플레밍이 페트리 접시를 실수로 자연에 노출시켜 놓기 전까지, 결핵은 미국에서 세 번째로 높은 사망 원인이었다. 그러나 오늘날 결핵은 상위 50위에도 들지 못한다.
–『우리는 어떻게 지금까지 살아남았을까』, 스티븐 존슨 (역사/과학)

희한하게도 제시한 예문에서 세미콜론은 'but'을 대신하는 듯한 느낌을 줍니다. 하지만 등위 접속사(and, but, for, nor, or, so, yet)로 연결되지 않지만 밀접한 관계에 있는 두 독립절 사이에 세미콜론을 쓸 수 있습니다(▶ 등위 접속사). 따라서 'but'이 아닌 다른 연결사를 대신해서 사용된 세미콜론의 예를 찾는 것은 그다지 어렵지 않으며, 아예 접속사 and나 or가 세미콜론과 함께 쓰이는 경우도 있습니다.

No one set out to deliberately contaminate the fresh water; the demise of the Collect was a textbook case of the tragedy of the commons.
– Farsighted, Steven Johnson

누구도 맑은 물을 의도적으로 오염시키지는 않았다. 콜렉트 연못의 사망은 공유지의 비극을 보여주는 교과서적인 사례였다.
–『미래를 어떻게 결정할 것인가』, 스티븐 존슨 (경영/전략)

Perhaps it was that time you weighed leaving a comfortable but boring job for a more exciting but less predictable start-up; or the time you wrestled with undergoing a medical procedure that had a complicated mix of risk and reward.
– Farsighted, Steven Johnson

편하지만 따분한 일보다, 재밌지만 앞날이 불분명한 새로운 일에 더 큰 가치를 두었던 때였다. 혹은 위험하지만 효과가 탁월한 의학적 시술을 시도한 때이기도 했다.
–『미래를 어떻게 결정할 것인가』, 스티븐 존슨 (경영/전략)

원서, 읽(힌)다

둘째로, 세미콜론이 등위 접속사와 어떤 관계가 있다면 접속
부사(예: morever, therefore)와 연결어(in fact, for example)
와도 관계가 있을 것입니다. 그러나 등위 접속사는 문맥을 통
해 어느 정도 짐작할 수 있지만, 접속 부사나 연결어는 그렇지
않습니다. 따라서 접속 부사나 연결어는 세미콜론과 함께 쓰
입니다. 물론 이때도 세미콜론 대신 마침표를 쓸 수 있습니다.

With this good understanding between them, it was natural that Dorothea asked Mr. Garth to undertake any business connected with the three farms and the numerous tenements attached to Lowick Manor; indeed, his expectation of getting work for two was being fast fulfilled.
– Farsighted, Steven Johnson

그들은 서로를 잘 이해했기 때문에 도로시아가 가스 씨에게 어떤 식으로든 세 농장과 로윅 장원에 소속된 많은 소작인을 연계하는 사업을 해보자고 부탁한 것은 당연했다. 실제로 두 사람을 위해 일해보겠다는 그의 기대는 빠른 속도로 충족되고 있었다.
– 『미래를 어떻게 결정할 것인가』, 스티븐 존슨 (경영/전략)

셋째로, 세미콜론은 한 문장에서 열거되는 요소들을 연결하는
역할을 합니다. 이 역할은 쉼표로도 가능합니다. 그러나 세미
콜론은 기술적인 문헌에서 묵직한 구절을 연결하는 데 사용되
는 경우가 많습니다.

Lydgate is wrestling with his personal friendship with Farebrother; his moral objections to Farebrother's weakness for cards; the social stigma of being seen as voting on the side of his patron; the economic cost of potentially betraying his patron in a public forum; the threat to his intellectual ambitions if Bulstrode should turn on him; and the opportunities for enhancing the health of the Middlemarch community.
– Farsighted, Steven Johnson

리드게이트는 페어브러더와의 개인적인 우정, 하지만 그의 도박벽에 대한 도덕적인 반감, 후원자를 편든다는 주변 사람들의 사회적 낙인, 공개 토론장에서 후원자를 등지는 경우에 감수해야 하는 경제적 비용, 그 결과로 불스트로드가 그를 공격할 때 각오해야 하는 지적인 야망에 대한 위협, 또 미들마치 공동체의 건강을 향상할 기회 등을 고민한다.
– 『미래를 어떻게 결정할 것인가』, 스티븐 존슨 (경영/전략)

구두점

그러나 세미콜론은 끝맺음의 강도가 쉼표와 마침표 사이에 있는 문장 부호이므로, 세미콜론으로 연결되는 구절 안에 쉼표가 사용되기도 합니다. 이는 다음 예문에서도 명확히 확인됩니다.

I came to you, meaning to trash one of them, an officer; but I didn't succeed, I didn't find him; I had to avenge the insult on someone to get back my own again; you turned up, I vented my spleen on you and laughed at you.
– Notes from Underground, Fyodor
   Dostoevsky

내가 그 집에 간 건 그 녀석들 중 한 놈, 장교 놈을 두들겨 패주려고 갔던 거야. 하지만 그만 놓쳐 버리는 바람에 뜻을 이루지 못했지. 그래도 누구한테든 분풀이를 하고 싶었어. 그런데 때마침 네가 나타났고, 너한테 내 분을 퍼붓고 너를 갖고 놀았던 거야.
–『지하로부터의 수기』, 표도르
   도스토옙스키 (소설)

결론적으로, 끝맺음의 강도는 쉼표 < 세미콜론 < 마침표 순이라고 생각하면 될 겁니다.

콜론

콜론은 설명과 인용 등을 더할 때 주로 씁니다. 명확한 예를 들어보겠습니다.

We reach for our smartphones. With a swipe of a finger, we can access all human knowledge: from ancient Egypt to quantum physics.
– The Socrates Express, Eric Weiner

스마트폰에 손을 뻗는다. 손가락으로 화면을 슬쩍 밀면, 고대 이집트부터 양자 물리학까지 인간사의 모든 지식을 만날 수 있다.
–『소크라테스 익스프레스』, 에릭 와이너
   (철학)

As the British musician Miles Kington said: "Knowledge is knowing that a tomato is a fruit. Wisdom is not putting it in a fruit salad."
– The Socrates Express, Eric Weiner

영국 연주자, 마일스 킹턴은 "지식은 토마토가 과일이라는 걸 아는 것이고, 지혜는 과일 샐러드에 토마토를 넣지 않는 것이다."라고 말했다.
–『소크라테스 익스프레스』, 에릭 와이너 (철학)

위의 두 예문에서 콜론이 설명과 인용을 차례로 이끈다는 것은 굳이 덧붙일 필요가 없을 겁니다. 물론 성경의 장과 절 사이에, 또 시간과 비율을 나타내는 표현의 단위 사이에도 콜론이 쓰입니다.

She remembers her mother waking up at 4:00 a.m. in an alcoholic stupor.
– The Violet Hour, Katie Roiphe

그녀의 기억에 어머니는 술에 취해 인사불성인 상태로 새벽 4시에 잠을 깨는 여인이었다.
–『바이올렛 아워』, 케이티 로이프 (인문/ 교양/철학)

그밖에 콜론은 문장 뒤에서 명단이나 목록, 혹은 관련된 단어를 나열할 때도 쓰입니다.

I chose writers who meant something to me, whose voices were already in my head, whose approach toward death was extreme in one direction or another: inspiring or bewildering or heroic or angry.
– The Violet Hour, Katie Roiphe

내가 선정한 작가들은 한결같이 나에게 중대한 의미를 지닌 작가들, 다시 말하면 내 머릿속에 고유한 목소리를 이미 남긴 작가들이었다. 또한 죽음에 접근하는 방식이 의연함이나 당혹함, 담대함이나 분노 등 어떤 방향으로든 극단적인 면을 띤 작가들이기도 했다.
–『바이올렛 아워』, 케이티 로이프 (인문/ 교양/철학)

이처럼 콜론을 통해 구체적인 예를 제시하거나 나열을 통해 설명을 이끄는 경우를 덧붙여진 번역과 함께 비교해보면 더 쉽게 이해할 수 있을 겁니다.

What were the ingredients behind such dramatic progress? Undeniably, there were the usual suspects: brilliant scientists like Koch and Pasteur, supported by the technical innovations of microscopy. – Extra Life, Steven Johnson	이런 극적인 변화를 이루어낸 요인들은 무엇이었을까? 짐작할 만한 주역이 있기는 하다. 예컨대 코흐와 파스퇴르 같은 뛰어난 과학자들과 현미경의 혁신적 발전이 있었다. –『우리는 어떻게 지금까지 살아남았을까』, 스티븐 존슨 (역사/과학)
There is a perceptual problem intrinsic to valuing that work. It did not manifest itself in the visible icons of modernity: factories, skyscrapers, rockets. – Extra Life, Steven Johnson	그 작업과 관련된 업적 평가에는 우리 지각과 관련된 문제가 내재해 있다. 그 분야의 성과는 현대성을 상징하는 시각적인 상징물, 예컨대 공장과 고층 건물, 로켓 등으로 나타나지 않았다. –『우리는 어떻게 지금까지 살아남았을까』, 스티븐 존슨 (역사/과학)
What was needed was not a solution to the problem, but a more fundamental shift: the belief that the problem could be solved in the first place. – Extra Life, Steven Johnson	문제의 해결책이 필요한 게 아니라, 근본적인 변화가 필요했다. 요컨대 그 문제는 해결될 수 있다는 믿음이 무엇보다 필요했다. –『우리는 어떻게 지금까지 살아남았을까』, 스티븐 존슨 (역사/과학)
Individuals make bad decisions: They enter bad marriages, they make bad investments, their businesses fail. – Why Do Some Societies Make Disastrous Decisions? Jared Diamond	개인은 흔히 잘못된 결정을 내린다. 예컨대 잘못된 결혼을 하고, 수익이 없는 투자를 하며, 실패할 게 뻔한 사업을 벌이기도 한다. –『컬처 쇼크』-「왜 어떤 사회는 재앙적 결정을 내리는가?」, 재레드 다이아몬드 (인문/교양)

원서, 읽(힌)다

대시도 궁극적으로는 구체적인 설명을 이끄는 문장 부호라고 할 수 있습니다. 그런 면에서, 콜론과 쓰임새가 다를 바가 없습니다. 그래서 윌리엄 스트렁크 주니어(William Strunk Jr.)가 '대시는 콜론보다 덜 형식적'이라 말한 듯합니다. 쉽게 말하면, 격식에 덜 얽매이고 더 자연스럽게 쓰인다는 뜻입니다. 아래의 예에서 둘의 차이점을 확인해보십시오.

There is an interesting symmetry between the story of pasteurization and the painfully slow adoption of ORT. The tipping point for both breakthroughs emerged out of medical crises—all those children dying in the orphanage on Randall's Island and in the Bangladeshi refugee camps. Both relied on inventive strategies to get the word out: Straus's milk depots, Mahalanabis's pamphlets.
– Extra Life, Steven Johnson

저온 살균법 이야기와 ORT(경구 수액 요법)의 지독히 느릿한 채택 사이에는 흥미로운 유사점이 있다. 두 혁신의 티핑 포인트가 의학적 위기 상황, 즉 랜들스 섬에 있던 고아원과 방글라데시의 난민촌에서 어린아이들이 죽어가는 상황에서 나타났다는 것이다. 또 두 혁신은 창의적인 전략, 즉 스트라우스의 우유 보급소, 마할라나비시의 소책자에 힘입어 그 효과를 널리 알릴 수 있었다.
–『우리는 어떻게 지금까지 살아남았을까』, 스티븐 존슨 (역사 / 과학)

이번에는 콜론과 세미콜론, 쉼표, 등위 접속사(여기에서는 yet)의 차이를 보십시오. 콜론 뒤에 세미콜론이 쓰인 때와 쉼표가 쓰인 때가 큰 차이가 있을까요? 세미콜론 대신 Yet이 쓰인 이유는 무엇일까요? yet를 중심으로 앞뒤를 완전히 구분하겠다는 뜻일 겁니다. 콜론과 세미콜론의 차이, 그리고 세미콜론 내에서 쉼표가 사용된 경우는 앞의 설명에서 쉽게 짐작할 수 있을 겁니다.

Think about the long list of skills we teach high school students: how to factor quadratic equations; how to diagram the cell cycle; how to write a good topic sentence. Or we teach skills with a more vocational goal: computer programming, or some kind of mechanical expertise. Yet you will almost never see a course devoted to the art and science of decision-making, despite the fact that the ability to make informed and creative decisions is a skill that applies to every aspect of our lives: our work environments; our domestic roles as parents or family members; our civic lives as voters, activists, or elected officials; and our economic existence managing our monthly budget or planning for retirement.
– Farsighted, Steven Johnson

예컨대 우리는 고등학교에서 이차 방정식을 인수분해하는 방법, 세포주기를 도해로 나타내는 방법, 요약문을 간략하게 작성하는 방법 등을 배운다. 또 컴퓨터 프로그래밍이나 기계와 관련된 전문 지식 등 직업 선택에 필요한 지식도 학교나 학원에서 배운다. 하지만 현명하고 창의적인 결정을 내리는 능력이 우리 삶의 모든 분야에 적용된다는 사실을 누구도 부인하지 않지만, 의사결정 기법을 전문적으로 가르치는 강의는 찾아보기 어렵다. 가정에서는 부모나 가족 구성원으로서, 사회에서는 유권자나 선출직 공무원 혹은 사회 운동가로서, 매달 월수입과 지출을 관리하고 은퇴를 계획하는 경제적 존재로서 우리는 수많은 결정을 내려야 한다.
–『미래를 어떻게 결정할 것인가』, 스티븐 존슨 (경영/전략)

케임브리지 사전에서 제공하는 문법을 보면, 영어에서 가장 자주 쓰이는 문장 부호로 대문자가 있습니다. 그래서 이와 관련된 재밌는 문장 하나를 분석해보려 합니다. 영어에서는 문장을 시작할 때 첫 단어의 첫 문자는 대문자로 쓰이고, 고유 명사의 첫 문자도 대문자로 쓰인다는 규칙을 고려하면 어렵지 않게 분석할 수 있는 문장입니다. 스티븐 핑커(Steven Pinker)가 The Language Instinct(『언어 본능』)에서 다룬 문장인데, 문법적 지식을 총동원해서 다음 문장을 분석해보십시오.

　　Buffalo buffalo Buffalo buffalo buffalo buffalo Buffalo buffalo.

　　일단 Buffalo는 뉴욕주 버펄로 지역을 말하고, buffalo는 명사(들소)나 동사(두렵게 만든다, 위협하다)로 쓰일 수 있습니다.

buffalo는 군집 명사로 쓰일 수 있으므로, 동사가 반드시 buffalos일 필요가 없습니다. 이런 기준에서 위 문장을 분석해 봅시다.

일단 'Buffalo buffalo → 버팔로의 들소'라고 하고 본다면 다음과 같은 의미가 될 겁니다.

Buffalo buffalo (whom) Buffalo buffalo   buffalo / buffalo   Buffalo buffalo.
  N   N   V   V   N

버펄로의 들소들이 두렵게 만드는 버펄로의 들소들은 버펄로의 들소들을 두렵게 만든다.

독자의 1초를 아껴주는 정성!

세상이 아무리 바쁘게 돌아가더라도
책까지 아무렇게나 빨리 만들 수는 없습니다.
인스턴트 식품 같은 책보다는
오래 익힌 술이나 장맛이 밴 책을 만들고 싶습니다.

길벗이지톡은 독자여러분이
우리를 믿는다고 할 때 가장 행복합니다.
나를 아껴주는 어학도서,
길벗이지톡의 책을 만나보십시오.

독자의 1초를 아껴주는
정성을 만나보십시오.

미리 책을 읽고 따라해본 2만 베타테스터 여러분과
무따기 체험단, 길벗스쿨 엄마 2% 기획단,
시나공 평가단, 토익배틀, 대학생 기자단까지!
믿을 수 있는 책을 함께 만들어주신
독자 여러분께 감사드립니다.

(주)도서출판 길벗 www.gilbut.co.kr
길벗 스쿨 www.gilbutschool.co.kr